Langenscheidt
Übungsgrammatik

Französisch

von Barbara Holle

Langenscheidt

Impressum

Projektmanagement/Lektorat: Eva Maria Weermann, TextMedia
Layout: Ute Weber
Corporate Design Umschlag: KW 43 BRANDDESIGN, Düsseldorf
Umschlaggestaltung: Guter Punkt, München

Laden Sie sich auf www.langenscheidt.com/bonusmaterial mit dem Code uf988 kostenlos Ihren Konjugationstrainer sowie zusätzliche Übungen herunter.

Systemvoraussetzungen:
106 Windows 10 / 8.1 / 8 / 7, Pentium PC 1 GHz, 512 MB Arbeitsspeicher, 1,5 GB freier Festplattenspeicher, WSVGA-Grafikkarte (1024 x 600 Bildpunkte bei 96 DPI), Internet-Browser (nur für Download und Updates), Soundkarte, Kopfhörer/Lautsprecher

2. Auflage 2020

www.langenscheidt.com

Satz: Datagroup Int. SRL, Timisoara, Rumänien
Druck und Bindung: Publikum d.o.o

ISBN 978-3-12-563347-8

Inhaltsverzeichnis

Benutzerhinweise

Das Ziel

Für alle, die die französische Grammatik nicht nur in der Theorie beherrschen wollen, ist die *Übungsgrammatik Französisch* ideal.

Einfache Erklärungen und zahlreiche Beispiele helfen Ihnen dabei, schnell zu *verstehen* und leicht zu *lernen*. Abwechslungsreiche Übungen am Ende eines jeden Kapitels ermöglichen Ihnen, die verschiedenen Themen gezielt zu *trainieren*. Alle wichtigen Grammatikthemen der Niveaustufen A1 bis B2 werden umfassend präsentiert. Sollten Ihre Französischkenntnisse etwas eingerostet sein, können Sie die Regeln *wiederholen* und *auffrischen*. Wer mit den Grundregeln vertraut ist, kann sein Wissen *vertiefen*. Ob es auch wirklich sitzt, können Sie in einem Abschlusstest *überprüfen*. Die Gliederung in sinnvolle Lerneinheiten ermöglicht schnelles und gezieltes *Nachschlagen*.

Der Konjugationstrainer zum Download

Der Konjugationstrainer bietet Ihnen vielfältige Übungsmöglichkeiten, damit Sie sich die Konjugationen der wichtigsten französischen Verben noch besser und schneller einprägen können. Bei sechs verschiedenen Trainingsarten ist für jeden etwas dabei: Sie können die Verbformen entspannt beim Superlearning verinnerlichen, Multiple-Choice-Aufgaben lösen oder sich vom Konjugationstrainer abfragen lassen. Ihr persönlicher Tutor wertet Ihre Erfolge aus und stellt Ihnen ein optimales Programm zusammen. Sie können die Verbformen auch spielerisch mit einem Kreuzworträtsel einüben. Und sollten Sie die Zeit nutzen wollen, die Sie im Zug oder Wartezimmer verbringen, drucken Sie sich einfach Ihre eigenen Karten mit Konjugationen aus.

Der Aufbau der Übungsgrammatik

Aufgrund ihrer übersichtlichen, farbigen Gestaltung – fremdsprachliche Wörter und Beispielsätze sind hellblau hervorgehoben – ist die *Übungsgrammatik Französisch* besonders benutzerfreundlich.
Eine unterhaltsame Illustration führt in das jeweilige Grammatikthema ein und setzt es in einen alltagstauglichen Kontext. Jedes Kapitel folgt einem strukturierten Aufbau: Zunächst werden die Formen dargestellt, dann wird ihr Gebrauch erörtert und durch Beispiele mit Übersetzung veranschaulicht. Am Ende des Kapitels finden Sie Übungen,

um das Gelernte zu festigen. Auf jede Übungsseite (Vorderseite) folgt direkt die Seite mit den Lösungen (Rückseite). Hier können Sie auch gleich die Grundregel zum abgefragten Thema noch mal auffrischen. Praktischer geht's nicht!

Die Aussprache
Eine Übersicht über die wichtigsten Ausspracheunterschiede des Französischen im Vergleich zum Deutschen hilft Ihnen, in der gesprochenen Sprache den richtigen Laut zu bilden.

Tipps & Tricks
Damit Ihnen der Einstieg in die französische Grammatik leichter fällt, verraten wir Ihnen vorab in einem Extrateil ein paar Tipps & Tricks zum Grammatiklernen.

Die Terminologie
Wenn Ihnen ein Begriff im Deutschen oder im Französischen nicht ganz klar ist, haben Sie im Terminologieverzeichnis die Möglichkeit, diesen in einer alphabetisch sortierten Liste nachzuschlagen.

Der Abschlusstest
Und damit Sie Ihren Lernerfolg abschließend auch überprüfen können, finden Sie am Ende des Buches einen Abschlusstest, der eine Aufgabe zu jedem Kapitel bereit hält. So können Sie zum einen feststellen, wo Sie noch Schwachstellen haben und welches Grammatikkapitel Sie sich daher noch mal genauer ansehen sollten, und zum anderen erkennen Sie, in welchen Themengebieten Sie schon richtig fit sind.

Die unregelmäßigen Verben
Ferner finden Sie am Ende des Buches eine Übersicht über die wichtigsten unregelmäßigen französischen Verben. Hier haben Sie alle Sonderformen auf einen Blick und können sich diese gut einprägen.

Das Register
Um gezielt nach einzelnen Themen und Begriffen suchen zu können, haben wir im Register die wichtigsten Schlagwörter für Sie erfasst, sodass Sie mühelos und schnell den entsprechenden Eintrag finden.

Auf einen Blick

So funktioniert unser System für eine schnelle Lernerfolgskontrolle: Nach dem Motto „Learning by doing" bieten wir Ihnen am Ende jeder Lerneinheit Übungen zu den verschiedenen Grammatikthemen. So können Sie das Gelernte gleich in der Praxis anwenden, testen ob Sie alles behalten haben und sich konsequent verbessern.

Wie in den Grammatikkapiteln erkennen Sie auch bei den Übungen anhand der Niveaustufenangaben am Rand sofort, ob das Thema bzw. die Aufgabe für Ihr Lernnivau relevant ist.

Die Lösungen zu den Aufgaben finden Sie unmittelbar auf der Rückseite. Umgeblättert wird natürlich erst nach dem Lösen! Hier können Sie auch gleich die Grundregel zum abgefragten Thema noch einmal auffrischen.

Thematische Darstellung der Grammatikregeln

Der Vergleich

ℹ Eine ältere Form von pire *schlimmer*, pis, findet man heute noch in einigen festen Wendungen wie aller de mal en pis *immer schlimmer werden* oder tant pis (pour quelqu'un), das kontextabhängig eine negative oder neutrale Bedeutung haben kann und mit *Macht nichts!, Dumm gelaufen!, Halb so schlimm! Pech gehabt* oder *Schade!* übersetzt wird:
Tant pis pour lui. *Pech für ihn! Dumm gelaufen für ihn! Schade für ihn! Halb so schlimm für ihn!*
Les choses vont de mal en pis. *Es wird immer schlimmer.*

Den Komparativ von beaucoup und peu sollten Sie nicht mit der Mengenangabe mit plus oder moins verwechseln. Bei der Mengenangabe steht nach dem Adverb immer de, beim Komparativ wird das Vergleichswort hingegen mit que angeschlossen:
Nous travaillons **plus de** huit heures par jour. *Wir arbeiten **mehr als** acht Stunden am Tag.*
aber: Nos collègues travaillent **moins que** nous. *Unsere Kollegen arbeiten **weniger als** wir.*

Wird das Vergleichsobjekt bzw. die Vergleichsperson genannt, schließt man diese mit de *von* an:
Elle sait le moins **de** tous. *Sie weiß am wenigsten **von** allen.*

Stellung
Die Superlativformen der Adverbien stehen nach dem Verb.
Elle sait le moins. *Sie weiß am wenigsten.*

70

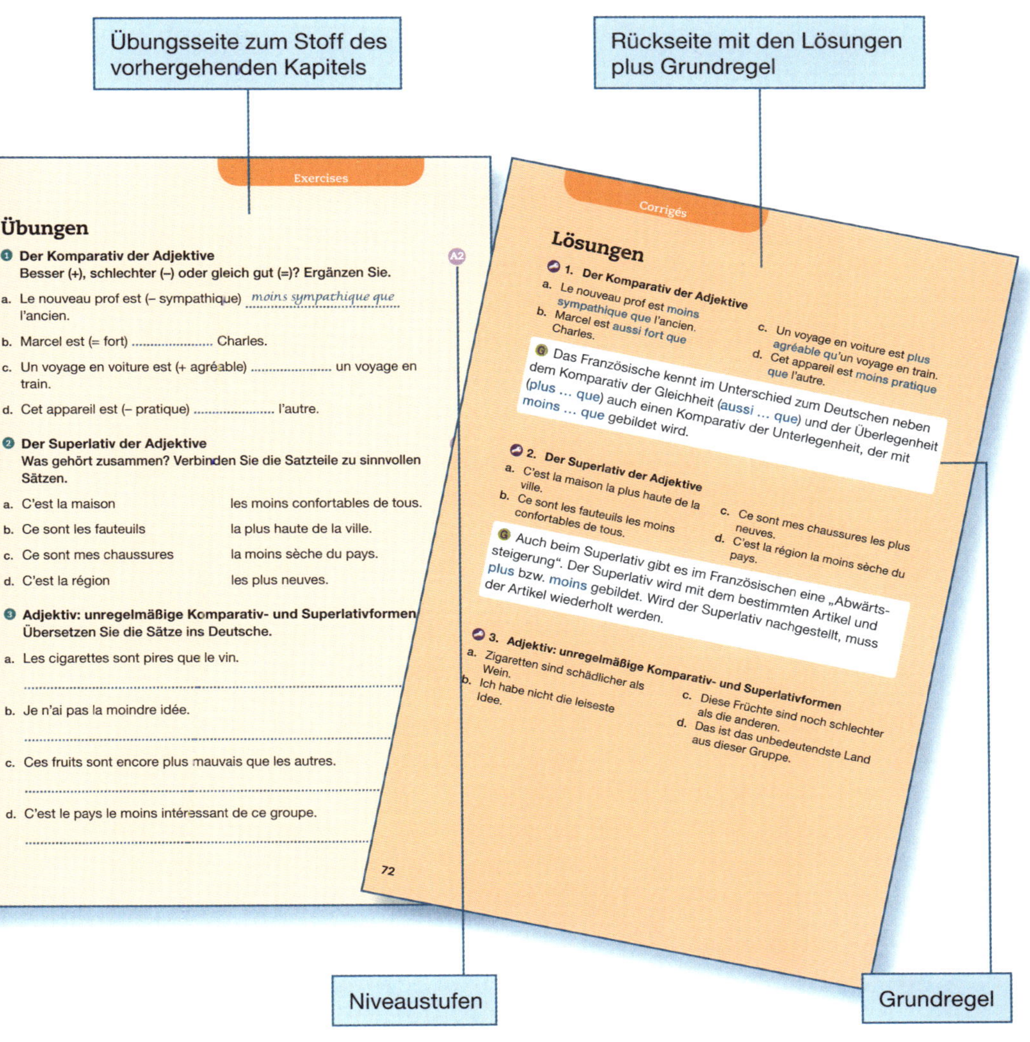
Übungsseite zum Stoff des vorhergehenden Kapitels
Rückseite mit den Lösungen plus Grundregel
Exercises
Übungen
1 Der Komparativ der Adjektive
Besser (+), schlechter (–) oder gleich gut (=)? Ergänzen Sie.
a. Le nouveau prof est (– sympathique) moins sympathique que l'ancien.
b. Marcel est (= fort) .... Charles.
c. Un voyage en voiture est (+ agréable) .... un voyage en train.
d. Cet appareil est (– pratique) .... l'autre.
2 Der Superlativ der Adjektive
Was gehört zusammen? Verbinden Sie die Satzteile zu sinnvollen Sätzen.
a. C'est la maison
b. Ce sont les fauteuils
c. Ce sont mes chaussures
d. C'est la région
les moins confortables de tous.
la plus haute de la ville.
la moins sèche du pays.
les plus neuves.
3 Adjektiv: unregelmäßige Komparativ- und Superlativformen
Übersetzen Sie die Sätze ins Deutsche.
a. Les cigarettes sont pires que le vin.
b. Je n'ai pas la moindre idée.
c. Ces fruits sont encore plus mauvais que les autres.
d. C'est le pays le moins intéressant de ce groupe.
72
A2
Corrigés
Lösungen
1. Der Komparativ der Adjektive
a. Le nouveau prof est moins sympathique que l'ancien.
b. Marcel est aussi fort que Charles.
c. Un voyage en voiture est plus agréable qu'un voyage en train.
d. Cet appareil est moins pratique que l'autre.
G Das Französische kennt im Unterschied zum Deutschen neben dem Komparativ der Gleichheit (aussi … que) und der Überlegenheit (plus … que) auch einen Komparativ der Unterlegenheit, der mit moins … que gebildet wird.
2. Der Superlativ der Adjektive
a. C'est la maison la plus haute de la ville.
b. Ce sont les fauteuils les moins confortables de tous.
c. Ce sont mes chaussures les plus neuves.
d. C'est la région la moins sèche du pays.
G Auch beim Superlativ gibt es im Französischen eine „Abwärtssteigerung". Der Superlativ wird mit dem bestimmten Artikel und plus bzw. moins gebildet. Wird der Superlativ nachgestellt, muss der Artikel wiederholt werden.
3. Adjektiv: unregelmäßige Komparativ- und Superlativformen
a. Zigaretten sind schädlicher als Wein.
b. Ich habe nicht die leiseste Idee.
c. Diese Früchte sind noch schlechter als die anderen.
d. Das ist das unbedeutendste Land aus dieser Gruppe.
Niveaustufen
Grundregel

Die Niveaustufenangaben gemäß dem Europäischen Referenzrahmen

Neben den wegweisenden Symbolen warten in jedem Kapitel die Niveaustufenangaben A1, A2, B1, B2 auf Sie. Diese verraten Ihnen, welche Grammatikthemen und welche Regeln für Ihr Lernniveau relevant sind. Die Niveaustufen beziehen sich nicht nur auf das jeweilige Grammatikkapitel, sondern auch auf das in den Beispielsätzen verwendete Vokabular.

In der Praxis heißt das: Ist ein Grammatikkapitel beispielsweise der Niveaustufe A1 zugeordnet, so sind alle verwendeten Vokabeln A1, es sei denn, sie sind mit einer anderen Niveaustufe, z. B. A2 (direkt vor dem jeweiligen Wort oder Satz), versehen. Alle in diesem Kapitel enthaltenen Grammatikregeln sollten Sie dann beherrschen, es sei denn, eine Niveaustufenangabe am Rand weist Sie darauf hin, dass diese Regel für ein höheres Niveau, z. B. B1, bestimmt ist.

Hier eine kurze Erläuterung, welche Kenntnisse auf die einzelnen Niveaustufen des Europäischen Referenzrahmens zutreffen:
A1/A2: *Elementare Sprachverwendung,* d. h.
A1: Sie können einzelne Wörter und ganz einfache Sätze verstehen und formulieren.
A2: Sie können die Gesprächssituationen des Alltags bewältigen und kurze Texte verstehen oder selbst verfassen.

B1/B2: *Selbstständige Sprachverwendung,* d. h.
B1: Sie können sich in den Bereichen Alltag, Reise und Beruf schriftlich und mündlich gut verständigen.
B2: Sie verfügen aktiv über ein großes Repertoire an grammatikalischen Strukturen und Redewendungen und können im Gespräch mit Muttersprachlern bereits stilistische Nuancen erfassen.

C1/C2: *Kompetente Sprachverwendung,* d. h.
C1: Sie können sich spontan und fließend zu verschiedenen, auch komplexen oder fachspezifischen Sachverhalten äußern und sich schriftlich wie mündlich an die stilistischen Erfordernisse anpassen.
C2: Sie können mühelos jeder Kommunikationsform in der Fremdsprache folgen und sich daran beteiligen. Dabei verfügen Sie über ein umfassendes Repertoire an Grammatik und Wortschatz.

Die Symbole

Die Verwendung von selbsterklärenden Symbolen trägt dazu bei, dass Sie sich innerhalb der Kapitel auf Anhieb gut zurechtfinden. Folgende Symbole werden Ihnen immer wieder begegnen:

Unter ℹ erhalten Sie Informationen zu den speziellen Spracheigenheiten des Französischen sowie zum landestypischen Sprachgebrauch.

Unter 💡 finden Sie einen Merksatz, den Sie sich gut einprägen sollten.

⇄ Hier wird der mündliche Sprachgebrauch dem geschriebenen Französisch gegenübergestellt.

⚡ weist Sie auf Stolpersteine hin, damit Sie diese möglichen Fehlerquellen vermeiden können. Hier handelt es sich zumeist um Unterschiede zwischen dem deutschen und dem französischen Sprachgebrauch.

◐ signalisiert Ihnen, dass es sich hier um eine Ausnahme oder Sonderform handelt, die Sie sich besonders gut merken sollten.

L! hält einen Lerntipp für Sie bereit.

➕ gibt Ihnen eine kleine Hilfestellung.

🔑 kennzeichnet die Lösungen.

Ⓖ Nach diesem Symbol finden Sie die Grundregel.

Das Symbol ▶ verweist auf andere Kapitel im Buch, die Sie sich bei dieser Gelegenheit ansehen sollten. So können Sie auch gut nachvollziehen, wie die einzelnen Grammatikthemen zusammenhängen.

Abkürzungen

Adj.	Adjektiv	*m.*	maskulin/Maskulinum
Akk.	Akkusativ	*Obj.*	Objekt
dir. Obj.	direktes Objekt	*Pers.*	Person
etw.	etwas	*Pl.*	Plural
f.	feminin/Femininum	*qc.*	quelque chose
ind. Obj.	indirektes Objekt	*qn.*	quelqu'un
Inf.erg.	Infinitivergänzung	*Sing.*	Singular
jdm.	jemandem	*u. a.*	unter anderem
jdn.	jemanden	*vgl.*	vergleiche

Tipps & Tricks zum Sprachenlernen: Grammatik lernen, fast kinderleicht

Beneiden Sie nicht auch manchmal Kinder, die eine Sprache so ganz einfach nebenbei lernen, ohne sich über lästige Grammatikregeln oder fehlerhafte Konstruktionen Gedanken zu machen? Ganz so sorglos können wir Ihnen die Grammatik nicht nahebringen, aber nichtsdestotrotz heißt Sprachenlernen und insbesondere Grammatiklernen nicht zwingend stures Auswendiglernen und langweiliges Regelpauken. Um Ihnen den Umgang mit Grammatik etwas zu erleichtern, verraten wir Ihnen hier einige praktische Tipps & Tricks zum Sprachenlernen.

L! Pioniergeist ist gefragt

Versuchen Sie, die Andersartigkeit der Fremdsprache und ihre grammatischen Eigenarten nachzuvollziehen. Sehen Sie das Erlernen der Sprachregeln, der verschiedenen Zeiten und Formen einer Fremdsprache als Chance, Ihren eigenen Erfahrungsschatz zu erweitern, als Einblick in Denkweisen, die Ihnen nicht vertraut sind, die für andere Menschen, die diese Sprache täglich sprechen, aber ganz selbstverständlich sind. Zeigen Sie Pioniergeist! Lassen Sie Ihrer Freude am sprachlich Neuen, Fremden und Andersartigen freien Lauf!

L! Das Gesetz der Regelmäßigkeit

Grammatik ist wie Sport. Wer nur einmal alle Jubeljahre trainiert, wird wohl kein Marathonläufer. Es ist sinnvoller, regelmäßig ein wenig als unregelmäßig viel zu lernen. Setzen Sie einen bestimmten Zeitpunkt fest, zu dem Sie sich ungestört dem Grammatiktraining widmen können, z. B. täglich eine Viertelstunde vor dem Einschlafen oder drei Mal wöchentlich in der Mittagspause. Wie immer Sie sich entscheiden: Lernen Sie kontinuierlich, denn nur so lässt sich auch Ihr Langzeitgedächtnis trainieren.

L! Aufwärmen lohnt sich

Gelernten Stoff zu wiederholen ist wie leichtes Joggen: Laufen Sie sich warm mit Altbekanntem, bevor Sie sich an Neues wagen. Auch wenn ständig neue Grammatikregeln auf Sie zukommen, darf das bereits Erlernte nicht vernachlässigt werden. Wiederholen Sie auch Themengebiete, die Sie schon gut können, das macht Spaß und hält fit.

Das Salz in der Suppe

Versuchen Sie niemals zu viele Grammatikregeln auf einmal zu lernen. Man verliert sonst schnell den Überblick und vergisst die Details. Verwenden Sie Grammatik wie das Salz in der „Fremdsprachen-Suppe". Ebenso wie man eine Suppe versalzen kann, kann man sich das Erlernen einer Fremdsprache erschweren, indem man versucht, sich zu viele Grammatikregeln auf einmal zu merken. Lernen Sie langsam, stetig und zielorientiert und verdauen Sie in kleinen Häppchen.

Eigenlob stinkt nicht immer

Schauen Sie auf das, was Sie bereits können. Loben Sie sich für Fortschritte oder belohnen Sie sich für gute Leistungen. Lob motiviert und Motivation ist eine grundlegende Voraussetzung fürs Lernen.

Schluss mit dem Fachchinesisch

Wenn Sie etwas Neues lernen, kommen immer auch neue Fachbegriffe auf Sie zu, die Sie kennen sollten. Wählen Sie gezielt nach und nach einzelne Grammatikbegriffe aus (▶ Terminologie) und machen Sie sich mit ihrer Bedeutung vertraut. Sie werden sehen, dass es Ihnen im Laufe der Zeit leichter fallen wird, die Regeln einer Fremdsprache (auch die Ihrer Muttersprache) nachzuvollziehen und sich mit anderen darüber auszutauschen, wenn die Fachterminologie für Sie nicht mehr Fachchinesisch ist.

Hemmungslos werden

Auch wenn die Beschäftigung mit Grammatik nicht zu Ihren bevorzugten Freizeitaktivitäten gehört, sollten Sie, um Abneigungen, Hemmungen oder Widerwillen abzubauen, die Sprachregeln mit anderen, alltäglichen Regeln vergleichen. Straßenverkehrsregeln, mathematische Grundregeln, Regeln von Sportarten etc. sind Ihnen heute völlig vertraut, mussten jedoch erst einmal von Ihnen gelernt werden. Auch die Regeln der Grammatik werden Sie eines Tages verinnerlicht haben und, ohne darüber nachdenken zu müssen, intuitiv anwenden können.

Fehleranalyse gegen Fettnäpfchen

Haben Sie keine Angst vor Fehlern! Es ist nicht das Ziel des Lernens, keine Fehler zu machen, sondern gemachte Fehler zu bemerken. Nur wer einen Fehler im Nachhinein erkennt, kann ihn beim nächsten Mal vermeiden. Das Beherrschen grammatischer Grundregeln und das Verinnerlichen von Sonderformen und Ausnahmen ist dabei durchaus hilfreich: zum einen, um einen Fehler nachvollziehen zu können, und zum anderen, um nicht ein zweites Mal in dasselbe Fettnäpfchen zu treten.

Begeben Sie sich nicht ins Abseits

Grammatik ist spannend, wenn man sich einen Einblick in ihre Strukturen verschafft. Vergleichen Sie Grammatik auch in diesem Sinne mit Sport. Jede Sportart wird erst dann so richtig interessant, wenn man in der Lage ist, ihre Regeln nachzuvollziehen. Oder würden Sie auch Fußball oder Tennis anschauen, wenn es für Sie nur ein sinnfreies „dem-Ball-Nachlaufen" darstellen würde? Betrachten Sie eine Fremdsprache als eine Sportart, deren komplizierte Spielregeln Sie allmählich erlernen, um mitspielen und mitreden zu können, damit Sie nicht im Abseits landen.

Haben Sie einen Typ?

Finden Sie heraus, welcher Lerntyp Sie sind. Behalten Sie eine Regel schon im Gedächtnis, wenn Sie sie gehört haben *(Hörtyp)* oder müssen Sie sie gleichzeitig sehen *(Seh-/Lesetyp)* und dann aufschreiben *(Schreibtyp)*? Macht es Ihnen Spaß, Grammatikregeln, Zeit- und Wortformen in kleinen Rollenspielen auszuprobieren *(Handlungstyp)*? Die meisten Menschen tendieren zum einen oder anderen Lerntyp. Reine Typen kommen nur sehr selten vor. Sie sollten daher sowohl Ihren Typ ermitteln als auch Ihre Lerngewohnheiten Ihren Vorlieben anpassen. Halten Sie also Augen und Ohren offen und lernen Sie ruhig mit Händen und Füßen, wenn Sie der Typ dafür sind.

Sag's mit einem Post-it

Auf Post-its wurden schon Heiratsanträge gemacht oder Beziehungen beendet. Also ist es kein Wunder, dass man damit auch Grammatik lernen kann. Schreiben Sie sich einzelne Regeln (idealerweise mit Beispielen, s. u.) separat auf Blätter oder Post-its und hängen Sie sie dort hin, wo Sie sie täglich sehen können, z. B. ins Bad über den Spiegel, an den Computer, den Kühlschrank oder neben die Kaffeemaschine. So verinnerlichen Sie schwierige Regeln ganz nebenbei. Denn das Auge lernt mit.

Beispielsätze gegen Trockenfutter

Trockenfutter ist schwer verdaulich. Einzelne Grammatikregeln trocken aufzunehmen ebenso. Ergänzen Sie jede Regel mit Beispielsätzen. Wenn Ihnen die Beispiele, die Sie in den Lehrbüchern finden, nicht gefallen, formulieren Sie eigene!
Fortgeschrittene können in Originaltexten (Zeitungen, Büchern, Filmen, Songtexten) nach konkreten Anwendungsbeispielen suchen. So wird Grammatik leicht bekömmlich.

Führen Sie Selbstgespräche

Wählen Sie besonders schwierige Grammatikphänomene aus, schreiben Sie dazu einzelne Beispielsätze auf und sprechen Sie diese laut vor sich hin, z. B. unter der Dusche, beim Spazierengehen oder während langer Autofahrten. Reden Sie mit sich selbst in der Fremdsprache, so prägen Sie sich auch komplizierte Formen und Wendungen ganz schnell ein.

Grammatik à la Karte

Wie beim Vokabellernen lässt sich auch für die Grammatik eine Art Karteikasten mit einzelnen Karten anlegen. Eine Regel, eine Ausnahme oder ein Stichwort auf die eine Seite und Beispiele, Anwendungen oder Lösungen auf die andere. Schauen Sie sich die Karten regelmäßig an und sortieren Sie die, die Ihnen vertraut sind, allmählich aus.

Gegensätze ziehen sich an

Merken Sie sich die verschiedenen Verben, Adjektive oder Präpositionen paarweise, indem Sie sich immer auch das Wort einprägen, mit dem Sie das Gegenteil ausdrücken können (Antonym), oder ein weiteres Wort mit der gleichen Bedeutung (Synonym). Das hilft Ihnen, nicht „sprachlos“ zu sein, wenn Ihnen mal ein Wort nicht gleich einfällt. Indem Sie Antonyme und Synonyme mit dazu lernen, bauen Sie sich einen breit gefächerten Wortschatz auf und können sprachlich aus dem Vollen schöpfen.

Übung macht den Meister!

Wie heißt es doch so schön: „Lehre bildet Geister, doch Übung macht den Meister!“.
So wichtig es auch ist, sich die Grammatikregeln und -strukturen fest einzuprägen, so unerlässlich ist es jedoch, diese immer wieder zu

wiederholen und zu testen. Denn nur konsequentes Üben trägt dazu bei, dass frisch Gelerntes auch in das Langzeitgedächtnis gelangt und nicht mit der Zeit verblasst, einrostet oder ganz verschwindet.

Denken Sie in Schubladen

Was im wahren Leben nicht unbedingt sinnvoll ist, kann beim Grammatiklernen hilfreich sein: Machen Sie sich gedankliche Schubladen, in die Sie die gelernten Formen und Ausnahmen einsortieren, und versehen Sie diese mit Etiketten: unregelmäßige Verben, Hilfsverben, Präpositionen, Konjunktionen etc.

Bleiben Sie in Bewegung

Sie müssen beim Lernen nicht unbedingt am Schreibtisch sitzen. Stehen Sie auf, gehen Sie im Zimmer auf und ab oder wiederholen Sie beim Spazierengehen, beim Joggen, beim Schwimmen in Gedanken die neu gelernten Regeln. Ihr Gehirn funktioniert nachweislich besser, wenn Ihr Körper in Bewegung ist.

Beweisen Sie Taktgefühl

Klopfen Sie im Takt dazu (z. B. auf die Tischplatte), wenn Sie sich Grammatikregeln, feste Wendungen oder Beispielsätze einprägen wollen. Takt und Rhythmus fördern Ihr Erinnerungsvermögen. Eventuell hilft auch musikalische Unterstützung in Form von Hintergrundmusik. Und beim Wiederholen der Regeln und Strukturen können Sie Ihr Taktgefühl und Ihr Gedächtnis unter Beweis stellen.

Grammatik aus dem Ei

Lernen Sie mit Eselsbrücken, Reimen, Merkhilfen und Lernsprüchen. „7-5-3 Rom schlüpft aus dem Ei" – was bei historischen Jahreszahlen funktioniert, klappt auch beim Sprachenlernen.

Machen Sie Witze?

Merken Sie sich Witze, Sprichwörter oder Redewendungen, in denen eine grammatikalische Struktur oder eine Regel Anwendung findet. Indem Sie sich beispielsweise einen Witz in der Fremdsprache einprägen und sich an diesen erinnern, prägen Sie sich auch das jeweilige Grammatikphänomen ein. Aber denken Sie daran, dass sich weder Witze noch feste Wendungen immer wörtlich von einer Sprache in die andere übertragen lassen!

Lieber Miss Marple als Steuerberater?

Viele Menschen empfinden Grammatikübungen als langweilig. Zugegeben: Wer immer nur Lückentexte macht, verliert schnell die Lust. Achten Sie darauf, dass die Grammatikübungen, die Sie machen, abwechslungsreich sind. Sie sollten beim Grammatiktraining nicht das Gefühl haben, Ihre Steuererklärung auszufüllen oder an einer unbezahlten Umfrage teilzunehmen, sondern vielmehr das Gefühl, einen rätselhaften Kriminalfall zu lösen (mit Zuordnungsaufgaben), an einem Quiz teilzunehmen (mit Multiple-Choice-Aufgaben) oder einen Geheimcode zu dechiffrieren (bei Satzbauübungen, hoffentlich nicht bei Übersetzungen).

Gretchenfrage: Und wie steht's mit der Muttersprache?

Denken Sie über Ihre eigenen Sprechgewohnheiten nach und schauen Sie sich die Regeln Ihrer Muttersprache an. Die Gesetze der Fremdsprache sind viel einfacher nachvollzieh- und erlernbar, wenn man die Unterschiede zur eigenen Muttersprache kennt. Welche Zeitformen verwenden Sie wann, wie werden sie gebildet etc.? Indem Sie die Fremdsprache mit Ihrer Muttersprache vergleichen, machen Sie sich Parallelen und Unterschiede bewusster und prägen sich diese gleich viel besser ein.

E-Mail für Sie

Um auch schriftlich voneinander zu lernen, suchen Sie sich eine/n E-Mailpartner/-in und schreiben Sie kurze fremdsprachige Mails. Treffen Sie die Vereinbarung, sich gegenseitig zu korrigieren. Sie werden sehen, es macht Spaß, sich über sprachliche Dinge auszutauschen und auf die Fehler des anderen, die vielleicht auch Ihre eigenen sind, aufmerksam zu machen.

Wer liest, ist im Vorteil

Wagen Sie sich langsam an fremdsprachige Lektüre heran, sei es in vereinfachter Form mit Übersetzungshilfen, sei es in Form leichter Originaltexte, und schauen Sie sich insbesondere die grammatischen Feinheiten immer wieder bewusst an. Es zählt nicht, wie viel Sie lesen, sondern dass Sie einzelne grammatische Strukturen im Kontext nachvollziehen können und verstehen, was ausgedrückt werden soll.

Tauschen Sie Grammatik gegen Sauerbraten

Versuchen Sie, einer anderen Person (Kind, Freund/-in, Partner) die grammatischen Eigenarten einer Fremdsprache zu erklären. Niemand lernt besser als jemand, der andere unterrichtet und sich dabei die Regeln noch mal selbst bewusst macht. Dafür erklärt Ihr Kind Ihnen sicher bei Bedarf, wie man eine MMS verschickt, oder Ihre Schwiegermutter, wie man Sauerbraten zubereitet.

Haben Sie O-Töne?

Lernen Sie multimedial! Schauen Sie DVDs oder Kinofilme im Originalton und wenn möglich mit Originaluntertitel an, also z. B. einen französischen Film mit französischem Untertitel. Sie werden sehen, dass Sie durch das Mitlesen das Gesprochene besser verstehen als ohne die Texthilfe. Halten Sie die DVD auch mal an und schreiben Sie sich interessante Wörter, Phrasen oder grammatische Strukturen auf.

Learning by doing in freier Wildbahn

Zu guter Letzt, wenden Sie die Fremdsprache und Ihr neu gelerntes Wissen aktiv an. Reisen Sie in Länder, in denen die Sprache gesprochen wird, genießen Sie es, mit Menschen in der Fremdsprache zu sprechen, die Sie gerade lernen oder dann auch schon können, und freuen Sie sich über die Anerkennung, die Sie dafür bekommen, und die Kontakte, die Sie dabei knüpfen können – weil Sprachen verbinden …

Viel Spaß und Erfolg beim Grammatiklernen
wünscht Ihnen
Ihre Langenscheidt-Redaktion

Terminologie

Terminus Französisch	Terminus Deutsch
accord	*Angleichung*
adjectif démonstratif	*Demonstrativadjektiv*
adjectif indéfini	*Indefinitadjektiv*
adjectif possessif	*Possessivadjektiv*
adverbe	*Adverb*
article défini	*bestimmter Artikel*
article indéfini	*unbestimmter Artikel*
article partitif	*Teilungsartikel*
attribut	*Attribut*
auxiliaire	*Hilfsverb*
auxiliaire de mode/semi-auxiliaire	*Modalverb*
comparatif	*Komparativ*
complément d'objet direct	*direktes Objekt*
complément d'objet indirect	*indirektes Objekt*
complément du verbe	*Verbergänzung*
concordance des temps	*Zeitenfolge*
conditionnel passé	*Konditional II*
conditionnel présent	*Konditional I*
conjonction de coordination	*nebenordnende Konjunktion*
conjonction de subordination	*unterordnende Konjunktion*
conjugaison	*Konjugation*
discours indirect	*indirekte Rede*
futur antérieur	*Futur II*
futur composé	*Futur composé*
futur simple	*Futur I*
gérondif	*Gerund*
imparfait	*Imperfekt*
impératif	*Imperativ*
indicatif	*Indikativ*
infinitif	*Infinitiv*
interrogation	*Frage*
inversion du sujet	*Inversion*
mot interrogatif	*Fragewort*
négation	*Verneinung*

Terminus Französisch	Terminus Deutsch
numéral	*Zahlwort*
numéraux cardinaux	*Grundzahlen*
numéraux ordinaux	*Ordnungszahlen*
ordre des mots	*Wortstellung*
participe passé	*Partizip Perfekt*
participe présent	*Partizip Präsens*
passé	*Vergangenheit*
passé antérieur	*Passé antérieur*
passé composé	*Passé composé*
passé récent	*Passé récent*
passé simple	*Passé simple*
phrase déclarative	*Aussagesatz*
phrase interrogative	*Fragesatz*
phrase relative	*Relativsatz*
pluriel	*Plural*
plus-que-parfait	*Plusquamperfekt*
préposition	*Präposition*
présent	*Präsens*
pronom adverbial	*Adverbialpronomen*
pronom démonstratif	*Demonstrativpronomen*
pronom indéfini	*Indefinitpronomen*
pronom interrogatif	*Interrogativpronomen (Fragepronomen)*
pronom personnel	*Personalpronomen*
pronom possessif	*Possessivpronomen*
pronom réfléchi	*Reflexivpronomen*
pronom relatif	*Relativpronomen*
singulier	*Singular*
subjonctif	*Subjonctif*
subjonctif passé	*Subjonctif der Vergangenheit*
subjonctif présent	*Subjonctif Präsens*
sujet	*Subjekt*
superlatif	*Superlativ*
verbe irrégulier	*unregelmäßiges Verb*
voix active	*Aktiv*
voix passive	*Passiv*

Aussprache

Die folgende Übersicht bietet eine Orientierungshilfe zur Aussprache schwieriger Laute.

Buchstabe	Lautschrift	Erklärung	Beispiel
am, an, em, en	ã	nasales a	chambre [ʃãbr(ə)] *Zimmer* enfant [ãfã] *Kind*
c	s k	stimmloses s vor e und i wie *Messe*, sonst wie k	cela [səla] *das* comme [kom] *wie*
ç, s, sc vor e und i, -tio	s	stimmloses s wie in *Messe*	ça [sa] *das*, scène [sɛn] *Szene*, nation [nasjõ] *Nation*
e, è, ê, ai, ei	ɛ	offenes e wie in *Ähre*	plaire [plɛr] *gefallen, neige* [nɛʒ] *Schnee*
g	ʒ g	vor e und i wie stimmhaftes sch, sonst wie g	gens [ʒã] *Leute* gant [gã] *Handschuh*
i, ill	j	i, ins j übergehend	bien [bjɛ̃] *gut*, fille [fij] *Tochter*
in, im, aim, ain, ein, en, ym	ɛ̃	offenes nasales e	vin [vɛ̃] *Wein*, faim [fɛ̃] *Hunger*, sympathie [sɛ̃pati] *Sympathie*
j	ʒ	stimmhaftes sch	jour [ʒur] *Tag*
œu, eu	œ ø	offenes ö wie in *Möhre* ö wie *Hölle*	cœur [sœr] *Herz*, seul [sœl] *allein*, peu [pø] *wenig*
oi, oui	w	ins w übergehendes o bzw. u	trois [trwa] *drei*, oui [wi] *ja*
om, on	õ	nasales o	nom [nõ] *Name*, bon [bõ] *gut*
ui	ɥ	ü und i schnell hintereinander gesprochen	puis [pɥi] *dann*
un, um	œ̃	nasales œ	lundi [lœ̃di] *Montag*
z, s, x	z	stimmhaftes s wie *Sand*	zoo [zoo] *der Zoo*

1 Der Artikel

A1

Julie part en vacances samedi …

Julie fährt am Samstag in Urlaub …

Das französische Substantiv steht in der Regel mit Artikel. Der Artikel hat dabei die Funktion, Maskulinum und Femininum sowie Singular und Plural unterscheidbar zu machen. Der Artikel stimmt im Numerus und im Genus mit dem Substantiv überein.

ⓘ Das Französische kennt nur Maskulinum und Femininum, jedoch kein Neutrum.

1.1 Der bestimmte Artikel

A1

Formen

Maskulinum Singular	Plural	Femininum Singular	Plural
le pied *der Fuß*	**les** pieds *die Füße*	**la** chaussure *der Schuh*	**les** chaussures *die Schuhe*
l'avion *das Flugzeug*	**les**‿avions *die Flugzeuge*	**l'**assiette *der Teller*	**les**‿assiettes *die Teller*

Vor Vokalen und stummem h werden **le** und **la** zu **l'**.

⚡ Im Französischen gibt es keine Deklinationsendungen bei Artikel und Substantiv. Beziehungen und Besitzverhältnisse werden mit den Präpositionen **à** und **de** ausgedrückt.

Die Singular- und die Pluralform des maskulinen Artikels – le und les – verschmelzen mit den Präpositionen à und de:

à + le → au	à + les → aux	de + le → du	de + les → des
aller **au** bureau *ins Büro gehen*	parler **aux** enfants *mit den Kindern sprechen*	l'arrivée **du** train *die Ankunft des Zuges*	la maison **des** amis *das Haus der Freunde*

Gebrauch
Der bestimmte Artikel verweist auf etwas Bekanntes oder etwas bereits Erwähntes.
Er steht bei:

- Namen von Kontinenten, Ländern, Regionen und großen Inseln:
  l'Europe *Europa*, **l'**Allemagne *Deutschland*, B2 **la** Bavière *Bayern*, B2 **la** Corse *Korsika*
  Ausnahme: In einigen Fällen steht kein Artikel:
  B2 Israël *Israel*, Cuba *Kuba*, Malte *Malta*
  Nach der Präposition en, die bei weiblichen Länder- und Regionennamen immer verwendet wird, steht ebenfalls kein Artikel:
  Michel vit **en Italie**. *Michel lebt **in** Italien.*
  Les Müller vont **en** France. *Die Müllers fahren **nach** Frankreich.*
- Zeitangaben wie:
  - Tageszeiten zum Ausdruck einer sich wiederholenden Handlung:
    Le soir, elle lit un livre. *Abends liest sie ein Buch.*
    Sind sie durch ein Zeitadverb näher bestimmt, steht kein Artikel:
    Demain soir, nous allons au cinéma. ***Morgen Abend** gehen wir ins Kino.*
    Midi *Mittag* und minuit *Mitternacht* stehen immer ohne Artikel:
    Il est **midi**. *Es ist zwölf Uhr mittags.*
    Il est **minuit**. *Es ist zwölf Uhr nachts./Es ist **Mitternacht**.*
  - Jahreszeiten:
    L'été est ma saison préférée. ***Der** Sommer ist meine bevorzugte Jahreszeit.*
    Nach en entfällt der Artikel jedoch:
    En été, nous faisons un voyage. ***Im** Sommer machen wir eine Reise.*

- Wochentagen + Monatsnamen:
  - Wochentage stehen wie Tageszeiten *mit* Artikel, wenn sie etwas regelmäßig Wiederkehrendes bezeichnen. Sie stehen *ohne* Artikel, wenn sie sich auf einen bestimmten Tag der laufenden, kommenden oder vergangenen Woche beziehen:
    Le samedi mon père ne travaille jamais. *Samstags arbeitet mein Vater nie.*
    Nous le voyons jeudi. *Wir sehen ihn am Donnerstag.*
  - ⚡ Monatsnamen stehen in der Regel *ohne* Artikel:
    Décembre a 31 jours. *Der Dezember hat 31 Tage.*
    Bei Datumsangaben steht jedoch der bestimmte Artikel:
    Mon ami vient **le** 15 mai. *Mein Freund kommt am 15. Mai.*
- Kirchlichen Feiertagen:
  À la Pentecôte nous faisons une excursion. ***An** Pfingsten machen wir einen Ausflug.*
  Ausnahme: A2 Pâques *Ostern* steht immer, Noël *Weihnachten* meist ohne Artikel:
  Noël est une fête pour la famille. *Weihnachten ist ein Fest für die Familie.*
- Personennamen:
  - *im Plural:*
    Les Dupont sont des gens agréables. ***Die** Duponts sind angenehme Leute.*
    ℹ Personennamen werden im Französischen nicht angeglichen (haben kein Plural-s).
  - *im Singular,* wenn sie durch einen Titel näher bestimmt sind:
    le professeur Roland *Professor Roland*
    le docteur Matisse *Doktor Matisse*
- Körperteilen: 
  Ma sœur a **les** yeux bleus. *Meine Schwester hat blaue Augen.*
- Stoffnamen: 
  L'or est un métal précieux. *Gold ist ein wertvolles Metall.*
- Gattungsnamen:
  Les fruits sont A2 riches en B2 vitamines. *Früchte sind reich an Vitaminen.*
- Abstrakta:
  Le temps c'est de l'argent. *Zeit ist Geld.*

Im Französischen steht der Artikel auch im verneinten Satz:
Le garçon aime **les** chiens. *Der Junge mag Hunde.*
Le garçon n'aime pas **les** chiens. *Der Junge mag Hunde nicht.*
Auf Verben wie **aimer bien** *gern mögen,* B1 **adorer** *etw. toll finden/ lieben* folgen die begleitenden Begriffe mit Artikel:
J'aime bien **le** printemps. *Ich mag* ***den*** *Frühling sehr.*
J'adore **les** chats. *Ich liebe Katzen.*

1.2 Der unbestimmte Artikel

Formen

Im Unterschied zum Deutschen gibt es auch eine Pluralform des unbestimmten Artikels.

Maskulinum Singular	Maskulinum Plural	Femininum Singular	Femininum Plural
un enfant *ein Kind*	**des** enfants *Kinder*	**une** idée *eine Idee*	**des** idées *Ideen*

Vor Substantiven im Plural mit vorausgehendem Adjektiv wird des zu de:
Dans mon jardin il y a **des** fleurs rouges. *In meinem Garten gibt es rote Blumen.*
Dans mon jardin il y a **de** belles fleurs. *In meinem Garten gibt es schöne Blumen.*

Gebrauch

Wie im Deutschen steht der unbestimmte Artikel im Französischen vor nicht näher bestimmten Substantiven. Im Singular bezeichnet er einen beliebigen Gegenstand oder eine beliebige Person, im Plural eine unbestimmte Anzahl (▶ 1.3):
J'ai écrit **une** lettre. *Ich habe* ***einen*** *Brief geschrieben.*
Une fille m'a montré la maison. ***Ein*** *Mädchen hat mir das Haus gezeigt.*
On va acheter **des** pommes. *Wir werden Äpfel kaufen.*

Nicht näher bestimmte Substantive im Plural stehen immer mit unbestimmtem Artikel.

Der unbestimmte Artikel wird mit ne … pas de *kein* verneint:
Les Roussel ont **une** maison. *Die Roussels haben **ein** Haus.*
Les Roussel **n'ont pas de** maison. *Die Roussels haben **kein** Haus.*
Julien mange des fruits. *Julien isst Obst.*
Julien **ne** mange **pas de** fruits. *Julien isst **kein** Obst.*
Ausnahme: Bei être *sein* bleibt auch in der Verneinung der unbestimmte Artikel erhalten:
C'est **une** nouvelle voiture ? *Ist das **ein** neues Auto?*
Ce **n'est pas une** nouvelle voiture. *Das ist **kein** neues Auto.*

1.3 Der Teilungsartikel

A1

Der Teilungsartikel ist typisch für romanische Sprachen wie das Französische. Er dient zur Bezeichnung unbestimmter beziehungsweise nicht zählbarer Mengen. Im Deutschen entfällt hier der Artikel.

Formen

Maskulinum	Femininum	Plural
du thé *Tee*	**de la** viande *Fleisch*	**des** pommes *Äpfel*
de l'argent *Geld*	**de l'**eau *Wasser*	**des‿**heures *Stunden*
		des‿abricots *Aprikosen*

Vor Vokalen und stummem h wird des gebunden, du und de la werden zu de l'.
Der Plural des Teilungsartikels hat die gleiche Form wie der Plural des unbestimmten Artikels.

Gebrauch
Der Teilungsartikel steht bei
- Mengenangaben und bezeichnet:
  - im *Singular* eine unbestimmte Menge nicht zählbarer Dinge:
    L'après-midi Jeanne boit **du** thé. *Nachmittags trinkt Jeanne Tee.*
  - im *Plural* eine unbestimmte Anzahl zählbarer Dinge:
    Donnez-moi **des** œufs et **des** poires. *Geben Sie mir Eier und Birnen.*
- Abstrakta:
  Jean a **du** courage. *Jean hat Mut.*
  Nous avons eu **de la** chance. *Wir haben Glück gehabt.*

- In Verbindung mit faire + Tätigkeit:
  En hiver ils font **du** ski. *Im Winter fahren sie Ski.*
  Ausnahme: In einigen feststehenden Wendungen mit faire entfällt der Teilungsartikel (faire A2 la vaisselle *Geschirr spülen*, faire les courses *einkaufen*):
  Maman fait **la** cuisine. *Mama kocht.*
- In Verbindung mit jouer + Musikinstrument:
  Mon frère joue **du** piano. *Mein Bruder spielt Klavier.*

Der Teilungsartikel entfällt nach Mengenangaben wie:

beaucoup de *viel*	un litre de *ein Liter*
peu de *wenig*	un kilo de *ein Kilo*
assez de *genug*	un verre de *ein Glas*
trop de *zu viel*	une boîte de *eine Dose*
plus de *mehr*	une bouteille de *eine Flasche*
combien de *wie viel*	un million de *eine Million*

Elle achète **un kilo de** tomates. *Sie kauft* ***ein Kilo*** *Tomaten.*
Maurice boit **un verre de** lait. *Maurice trinkt* ***ein Glas*** *Milch.*
Ausnahme: Nach la moitié de *die Hälfte* steht der Teilungsartikel:
Pierre me donne **la moitié du** gâteau. *Pierre gibt mir* ***die Hälfte des*** *Kuchens*.

Nach sans *ohne* steht kein Teilungsartikel:
Mon père prend son café **sans** sucre. *Mein Vater trinkt den Kaffee* ***ohne*** *Zucker.*

Der Teilungsartikel wird mit ne pas … de *kein* verneint:
Lucie boit **du** vin. *Lucie trinkt Wein.*
Lucie **ne** boit **pas de** vin. *Lucie trinkt* ***keinen*** *Wein.*
Ausnahme: Bei être *sein* bleibt der Teilungsartikel auch bei der Verneinung erhalten:
C'est **du** beurre ? *Ist das Butter?*
Ce **n'**est **pas du** beurre. *Das ist* ***keine*** *Butter.*

Übungen

1 Der bestimmte Artikel A1

Wo muss der bestimmte Artikel stehen? Setzen Sie die richtige Form ein.

a. Son amie a .... yeux verts.

b. .... bois est dur.

c. .... Dupont sont nos voisins.

d. .... argent ne fait pas le bonheur.

e. Mon frère aime .... romans policiers.

2 Der bestimmte Artikel in der zusammengezogenen Form A1

Ergänzen Sie die folgenden Sätze mit einer der Formen: du, des (2x), au (2x), aux

a. Les enfants sont déjà rentrés .... vacances scolaires.

b. Leur maison se trouve .... bout de la rue.

c. C'est le fils .... médecin.

d. Pierre écrit une longue lettre .... amis de sa sœur.

e. Elle aime aller .... théâtre.

f. Je cherche .... chaussures noires.

3 Der bestimmte Artikel in Zeitangaben A1

Richtig oder falsch? Markieren Sie die Sätze als richtig (✓) oder falsch (✗)?

a. ☐ En général lundi, les théâtres sont fermés.

b. ☐ En été, les enfants aiment aller à la piscine.

c. ☐ Le soir, François et Sophie regardent la télé.

d. ☐ Julie part en vacances le samedi.

e. ☐ Le mai est le plus beau mois de l'année.

Lösungen

1. Der bestimmte Artikel

a. Son amie a les yeux verts.
b. Le bois est dur.
c. Les Dupont sont nos voisins.
d. L'argent ne fait pas le bonheur.
e. Mon frère aime les romans policiers.

G Bei Körperteilen, Gattungs- und Stoffnamen, Abstrakta und Personennamen im Plural steht der bestimmte Artikel.

2. Der bestimmte Artikel in der zusammengezogenen Form

a. Les enfants sont déjà rentrés des vacances scolaires.
b. Leur maison se trouve au bout de la rue.
c. C'est le fils du médecin.
d. Pierre écrit une longue lettre aux amis de sa sœur.
e. Elle aime aller au théâtre.
f. Je cherche des chaussures noires.

G Die Präpositionen à und de verschmelzen mit le zu au und du, mit les zu aux und des. Vor Vokal und stummem h werden le und la zu l'.

3. Der bestimmte Artikel in Zeitangaben

a. falsch → En général le lundi, les théâtres sont fermés.
b. richtig
c. richtig
d. falsch → Julie part en vacances samedi.
e. falsch → Mai est le plus beau mois de l'année.

G Bei Wochentagen steht kein Artikel, wenn von einem Tag der laufenden, kommenden oder vergangenen Woche die Rede ist. Nach en entfällt der bestimmte Artikel bei Jahreszeiten. Monatsnamen stehen nur in Verbindung mit einer Datumsangabe mit dem bestimmten Artikel.

❹ Der unbestimmte Artikel
Übersetzen Sie die Sätze ins Französische. A1

a. Paul liest ein Buch? Nein, Paul liest kein Buch.

....

b. Das ist eine neue Bluse? Nein, das ist keine neue Bluse.

....

c. Suzanne hat hübsche Schwestern.

....

d. Ich suche schwarze Schuhe.

....

❺ Der Teilungsartikel
Wo muss der Teilungsartikel verwendet werden? Setzen Sie gegebenenfalls die richtige Form ein. A1

a. Dans son jardin il y a beaucoup .... fleurs.

b. Donnez-moi 100 grammes .... fromage, s'il vous plaît.

c. Il lui donne la moitié .... dessert.

d. Les garçons font .... sport.

❻ Der Teilungsartikel in der Verneinung
Ergänzen Sie die Sätze. A1

a. Au magasin ils n'ont pas .... meubles.

b. C'est du lait? Non, ce n'est pas .... lait.

c. Mon mari n'a pas assez .... argent pour acheter une nouvelle voiture.

d. Pierre n'a pas fait .... faute.

e. Nous n'avons plus .... lait.

4. Der unbestimmte Artikel

a. Paul lit un livre? Non, Paul ne lit pas de livre.
b. C'est un nouveau chemisier? Non, ce n'est pas un nouveau chemisier.
c. Suzanne a de belles sœurs.
d. Je cherche des chaussures noires.

G Im Französischen gibt es auch eine Pluralform des unbestimmten Artikels. Unbestimmte Substantive im Plural stehen deshalb immer mit Artikel. Bei der Verneinung entfällt der unbestimmte Artikel (Ausnahme: être).

5. Der Teilungsartikel

a. Dans son jardin il y a beaucoup de fleurs.
b. Donnez-moi 100 grammes de fromage, s'il vous plaît.
c. Il lui donne la moitié du dessert.
d. Les garçons font du sport.

G Unbestimmte Mengenangaben verlangen im Französischen den Teilungsartikel. Bei zählbaren Dingen steht er im Singular, bei nicht zählbaren im Plural. Nach Mengenangaben entfällt der Teilungsartikel.

6. Der Teilungsartikel in der Verneinung

a. Au magasin ils n'ont pas de meubles.
b. C'est du lait? Non, ce n'est pas du lait.
c. Mon mari n'a pas assez d'argent pour acheter une nouvelle voiture.
d. Pierre n'a pas fait de faute.
e. Nous n'avons plus de lait.

G Der Teilungsartikel wird mit ne pas … de *kein* verneint. Der Artikel entfällt dabei (Ausnahme: être). Nach Mengenangaben entfällt der Teilungsartikel ebenfalls.

2 Das Substantiv

Oh schau mal Papa, das schöne Schiff!
– Das ist kein Schiff, das ist eine Jacht.
– Wie schreibt man das, Jacht?
– Du hast recht, das ist ein Schiff.

Substantive bezeichnen Lebewesen – Menschen und Tiere –, Dinge und Abstrakta.

2.1 Das Genus

Im Unterschied zum Deutschen kennt das Französische nur zwei Genera: Maskulinum und Femininum. Bei Substantiven, die Lebewesen bezeichnen, ist das grammatische Genus mit dem natürlichen Genus identisch (la femme – *die Frau*).

Das Genus von Substantiven ist im Deutschen und Französischen häufig nicht identisch: **le** beurre ***die*** *Butter*, **la** salade ***der*** *Salat*.

Im Französischen gibt es eine Vielzahl von Möglichkeiten, um das Genus zu kennzeichnen:

- Endungen
  - Maskulin sind folgende Substantivendungen:

-age	le from**age** *der Käse*
-aire	l'annivers**aire** *der Geburtstag*
-ail	le trav**ail** *die Arbeit*
-al	l'hôpit**al** *das Krankenhaus*
-eau	le bur**eau** *das Büro, der Schreibtisch*
-ent	l'arg**ent** *das Geld*
-er	l'escal**ier** *die Treppe*

-et	le bill**et** *die Eintrittskarte*
-euil	le faut**euil** *der Sessel*
-isme	le tour**isme** *der Tourismus*
-ment	le vête**ment** *das Kleidungsstück*
-oir	le mir**oir** *der Spiegel*
-our	l'am**our** *die Liebe*

- Feminin sind folgende Substantivendungen:

-ade	la promen**ade** *der Spaziergang*
-ance	l'ambul**ance** *der Krankenwagen*
-ée	l'arriv**ée** die *Ankunft*
-eille	la bout**eille** die *Flasche*
-elle	la vaiss**elle** *das Geschirr*
-ence	l'influ**ence** *der Einfluss*
-erie	la boulang**erie** *die Bäckerei*
-esse	la vit**esse** *die Geschwindigkeit*
-ette	la cigar**ette** *die Zigarette*
-ie	la mair**ie** *das Rathaus*
-ière	la lum**ière** *das Licht*
-ille	la fam**ille** *die Familie*
-ine	la far**ine** das *Mehl*
-ion	la télévis**ion** *das Fernsehen*
-ique	la mus**ique** *die Musik*
-ise	la val**ise** *der Koffer*
-té	la san**té** *die Gesundheit*
-tié	la moi**tié** *die Hälfte*
-tude	B2 l'habi**tude** *die Gewohnheit*
-ure	la chauss**ure** *der Schuh*

- Das Femininum kann durch Anhängen eines -e an die maskuline Form gebildet werden.
  Dabei können sich die vorausgehenden Konsonanten verdoppeln bzw. verändern. Oder es werden die Suffixe verändert. Dabei gibt es eine Reihe häufig auftretender Suffixe, die man sich merken sollte:

Maskulinum	Endung	Femininum
le voisin *der Nachbar*	**-e**	la voisin**e** *die Nachbarin*
le chien *der Hund*	**-ne**	la chien**ne** *die Hündin*
le crimin**el** *der Verbrecher*	**-le**	la crimin**elle** *die Verbrecherin*
le chat *der Kater*	**-te**	la chat**te** *die Katze*
un polic**ier** *ein Polizist*	**-ière**	une polic**ière** *eine Polizistin*
le coiff**eur** *der Friseur*	**-euse**	la coiff**euse** *die Friseurin*
B2 le prince *der Prinz*	**-esse**	B2 la princ**esse** *die Prinzessin*
le conduc**teur** *der Fahrer*	**-trice**	la conduc**trice** *die Fahrerin*

Ausnahmen:
le copain *der Freund* – la cop**ine** *die Freundin*
le fils *der Sohn* – la fi**lle** *die Tochter*
le veuf *der Witwer* – la veuve *die Witwe*

- Maskulinum und Femininum haben die gleiche Form. Sie unterscheiden sich nur durch begleitende Artikel bzw. Adjektive. Dies gilt vor allem für Substantive, die im Maskulinum auf -e enden:
  un élève *ein Schüler* – **une** élève *eine Schülerin*
  un enfant *ein (männliches) Kind* – **une** enfant *ein (weibliches) Kind*
  un touriste *ein Tourist* – **une** touriste *eine Touristin*

- Substantive, die Lebewesen bezeichnen, haben gelegentlich völlig unterschiedliche maskuline und feminine Formen:
  le père *der Vater* – la mère *die Mutter*
  B2 le taureau *der Stier* – B2 la vache *die Kuh*

- Bei Berufsbezeichnungen, insbesondere bei Berufen, die früher ausschließlich von Männern ausgeübt wurden, gibt es häufig nur eine maskuline Form. Um deutlich zu machen, dass es sich um eine Frau handelt, kann dem Substantiv femme *Frau* vorangestellt werden: B2
  un professeur *ein Professor* – une **femme** professeur *eine Professorin*

- Ein weiteres Erkennungsmerkmal für das Genus kann die Zugehörigkeit zu einer Gruppe sein: B2
  - Maskulin sind Namen von Bäumen (**le** pommier *der Apfelbaum*), Himmelsrichtungen (**le** sud *der Süden*), Metallen und chemischen

Elementen (**le** fer *das Eisen;* **le** soufre *der Schwefel*), Farben (**le** bleu *das Blau*), Jahreszeiten, Monatsnamen und Wochentagen und die Namen von Sprachen (**le** français *das Französische*).

- Feminin sind die Namen der Wissenschaften (**la** pharmacie *die Pharmazie*; ◐ Ausnahme: **le** droit *die Rechtswissenschaft*), chemische Stoffe, die auf -ine enden (**la** nicotine *das Nikotin*) und die Namen von Automarken (**la** Mercedes, **la** Renault usw.).

- ⚡ Eine Reihe von Substantiven kann bei gleicher Form sowohl maskulin als auch feminin sein. Je nach Genus verändert sich aber ihre Bedeutung:

Maskulinum	**Femininum**
le critique *der Kritiker*	**la** critique *die Kritik*
le livre *das Buch*	**la** livre *das Pfund*
le manche *der Stiel, der Griff*	**la** manche *der Ärmel*
le mode *die Art und Weise*	**la** mode *die Mode*
le mort *der Tote*	**la** mort *der Tod*
le moule *die Form*	**la** moule *die Miesmuschel*
le physique *die äußere Erscheinung*	**la** physique *die Physik*
le poste *der Posten, die (Arbeits)Stelle*	**la** poste *die Post*
le tour *die Wanderung, die Tour*	**la** tour *der Turm*
le voile *der Schleier*	**la** voile *das Segel*

2.2 Der Plural

In der Regel ist die Pluralform des Substantivs im Französischen ein angehängtes -s. Da diese Endung jedoch nicht ausgesprochen wird und somit nicht hörbar ist, erkennt man den Plural meist nur am Artikel. Nur bei einigen Substantiven, die den Plural mit abweichenden Formen bilden, ist der Plural auch hörbar (le travail → **les** travaux).

Der Plural bei einfachen Substantiven

- Die Mehrzahl der einfachen Substantive bildet den Plural mit der Endung -s:

le jardin *der Garten* → **les** jardins
la main *die Hand* → **les** mains

- Substantive, die auf -s, -x und -z enden, hängen kein Plural-s an:

l'autobus *der Bus* → **les** autobus
la voix *die Stimme* → **les** voix
le nez *die Nase* → **les** nez

- Substantive mit folgenden Endungen bilden den Plural in der Regel mit -x. Substantive auf -ail und -al ändern außerdem die Endung: 

Endung	Singular → Plural
-ail	le travail *die Arbeit* → **les** trav**aux**
-al	l'animal *das Tier* → **les** anim**aux**
-au	B2 le tuyau *das Rohr* → **les** tuy**aux**
-eau	le château *das Schloss* → **les** chât**eaux**
-eu	le cheveu *das Haar* → **les** chev**eux**
	Ausnahme: le bleu *die blaue Farbe* → **les** bleus

- Die meisten Substantive auf -ou bilden den Plural mit -s: B2
  le cou *der Hals* → **les** cous
  le trou *das Loch* → **les** trous
  Ausnahme: Einige Substantive wie le bijou *der Edelstein*, le caillou *der Kieselstein*, le chou *der Kohl*, le genou *das Knie*, le hibou *die Eule*, le pou *die Laus* hängen jedoch im Plural statt des -s ein -x an:
  le bijou → **les** bijoux
  le caillou → **les** cailloux
- Fremdwörter auf -ail oder -al bilden den Plural mit -s:
  le rail *die Schiene* → **les** rails
  le festival *das Festival* → **les** festivals

Eigene Pluralformen haben folgenden Substantive:
un œil *ein Auge* → les yeux
madame *Frau* → mesdames
monsieur *Herr* → messieurs

Der Plural bei zusammengesetzten Substantiven 
Zusammengesetzte Substantive, die in einem Wort geschrieben werden, bilden den Plural wie einfache Substantive: le portefeuille *die Brieftasche* → **les** portefeuilles.

Bei zusammengesetzten Substantiven, die mit Bindestrich geschrieben werden, gilt:
In der Zusammensetzung enthaltene Substantive und Adjektive erhalten eine Pluralendung, alle anderen Elemente (Verben, Adverbien und Präpositionen) bleiben unverändert.

Verbindung	Singular	Plural
Substantiv + Substantiv	le chou-fleur *der Blumenkohl* le wagon-lit *der Schlafwagen*	**les** chou**x**-fleur**s** **les** wagon**s**-lit**s**
Substantiv + Adjektiv	la petite-fille *die Enkelin* le grand-père *der Großvater*	**les** petite**s**-fille**s** **les** grand**s**-père**s**
Adjektiv + Adjektiv	le dernier-né *der Letztgeborene* le sourd-muet *der Taubstumme*	**les** dernier**s**-né**s** **les** sourd**s**-muet**s**
Präposition + Substantiv	l'arrière-pensée *der Hintergedanke*	**les** arrière-pensée**s**

Bei der Verbindung Verb + Substantiv erhält nur das (zählbare) Substantiv eine Pluralendung:
le presse-citron *die Zitronenpresse* → **les** presse-citron**(s)**
Die Anwendung dieser Regel ist aber schwankend, daher sollten Sie diese Begriffe in einem Wörterbuch nachschlagen.

Wird das Bestimmungswort bei Substantiv-Substantiv-Verbindungen ohne Bindestrich oder mit einer Präposition angeschlossen, bekommt in der Regel nur das Grundwort ein Pluralzeichen:
le téléviseur couleur *der Farbfernseher* → **les** téléviseur**s** couleur
l'auberge de jeunesse *die Jugendherberge* → **les** auberge**s** de jeunesse.

Bezeichnet das Substantiv Dinge, die nicht zählbar sind, bleibt es immer unverändert: le porte-monnaie *der Geldbeutel* → **les** porte-monnaie *die Geldbeutel.*

L! Bei zusammengesetzten Substantiven ist es sinnvoll, die Pluralformen stets mitzulernen.

Übungen

1 Maskuline und feminine Substantivendungen

A2

Maskulin oder feminin? Setzen Sie den richtigen unbestimmten Artikel ein.

a. .... voiture .... soir .... poubelle
b. .... bureau .... publicité .... journalisme
c. .... adresse .... vent .... oreille
d. .... chance .... ville .... boucherie
e. .... journal .... renseignement .... accident
f. .... excursion .... surprise .... salade
g. .... guichet .... musique .... difficulté
h. .... étage .... jour .... contraire
i. .... quartier .... assiette .... industrie
j. .... sortie .... idée .... dîner

2 Die Femininbildung

A2

Bäumchen wechsel dich! Setzen Sie die hellblau hervorgehobenen Substantive in die feminine bzw. maskuline Form. Denken Sie auch daran, begleitende Pronomen und Artikel anzupassen.

a. Mon ami veut devenir acteur.

....

b. La voisine de Georges est Anglaise.

....

c. La copine de Jules vit en Allemagne.

....

d. Nous avons demandé le chemin à un policier.

....

Lösungen

1. Maskuline und feminine Substantivendungen

a. une voiture | un soir | une poubelle
b. un bureau | une publicité | un journalisme
c. une adresse | un vent | une oreille
d. une chance | une ville | une boucherie
e. un journal | un renseignement | un accident
f. une excursion | une surprise | une salade
g. un guichet | une musique | une difficulté
h. un étage | un jour | un contraire
i. un quartier | une assiette | une industrie
j. une sortie | une idée | un dîner

G Das Genus eines Substantivs ist häufig an seiner Endung zu erkennen. So sind Substantive, die auf **-age**, **-aire**, **-al**, **-eau**, **-ent**, **-isme**, **-ment** oder **-oir** enden, in der Regel maskulin. Feminin sind dagegen Substantive auf **-ade**, **-ance**, **-ée**, **-elle**, **-erie**, **-esse**, **-ette**, **-ie**, **-ion**, **-ique**, **-tude** oder **-ure**.

2. Die Femininbildung

a. **Mon amie** veut devenir **actrice**.
b. **Le voisin** de Georges est **Anglais**.
c. **Le copain** de Jules vit en Allemagne.
d. Nous avons demandé le chemin à **une policière**.

G Die feminine Form wird meist durch Anhängen eines **-e** oder bestimmter Suffixe wie **-ière**, **-euse** oder **-trice** gebildet. Manchmal wird dabei der Endkonsonant verdoppelt. Substantive, die Lebewesen bezeichnen, haben gelegentlich völlig unterschiedliche Formen. Bei Berufsbezeichnungen gibt es häufig nur eine maskuline Form.

❸ Der Plural der einfachen Substantive

B2

S, x – oder nix? Ergänzen Sie die richtigen Pluralendungen.

a. Je t'ai écrit deux fax........... ce matin mais tu n'as pas répondu.

b. Le soir, mon père lit les journal........... .

c. Les Legrand sont partis il y a deux mois........... .

d. Les prix........... ne cessent pas d'augmenter.

e. Aujourd'hui, on peut trouver un ordinateur dans tous les bureau........... .

f. Les hibou........... sont devenus rares dans nos forêts.

g. Les feu........... de la Saint-Jean *(Johannisfeuer)* sont allumés le 24 juin.

h. Il a deux grands trou........... dans son pantalon.

i. En montagne les eau........... sont très claires et très froides.

❹ Der Plural der zusammengesetzten Substantive

B2

Richtig oder falsch? Markieren Sie die Pluralformen als richtig (✓) oder falsch (✗) und korrigieren Sie sie gegebenenfalls.

a. ☐ les appareils photos ....

b. ☐ les eaux minérales ....

c. ☐ les sacs à mains ....

d. ☐ les romans policier ....

e. ☐ les pommes de terre ....

f. ☐ les salles à manger ....

g. ☐ les arrières-pensées *(Hintergedanken)* ....

h. ☐ deux quarts d'heures ....

i. ☐ les passeports ....

3. Der Plural der einfachen Substantive

a. Je t'ai écrit deux fax ce matin mais tu n'as pas répondu.
b. Le soir, mon père lit les journaux.
c. Les Legrand sont partis il y a deux mois.
d. Les prix ne cessent pas d'augmenter.
e. Aujourd'hui, on trouve un ordinateur dans tous les bureaux.
f. Les hiboux sont devenus rares dans nos forêts.
g. Les feux de la Saint-Jean sont allumés le 24 juin.
h. Il a deux grands trous dans son pantalon.
i. En montagne les eaux sont très claires et très froides.

G Die typische Pluralendung des Französischen ist ein angehängtes -s. Bei Substantiven, die auf -s, -x oder -z enden, entfällt das Plural-s. Substantive auf -ail, -al, -eau oder -eu bilden den Plural häufig mit -x.

4. Der Plural der zusammengesetzten Substantive

a. falsch → les appareils photo
b. richtig
c. falsch → les sacs à main
d. falsch → les romans policiers
e. richtig
f. richtig
g. falsch → les arrière-pensées
h. falsch → deux quarts d'heure
i. richtig

G Zusammengesetzte Substantive, die in einem Wort geschrieben werden, bilden den Plural wie einfache Substantive. Bei allen anderen Zusammensetzungen können nur Substantive und Adjektive eine Pluralendung bekommen. Wird das Bestimmungswort bei Substantiv-Substantiv-Verbindungen ohne Bindestrich oder mit einer Präposition angeschlossen, erhält in der Regel nur das Grundwort eine Pluralendung.

3 Das Adjektiv

Er ist so schön, so groß, so schick ... Er hat so blaue Augen … – Aber das Gleiche hast du doch erst vor einer Woche über Luc gesagt!

Adjektive dienen zur Beschreibung von Lebewesen, Dingen oder Begriffen.

3.1 Das Genus

A1

Formen

Der Form nach lassen sich im Französischen vier Arten von Adjektiven unterscheiden:

- Maskulinum und Femininum haben die gleiche Form. Dies ist vor allem der Fall bei Adjektiven, die im Maskulinum auf -e enden:
  une boîte vide *eine leere Dose*
  un appareil utile *ein nützliches Gerät*
  Unveränderlich sind außerdem Adjektive, die von Substantiven abgeleitet sind (les chaussures **sport** *die Sportschuhe*), zusammengesetzte Farbadjektive (une chemise **bleu clair** *ein **hellblaues** Hemd*) sowie Farbadjektive, die von Substantiven abgeleitet sind (une voiture **argent** *ein **silberfarbenes** Auto*).

- Das Femininum wird durch Anhängen eines -e gebildet:
  un acteur allemand *ein deutscher Schauspieler* → **une** ville allemand**e** *eine deutsche Stadt*
  un pantalon bleu *eine blaue Hose* → **une** jupe bleu**e** *ein blauer Rock*

- in manchen Fällen verdoppeln sich zusätzlich die Endkonsonanten:

Maskulinum	Endung	Femininum
le Parlement europé**en** *das Europäische Parlament* un b**on** repas *ein gutes Essen*	**-en/-on → -ne**	l'Union europé**enne** *die Europäische Union* une bo**nne** élève *eine gute Schülerin*
un patron genti**l** *ein netter Chef* le monde actu**el** *die heutige Welt* un cas par**eil** *ein ähnlicher Fall*	**-il/-el/-eil → -le**	une amie genti**lle** *eine nette Freundin* la mode actu**elle** *die aktuelle Mode* une offre par**eille** *ein ähnliches Angebot*
un fromage gra**s** *ein fetter Käse* un gro**s** chien *ein großer Hund*	**-s → -se**	une viande gra**sse** *ein fettes Fleisch* une gro**sse** vague *eine große Welle*
un sac viol**et** *eine violette Tasche* un film mu**et** *ein Stummfilm*	**-et → -ette**	une robe viol**ette** *ein violettes Kleid* une femme mu**ette** *eine stumme Frau*

- bei einigen Adjektivendungen verändert sich auch die Endsilbe:

Maskulinum	Endung	Femininum
un pantalon neu**f** *eine neue Hose*	**-f → -ve**	une chemise neu**ve** *ein neues Hemd*
un restaurant ch**er** *ein teures Restaurant* un pays étrang**er** *ein fremdes Land* un repas lég**er** *eine leichte Mahlzeit*	**-er → -ère**	une voiture ch**ère** *ein teures Auto* une langue étrang**ère** *eine Fremdsprache* une robe lég**ère** *ein leichtes Kleid*

un B1 succès complet *ein voller Erfolg* un B2 code secr**et** *ein Geheimcode*	**-et → -ète**	une phrase compl**ète** *ein vollständiger Satz* une porte secr**ète** *eine Geheimtür*
un pays danger**eux** *ein gefährliches Land*	**-eux → -euse**	une route danger**euse** *ein gefährlicher Weg*
un homme conserva**teur** *ein konservativer Mensch*	**-teur → -trice**	une école conserva**trice** *eine konservative Schule*
un vêtement sporti**f** *eine sportliche Bekleidung*	**-f → -ve**	une femme sporti**ve** *eine sportliche Frau*
un enfant heureu**x** *ein glückliches Kind*	**-x → -se**	une famille heureu**se** *eine glückliche Familie*
un parc publi**c** *ein öffentlicher Park*	**-c → -que**	une piscine publi**que** *ein öffentliches Schwimmbad*

⚡ Endet die maskuline Form auf einen Konsonanten, verändert sich durch das Anhängen der femininen Endung teilweise die Aussprache.

- Einige Adjektive – die stets vorangestellt werden – haben zwei maskuline Singularformen: 

Maskulinum	Maskulinum	Femininum
un **beau** jardin *ein schöner Garten*	un **bel** homme *ein schöner Mann*	une **belle** fille *ein schönes Mädchen*
un **nouveau** livre *ein neues Buch*	un **nouvel** A2 ordinateur *ein neuer Computer*	une **nouvelle** maison *ein neues Haus*
un **vieux** A2 bâtiment *ein altes Gebäude*	un **vieil** avion *ein altes Flugzeug*	une **vieille** amie *eine alte Freundin*

Die maskulinen Formen bel, nouvel und vieil werden nur vor Vokal und stummem h gebraucht. Im Plural existiert jeweils nur eine maskuline Form: beaux, nouveaux, vieux.

- Eine Reihe von Adjektiven bildet die feminine Form unregelmäßig:

Maskulinum	**Femininum**
un pullover **blanc** *ein weißer Pullover*	une voiture **blanche** *ein weißes Auto*
un croissant **frais** *ein frisches Croissant*	une boisson **fraîche** *ein frisches Getränk*
un vin **sec** ein *trockener Wein*	une saison **sèche** *eine trockene Jahreszeit*
un paysage **doux** *eine sanfte Landschaft*	une voix **douce** *eine sanfte Stimme*
un homme **faux** *ein falscher (unaufrichtiger) Mensch*	une réponse **fausse** *eine falsche Antwort*
mon film **favori** *mein Lieblingsfilm*	mon actrice **favorite** *meine Lieblingsschauspielerin*

Prägen Sie sich beim Vokabellernen immer gleich beide Formen ein – und möglichst auch die dazugehörigen Pluralformen.

Stellung

Attributiv gebrauchte Adjektive stehen unmittelbar bei dem Substantiv, auf das sie sich beziehen.
Mehrsilbige Adjektive werden im Französischen meist nachgestellt:
une question **difficile** *eine* ***schwierige*** *Frage*

Kurze Adjektive wie beau *schön*, bon *gut*, faux *falsch*, gros *dick*, haut *hoch*, jeune *jung*, joli *hübsch*, vieux *alt* sowie mauvais *schlecht* stehen in der Regel vor dem Substantiv:
une **jolie** fille *ein* ***hübsches*** *Mädchen*

Mehrere mit et *und* verbundene Adjektive werden nachgestellt:
un été **chaud et sec** *ein* ***heißer, trockener*** *Sommer*

Demi kann vor oder nach dem Substantiv stehen. Steht es davor, wird es immer mit Bindestrich angeschlossen und bleibt unverändert: une **demi-**heure *eine* ***halbe*** *Stunde*. Folgt es dem Substantiv, wird es angeglichen: une heure et **demie** *einein**halb** Stunden*.

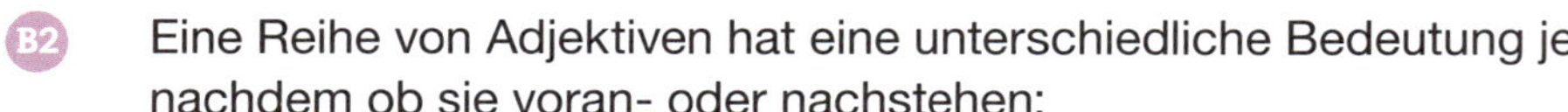

B2 Eine Reihe von Adjektiven hat eine unterschiedliche Bedeutung je nachdem ob sie voran- oder nachstehen:

Vorangestellt	Nachgestellt
mon **ancienne** école *meine **ehemalige** Schule*	un meuble **ancien** *ein **altes** (antikes) Möbelstück*
un **brave** élève *ein **ordentlicher** Schüler*	une fille **brave** *ein **tapferes** Mädchen*
un **certain** Jean-Pierre *ein **gewisser** Jean-Pierre*	une chose **certaine** *eine **sichere** Sache*
un **cher** ami *ein **lieber** Freund*	une montre **chère** *eine **teure** Uhr*
le **dernier** jour du mois *der **letzte** Tag des Monats*	la semaine **dernière** ***vorige** Woche*
un **nouveau** vêtement *ein **neues (anderes)** Kleidungsstück*	des idées **nouvelles** ***neue (neuartige)** Ideen*
une **pauvre** famille *eine **bedauernswerte** Familie*	un pays **pauvre** *ein **armes** Land*
de ses **propres** yeux *mit **eigenen** Augen*	une chambre **propre** *ein **sauberes** Zimmer*
un **seul** élève *ein **einziger** Schüler*	une femme **seule** *eine **alleinstehende** Frau*
un **vrai** ami *ein **echter** Freund*	une histoire **vraie** *eine **wahre** Geschichte*

⚡ Die Adjektive court und long werden nachgestellt, wenn sie etwas über die räumliche Ausdehnung aussagen:
une robe **courte** *ein **kurzes** Kleid*
Ist die zeitliche Dauer gemeint, stehen sie vor dem Substantiv:
un **long** voyage *eine **lange** Reise*

3.2 Der Plural

Formen
Die Pluralbildung der Adjektive folgt den gleichen Regeln wie die der Substantive (▶ **2.2**).
Beim regelmäßigen Plural wird ein -s an die Singularform des Adjektivs gehängt:
une pomme verte *ein grüner Apfel* → **des** pommes verte**s**.

A2 Maskuline Adjektive auf -s und -x bleiben im Plural unverändert:
un mur **bas** *eine niedrige Mauer* → **des** murs **bas**
un vin **doux** *ein süßer Wein* → **des** vins **doux**
Die meisten Ajdektive auf -al bilden den Plural auf -aux:
le plat **national** *das Nationalgericht* → **les** plats **nationaux**

3.3 Die Angleichung des Adjektivs

Das Adjektiv richtet sich in Genus und Numerus nach dem Substantiv, auf das es sich bezieht.
Anders als im Deutschen wird das Adjektiv im Französischen nicht nur bei attributivem, sondern auch bei prädikativem Gebrauch verändert:
attributiv: C'est **une** très **grande** ville. *Das ist **eine** sehr **große** Stadt.*
prädikativ: **La** ville est très **grande**. ***Die** Stadt ist sehr **groß**.*

Bezieht sich ein Adjektiv auf mehrere Substantive, steht es im Plural. Haben die Substantive das gleiche Genus, richtet sich das Adjektiv nach diesem Genus:
une table et **une** chaise brune**s** *ein brauner Tisch und ein brauner Stuhl*
Handelt es sich um Substantive mit unterschiedlichem Genus, steht das Adjektiv im Maskulinum Plural:
Nous avons visité **une** église et A2 **un** musée intéressant**s**. *Wir haben ein interessantes Museum und eine interessante Kirche besichtigt.*

Übungen

1 Der prädikative Gebrauch der Adjektive

A1

Was gehört wozu? Fügen Sie die Satzteile richtig zusammen.

a. Ton pantalon	sont fragiles *(zerbrechlich)*.
b. La soupe	sont encore petits.
c. Aujourd'hui, tous les élèves	est trop court.
d. Les portes de la maison	sont toujours sales.
e. Attention ! Les verres	est encore trop chaude.
f. Les enfants de ma sœur	sont malades.
g. Les mains de mon petit-fils	sont blanches.

2 Die Femininbildung

A2

Wie lautet die richtige Adjektivform? Ergänzen Sie.

a. Elle te plaît, ma robe (neuf) .... ?

b. C'est une (bon) .... idée !

c. La viande est trop (gras) ....

d. Madeleine est une femme très (actif) ....

e. Cette valise est assez (léger) ....

3 Die Stellung des Adjektivs

A1

Davor oder danach? Markieren Sie die Stellung als richtig (✓) oder falsch (✗) und korrigieren Sie gegebenenfalls.

a. ☐ Le professeur m'a posé une difficile question.

b. ☐ Il vit dans un appartement moderne.

c. ☐ L'ordinateur est un pratique appareil.

d. ☐ Il y a tant de films mauvais.

e. ☐ Michel a une rouge voiture.

Lösungen

1. Der prädikative Gebrauch der Adjektive

a. Ton pantalon est trop court.
b. La soupe est encore trop chaude.
c. Aujourd'hui, tous les élèves sont malades.
d. Les portes de la maison sont blanches.
e. Attention ! Les verres sont fragiles.
f. Les enfants de ma sœur sont encore petits.
g. Les mains de mon petit-fils sont toujours sales.

G Anders als im Deutschen müssen Adjektive im Französischen auch bei prädikativem Gebrauch in Genus und Numerus an die Substantive angeglichen werden, auf die sie sich beziehen.

2. Die Femininbildung

a. Elle te plaît, ma robe neuve ?
b. C'est une bonne idée !
c. La viande est trop grasse.
d. Madeleine est une femme très active.
e. Cette valise est assez légère.

G Die feminine Form der Adjektive wird im Französischen in der Regel durch Anhängen eines -e an die maskuline Form gebildet. Darüber hinaus verändert eine Reihe von Adjektiven den Endkonsonanten oder die Endsilbe.

3. Die Stellung des Adjektivs

a. falsch → Le professeur m'a posé une question difficile.
b. richtig
c. falsch → L'ordinateur est un appareil pratique.
d. falsch → Il y a tant de mauvais films.
e. falsch → Michel a une voiture rouge.

G Attributiv gebrauchte Adjektive werden im Französischen in der Regel nachgestellt, vor allem wenn sie mehrsilbig sind. Kurze Adjektive wie beau *schön*, bon *gut*, grand *groß*, vieux *alt* sowie mauvais *schlecht* werden dagegen vorangestellt.

❹ Die Angleichung des Adjektivs

A1

Maskulin oder feminin? Plural oder Singular? Passen Sie die Endungen gegebenenfalls an.

a. Je lis beaucoup de livres et de journaux français........... .

b. Isabelle s'est acheté un pantalon et une chemise noir........... .

c. En France il y a des châteaux et des villes intéressant........... .

d. J'aime beaucoup la cuisine et la culture turc........... .

❺ Adjektive mit zwei maskulinen Formen

A2

Setzen Sie die richtige Form ein.

a. un .... an (neu)

b. de .... animaux (schön)

c. une .... photo (alt)

d. un .... homme (alt)

e. un .... appareil photo (neu)

f. un .... été (schön)

g. deux .... amis (alt)

h. ces .... fleurs (schön)

❻ Voran- und Nachstellung bestimmter Adjektive

A2

Übersetzen Sie die Sätze ins Französische.

a. Morgen sehe ich meinen früheren Chef.

....

b. Gérard Depardieu ist ein großartiger Schauspieler.

....

c. Am Sonntag machen wir einen langen Ausflug.

....

d. Er kauft ein teures Auto.

....

e. Claudine wohnt in ihrer eigenen Wohnung.

....

4. Die Angleichung des Adjektivs

a. Je lis beaucoup de livres et de journaux **français**.
b. Isabelle s'est acheté un pantalon et une chemise **noirs**.
c. En France il y a des châteaux et des villes **intéressants**.
d. J'aime beaucoup la cuisine et la culture **turques**.

G Das Adjektiv richtet sich in Genus und Numerus nach dem Substantiv bzw. den Substantiven, auf die es sich bezieht. Bezieht es sich auf mehrere Substantive, steht es im Plural. Das Genus richtet sich dabei nach dem gemeinsamen Genus der Substantive. Bei unterschiedlichem Genus der Substantive steht es im Maskulinum Plural.

5. Adjektive mit zwei maskulinen Formen

a. un **nouvel** an
b. de **beaux** animaux
c. une **vieille** photo
d. un **vieil** homme
e. un **nouvel** appareil photo
f. un **bel** été
g. deux **vieux** amis
h. ces **belles** fleurs

G Die Adjektive **beau**, **nouveau** und **vieil** besitzen eine zusätzliche Form für konsonantisch oder mit stummem **h** anlautende maskuline Substantive. Das Maskulinum Plural wird in allen Fällen gleich gebildet.

6. Voran- und Nachstellung bestimmter Adjektive

a. Demain, je vois mon ancien patron.
b. Gérard Depardieu est un grand acteur.
c. Dimanche nous faisons une longue excursion.
e. Il achète une voiture chère.
f. Claudine habite dans son propre appartement.

G Bei einer Gruppe von Adjektiven richtet sich die Bedeutung danach, ob sie dem Substantiv, auf das sie sich beziehen, voran- oder nachgestellt sind.

4 Das Adverb

A2

Schau mal! Eine ganz kleine Giraffe!

Adverbien dienen zur näheren Bestimmung von Verben, Adjektiven, anderen Adverbien oder ganzen Sätzen:

Bestimmung des Verbs:	Il voyage **beaucoup**. *Er reist **viel**.*
Bestimmung des Adjektivs:	Ce fromage coûte **très** cher. *Dieser Käse ist **sehr** teuer.*
Bestimmung des Adverbs:	Il est parti **assez** vite. *Er ist **ziemlich** schnell weggegangen.*
Bestimmung des Satzes:	**Malheureusement** il fait mauvais temps. ***Unglücklicherweise/Leider** ist das Wetter schlecht.*

➕ Da Adjektive und Adverbien im Deutschen formal identisch sind, ist es beim Fremdsprachenlernen oft schwierig zu erkennen, ob es sich um ein Adjektiv oder ein Adverb handelt. Hier hilft die folgende Regel:
Ein Adjektiv sagt etwas darüber aus, wie etwas ist, ein Adverb sagt etwas darüber aus, wie etwas geschieht.

Zustand	→	Adjektiv:	un **train lent** *ein **langsamer Zug***
Geschehen	→	Adverb:	Le train **roule lentement**. *Der Zug **fährt langsam**.*

Formen

Der Form nach unterscheidet man im Französischen einfache und abgeleitete Adverbien:

A1 **Einfache Adverbien**

Einfache oder ursprüngliche Adverbien lassen sich von keinem anderen Wort herleiten.

Zu den einfachen Adverbien zählen z. B. bien *gut*, enfin *schließlich*, encore *noch*, juste *gerade*, longtemps *lange*, mal *schlecht*, toujours *immer* oder vite *schnell*.

A2 **Abgeleitete Adverbien**

Die abgeleiteten Adverbien werden durch Anhängen des Suffixes -ment an die feminine Form des Adjektivs gebildet:

Adjektiv (m./f.)		Adverb	
certain, certaine	→	certaine**ment**	*sicher, gewiss*
heureux, heureuse	→	heureuse**ment**	*glücklich*
long, longue	→	longue**ment**	*lang*
difficile	→	difficile**ment**	*schwierig*

B2 • Bei Adjektiven, die auf einen betonten Vokal enden, entfällt das -e in der Regel:

Adjektiv (m./f.)		Adverb	
absolu, absolue	→	absolu**ment**	*absolut*
A2 poli, polie	→	poli**ment**	*höflich*
vrai, vraie	→	vrai**ment**	*wahr, wirklich*

Ausnahme: gai, gaie → gaiement *fröhlich*

B1 • Adjektive, die auf -ant enden, bilden die Adverbien mit dem Suffix -amment:

Adjektiv (m./f.)		Adverb	
élégant, élégante	→	élég**amment**	*elegant*
étonnant, étonnante	→	étonn**amment**	*erstaunlich*
méchant, méchante	→	méch**amment**	*böse*

- Adjektive, die auf -ent enden, bilden die Adverbien mit -emment: 

Adjektiv (m./f.)		Adverb	
différent, différente	→	différ**emment**	*verschieden*
patient, patiente	→	pati**emment**	*geduldig*
prudent, prudente	→	prud**emment**	*klug, vorsichtig*

- Daneben gibt es noch eine Reihe von Adverbien, die -ément anhängen: B2

Adjektiv (m./f.)		Adverb	
énorme, énorme	→	énorm**ément**	*sehr, unglaublich*
précis, précise	→	précis**ément**	*genau*
profond, profonde	→	profond**ément**	*tief*

- Unregelmäßig sind die folgenden Adverbien: B2

Adjektiv (m./f.)		Adverb	
B2 bref, brève	→	brièvement	*kurz*
bon, bonne	→	bien	*gut, sehr*
mauvais, mauvaise	→	mal	*schlecht*

Adverbien lassen sich auch ihrer Bedeutung nach unterscheiden in 

- Adverbien des Ortes:

à côté *neben*	derrière *hinter*	là *dort*	à gauche *links*
en bas *unten*	partout *überall*	ici *hier*	à droite *rechts*

- Adverbien der Zeit:

après *nach*	aujourd'hui *heute*	A2 bientôt *bald*
déjà *schon*	demain *morgen*	hier *gestern*

- Adverbien der Art und Weise:

bien *gut*	mal *schlecht*	d'habitude *gewöhnlich*
souvent *oft*	vite *schnell*	tout de suite *sofort*

- Adverbien der Menge und des Grades:

assez	beaucoup	peu	très	trop
ziemlich	*viel*	*wenig*	*sehr*	*zu sehr*

- Adverbien der Verneinung:

jamais	non	pas du tout
nie	*nein*	*überhaupt nicht*

- Frageadverbien:

combien	pourquoi	où	depuis quand
wie viel	*warum*	*wo*	*seit wann*

B1 **Gebrauch**

Adverbien sind im Französischen unveränderlich.

B1 Tout *ganz* wird in Numerus und Genus angeglichen, wenn es vor femininen Adjektiven steht, die mit Konsonant oder stummem h beginnen:

Les fleurs sont encore tout**es** petites. *Die Blumen sind noch ganz klein.*

aber: Leurs enfants sont encore tout petits. *Ihre Kinder sind noch ganz klein.*

In einigen festen Wendungen werden Adjektive anstelle von Adverbien verwendet:

sentir bon *gut riechen*	chanter faux/juste *falsch/richtig singen*
coûter cher *viel kosten*	B2 parler haut/bas *laut/leise sprechen*

B1 **Stellung**

Bestimmt das Adverb ein Adjektiv oder ein Adverb näher, steht es vor dem betreffenden Adjektiv oder Adverb:

Vor einem Adjektiv: C'est un film **bien** intéressant.
*Das ist ein **sehr** interessanter Film.*

Vor einem Adverb: Il travaille **trop** lentement.
*Er arbeitet **zu** langsam.*

Bestimmt das Adverb ein Verb, ist die Position abhängig von der Form des Verbs:

- Bei den einfachen Zeiten steht das Adverb in der Regel nach dem Verb:
  Elle **parle bien** le français. *Sie **spricht gut** Französisch.*
  Il **est complètement** fou. *Er **ist völlig** verrückt.*

- Ist das Verb verneint, steht das Adverb nach dem zweiten Teil der Verneinung (▶ 8):
  Madame Ragout **ne travaille plus régulièrement** ici. *Frau Ragout **arbeitet** hier **nicht mehr regelmäßig**.*
  Le train **n'arrive pas à l'heure**. *Der Zug kommt **nicht pünktlich an**.*

- Beim Infinitiv werden die Adverbien meist nachgestellt, kurze und häufig gebrauchte Adverbien wie bien *gut*, mal *schlecht*, mieux *besser*, beaucoup *viel*, peu *wenig*, trop *zu (sehr)*, bientôt *bald*, encore *noch*, longtemps *lange*, souvent *oft* stehen jedoch meist vor dem Infinitiv:
  Ici, il faut **rouler lentement**. *Hier muss man **langsam fahren**.*
  Il faut le **faire doucement**. *Man muss das **vorsichtig machen**.*
  Je vais **encore rester**. *Ich werde **noch bleiben**.*
  Tu dois **bien faire** attention. *Du musst **gut aufpassen**.*

- Bei den zusammengesetzten Zeiten steht das Adverb in der Regel zwischen Hilfsverb und Partizip. Dies gilt insbesondere für die Adverbien der Menge und des Grades und unbestimmte Zeitadverbien wie bientôt *bald*, quelquefois *manchmal*, souvent *oft*, toujours *immer*:
  Nous **avons toujours aimé** aller au cinéma. *Wir **sind schon immer gerne** ins Kino **gegangen**.*
  J'ai **beaucoup entendu** parler de vous. *Ich habe **viel** von Ihnen **gehört**.*
  Il **a facilement trouvé** l'hôtel. *Er **hat** das Hotel **mühelos gefunden**.*
  Längere mehrteilige Adverbien werden häufig nachgestellt:
  Elle s'est comportée **d'une manière étrange**. Sie hat sich ***merkwürdig*** benommen.

Die Stellung eines Adverbs im Satzgefüge kann auch abhängig von der Bedeutung des Adverbs sein:

- Die Ortsadverbien (ici *hier*, là *dort*, partout *überall*, quelque part *irgendwo* usw.) und Zeitadverbien, die einen Zeitpunkt oder einen zeitlichen Ablauf angeben (aujourd'hui *heute*, demain *morgen*, hier *gestern*, avant *vor*, après *nach*) sowie die Zeitadverbien tard *spät* und tôt *früh* stehen immer nach dem Partizip bzw. Infinitiv:
  Le petit chien l'a **suivi partout**. *Der kleine Hund ist ihm **überallhin gefolgt**.*
  Mes amis vont **arriver demain**. *Meine Freunde **kommen morgen an**.*
  Je me suis **levé tôt**. *Ich bin **früh aufgestanden**.*

- ⚡ Das Adverb ensemble *zusammen* wird immer nachgestellt:
  Paul et Sandrine sont **partis ensemble** en vacances. *Paul und Sandrine sind **zusammen** in Urlaub **gefahren**.*

⚡ Adverbien, die sich auf den Inhalt eines ganzen Satzes beziehen, können am Satzanfang oder Satzende oder auch zwischen Hilfsverb und Partizip stehen. Meist stehen sie jedoch am Satzanfang:
Malheureusement, je n'ai pas vu ce film. ***Leider** habe ich diesen Film nicht gesehen.*
J'ai rencontré Xavier **aujourd'hui**. *Ich habe Xavier **heute** getroffen.*
Valérie a **heureusement** retrouvé ses clés. *Valérie hat ihre Schlüssel **glücklicherweise** wiedergefunden.*

ⓘ Adverbien, die am Satzanfang stehen, werden mit Komma abgetrennt.

Übungen

1 Die Bildung der Adverbien B1
Wie lautet die richtige Form? Setzen Sie sie ein.

a. Les enfants jouent (gai) .... dans le jardin.

b. Il a (vrai) .... gagné le prix.

c. Cette nuit j'ai (mauvais) .... dormi.

d. Ce garçon est (constant) .... malade.

e. Luc a (bon) .... fait son travail.

f. Elle a (attentif) .... lu la lettre.

2 Die Stellung der Adverbien B1
Bringen Sie die Wörter in die richtige Reihenfolge.

a. Amélie / partout / ses clés / a cherché.

....

b. va / se réjouir / il / certainement / de me revoir.

....

c. difficile / c'est / extrêmement / une question.

....

d. ne sont pas / arrivés / encore / nos amis.

....

e. ils / ensemble / au cinéma / sont allés.

....

f. ta maison / avons / trouvé / nous / facilement.

....

g. les enfants / peu / aujourd'hui / ont / mangé.

....

Lösungen

1. Die Bildung der Adverbien

a. Les enfants jouent **gaiement** dans le jardin.
b. Il a **vraiment** gagné le prix.
c. Cette nuit j'ai **mal** dormi.
d. Ce garçon est **constamment** malade.
e. Luc a **bien** fait son travail.
f. Elle a **attentivement** lu la lettre.

G Die Adverbien werden in der Regel durch Anhängen des Suffixes **-ment** an die feminine Form des Adjektivs gebildet. Adjektive, die auf **-ent** und **-ant** enden, bilden die Adverbien mit **-emment** bzw. **-amment**. **Bien** *gut* und **mal** *schlecht* sind die unregelmäßigen Adverbformen von **bon** und **mauvais**.

2. Die Stellung der Adverbien

a. Amélie a cherché ses clés **partout**.
b. Il va **certainement** se réjouir de me revoir.
c. C'est une question **extrêmement** difficile.
d. Nos amis ne sont pas **encore** arrivés.
e. Ils sont allés **ensemble** au cinéma.
f. Nous avons **facilement** trouvé ta maison.
g. Les enfants ont peu mangé **aujourd'hui**.

G Bestimmt das Adverb ein Adjektiv oder ein anderes Adverb näher, steht es vor dem betreffenden Adjektiv oder Adverb. Bei Verben steht es in der Regel nach dem konjugierten Verb. Orts- und Zeitadverbien sowie das Adverb **ensemble** *zusammen* stehen bei den zusammengesetzten Zeiten stets nach dem Partizip.

3 Tout – toute B1
Veränderlich oder unveränderlich? Übersetzen Sie die folgenden Sätze ins Französische.

a. Die Hunde sind noch ganz klein.

....

b. Die Autos sind ganz neu.

....

c. Das Mädchen ist ganz traurig.

....

d. Die Straße ist ganz ruhig.

....

e. Der Kaffee ist noch ganz heiß.

....

f. Jean ist ganz glücklich.

....

4 Adjektiv – Adverb A1
Adjektiv oder Adverb? Ergänzen Sie die richtige Form.

a. Louis a (facile) .... trouvé le chemin.

b. Sa voix est très (agréable) ....

c. La porte s'ouvre (lent) ....

d. Nous lisons (régulier) .... le journal.

e. Francine est une élève (attentif) ....

f. Il a (bon) .... fait son travail.

g. Mon ami va (certain) .... venir.

h. Elle regarde (triste) .... la vieille photo.

3. Tout – toute

a. Les chiens sont encore **tout** petits.
b. Les voitures sont **toutes** neuves.
c. La fille est **toute** triste.
d. La rue est **toute** calme.
e. Le café est encore **tout** chaud.
f. Jean est **tout** heureux.

G **Tout** *ganz* wird angeglichen, wenn es vor femininen Adjektiven steht, die mit Konsonant oder stummem **h** beginnen.

4. Adjektiv – Adverb

a. Louis a **facilement** trouvé le chemin.
b. Sa voix est très **agréable**.
c. La porte s'ouvre **lentement**.
d. Nous lisons **régulièrement** le journal.
e. Francine est une élève **attentive**.
f. Il a **bien** fait son travail.
g. Mon ami va **certainement** venir.
h. Elle regarde **tristement** la vieille photo.

G Das Adjektiv sagt aus, wie etwas ist, das Adverb sagt etwas darüber aus, wie etwas geschieht.

5 Der Vergleich

A2

Was liebst du am meisten an mir? Meinen Geist oder meine natürliche Schönheit? – Deinen Sinn für Humor.

Wie im Deutschen verwendet man im Französischen den Komparativ und den Superlativ, um Eigenschaften von Lebewesen oder Dingen bzw. Handlungen und Tätigkeiten miteinander zu vergleichen.

5.1 Die Steigerung des Adjektivs

ℹ Im Unterschied zum Deutschen kennt das Französische nicht nur eine „Steigerung nach oben", sondern auch eine „Steigerung nach unten".

Mit dem Komparativ und dem Superlativ kann man im Französischen also nicht nur ausdrücken, dass ein Lebewesen oder eine Sache in höherem oder höchstem Maße über eine Eigenschaft verfügt, sondern man kann damit auch zum Ausdruck bringen, dass eine Eigenschaft in geringerem oder sehr geringem Maße vorhanden ist.

5.1.1 Der Komparativ

Anders als im Deutschen gibt es im Französischen daher drei Komparativformen:

- den Komparativ der Gleichheit
- den Komparativ der Unterlegenheit
- den Komparativ der Überlegenheit

Formen

Komparativ der Gleichheit	Komparativ der Unterlegenheit	Komparativ der Überlegenheit
aussi + Adjektiv + **que**	**moins** + Adjektiv + **que**	**plus** + Adjektiv + **que**
Paul est **aussi grand que** son frère. *Paul ist **genauso groß** wie sein Bruder.*	Claire est **moins forte que** son amie. *Claire ist **nicht so stark wie** ihre Freundin. / … ist **weniger stark** als …*	Les poires sont **plus douces que** les oranges. *Birnen sind **süßer als** Orangen.*

Unregelmäßige Komparativformen: ▶ 5.1.2

5.1.2 Der Superlativ

Wie beim Komparativ gibt es auch beim Superlativ im Französischen eine Auf- und eine Abwärtssteigerung.

Formen

Superlativ der Unterlegenheit	Superlativ der Überlegenheit
Artikel + moins + Adjektiv + Substantiv	Artikel + plus + Adjektiv + Substantiv
M. Lebrun est **le moins gentil** voisin de tous. *Herr Lebrun ist **der unfreundlichste** Nachbar („ … der **am wenigsten freundliche** Nachbar") von allen.*	Berlin est **la plus grande** ville de l'Allemagne. *Berlin ist die **größte Stadt** Deutschlands.*

Da die Abwärtssteigerung im Deutschen eher die Ausnahme ist, werden französische Komparative und Superlative der Unterlegenheit im Deutschen in der Regel mit einem Adjektiv mit entgegengesetzter Bedeutung wiedergegeben:
Michel court **moins vite que** Jules. *Michel läuft langsamer („**weniger schnell**") als Jules.*
Philippe est **le moins sportif** de mes amis. *Philippe ist der unsportlichste („**am wenigsten sportliche**") meiner Freunde.*

Zum Superlativ im Relativsatz: ▶ 12.5

Unregelmäßige Komparativ- und Superlativformen

Die Adjektive bon *gut*, mauvais *schlecht* sowie petit *gering, unbedeutend* werden unregelmäßig gesteigert:

Positiv	Komparativ	Superlativ
bon *gut*	meilleur *besser*	le/la/les meilleur(e)(s) *der/die/das beste(n)*
mauvais *schlimm, schädlich*	B2 pire *schlimmer, schädlicher*	le/la/les pire(s) *der/die/das schlimmste(n), schädlichste(n)*
mauvais *schlecht*	plus mauvais *schlechter*	le/la/les plus mauvais(e)(s) *der/die/das schlechteste(n)*
petit *gering, unbedeutend*	moindre *geringer, unbedeutender*	le/la/les moindre(s) *der/die/das geringste(n), unbedeutenste(n)*

Für mauvais gibt es eine regelmäßige und eine unregelmäßige Steigerungsform, die eine unterschiedliche Bedeutung haben.
Petit in der Bedeutung *klein* (an Größe) wird regelmäßig gesteigert:

petit *klein*	plus petit *kleiner*	le/la/les plus petit(e)(s) *der/die/das kleinste(n)*

Moindre und pire findet man vorwiegend in festen Wendungen wie:
s'attendre au pire *auf das Schlimmste gefasst sein*
Je n'ai pas la **moindre** idée. *Ich habe nicht die leiseste Ahnung.*
Il n'y a pas le **moindre** doute. *Es besteht nicht der **geringste** Zweifel.*
C'est le **moindre** de mes soucis. *Das ist meine **geringste** Sorge.*

Stellung

In der Regel steht das Adjektiv nach den Formen le plus/moins und vor dem Substantiv, auf das es sich bezieht:
Il est **le plus grand menteur**. *Er ist **der größte Lügner**.*

Wird das Vergleichsobjekt bzw. die Vergleichsperson genannt, so hängt man sie mit der Präposition de *von* an:
Il est le plus grand menteur **de** tous. *Er ist der größte Lügner **von** allen.*

Bei Vergleichen, in denen das Bezugswort und das Vergleichsobjekt bzw. die Vergleichsperson identisch sind, fällt das Bezugswort wie im Deutschen weg:
Il est le meilleur (**ami**) de tous mes amis. *Er ist der beste (**Freund**) meiner Freunde.*

⚡ Bei langen Adjektiven sowie dann, wenn das Substantiv von einem Possessivpronomen begleitet ist oder eine weitere Bestimmung erhält, muss der Superlativ nachgestellt werden. Der Artikel wird in diesen Fällen wiederholt:
C'est la fille **la plus** B1 **intelligente de la classe**. *Das ist **das intelligenteste** Mädchen der **Klasse**.*
C'est la ville **la plus chère de France**.
C'est **mon** ami **le plus fidèle**. *Das ist mein **treuester** Freund.*
C'est **ma** jupe **la moins belle**. *Das ist mein hässlichster Rock („… mein am wenigsten schöner Rock“).*

A2 5.2 Die Steigerung des Adverbs

Auch Adverbien können gesteigert werden, etwa um Handlungen oder Tätigkeiten miteinander zu vergleichen.

A2 5.2.1 Der Komparativ

💡 Die Adverbien bilden den Komparativ auf die gleiche Weise wie die Adjektive.

Formen

Komparativ der Gleichheit	Komparativ der Unterlegenheit	Komparativ der Überlegenheit
aussi + Adverb + **que**	**moins** + Adverb + **que**	**plus** + Adverb + **que**
Elle apprend **aussi facilement** le français **que** son amie. *Sie lernt **genauso leicht** Französisch **wie** ihre Freundin.*	Il travaille **moins lentement que** ses B1 collègues. *Er arbeitet **schneller als** seine Kollegen („… **weniger langsam als** …“).*	Ma voiture roule **plus vite que** la tienne. *Mein Auto fährt **schneller als** deines.*

Unregelmäßige Komparativformen: ▶ 5.2.2

5.2.2 Der Superlativ

Adverbien bilden den Superlativ auf die gleiche Weise wie Adjektive.

Formen

Superlativ der Unterlegenheit	Superlativ der Überlegenheit
Artikel + **moins** + Adverb	Artikel + **plus** + Adverb
Il mange **le moins vite**. *Er isst **am langsamsten** („… **am wenigsten schnell**“).*	Elle m'écrit **le plus souvent**. *Sie schreibt mir **am häufigsten**.*

J'ai écrit **le plus lisiblement** possible. *Ich habe so leserlich wie möglich geschrieben.*
Il a travaillé **le moins soigneusement** de tous. *Er hat **am schlampigsten** von allen gearbeitet.*

Unregelmäßige Komparativ- und Superlativformen

⚡ Die Adverbien beaucoup *viel, sehr*, bien *gut*, mal *schlecht* und peu *wenig* werden unregelmäßig gesteigert:

Positiv	Komparativ	Superlativ
beaucoup *viel*	plus *mehr*	le plus *am meisten*
bien *gut*	mieux *besser*	le mieux *am besten*
mal *schlimm*	pire *schlimmer*	le pire *am schlimmsten*
mal *schlecht*	plus mal *schlechter*	le plus mal *am schlechtesten*
peu *wenig*	moins *weniger*	le moins *am wenigsten*

Le malade va encore **plus mal** depuis quelques jours. *Dem Kranken geht es seit einigen Tagen noch **schlechter**.*
Élaine parle **mieux** le français que Céline. *Élaine spricht **besser** Französisch als Céline.*
Philippe lit **le moins** de tous. *Philippe liest **am wenigsten** von allen.*
Nous travaillons **plus** que vous. *Wir arbeiten **mehr** als ihr.*

Auch beim Adverb mal gibt es wie beim verwandten Adjektiv mauvais zwei Steigerungsformen: eine regelmäßige und eine unregelmäßige, die nicht bedeutungsgleich sind.

ℹ Eine ältere Form von pire *schlimmer*, pis, findet man heute noch in einigen festen Wendungen wie aller de mal en pis *immer schlimmer werden* oder tant pis (pour quelqu'un), das kontextabhängig eine negative oder neutrale Bedeutung haben kann und mit *Macht nichts!*, *Dumm gelaufen!*, *Halb so schlimm! Pech gehabt* oder *Schade!* übersetzt wird:
Tant pis pour lui. *Pech für ihn! Dumm gelaufen für ihn! Schade für ihn! Halb so schlimm für ihn!*
Les choses vont de mal en pis. *Es wird immer schlimmer.*

Den Komparativ von beaucoup und peu sollten Sie nicht mit der Mengenangabe mit plus oder moins verwechseln. Bei der Mengenangabe steht nach dem Adverb immer de, beim Komparativ wird das Vergleichswort hingegen mit que angeschlossen:
Nous travaillons **plus de** huit heures par jour. *Wir arbeiten **mehr als** acht Stunden am Tag.*
aber: Nos collègues travaillent **moins que** nous. *Unsere Kollegen arbeiten **weniger als** wir.*

Wird das Vergleichsobjekt bzw. die Vergleichsperson genannt, schließt man diese mit de *von* an:
Elle sait le moins **de** tous. *Sie weiß am wenigsten **von** allen.*

Stellung
Die Superlativformen der Adverbien stehen nach dem Verb.
Elle sait le moins. *Sie weiß am wenigsten.*

Übungen

1 Der Komparativ der Adjektive A2

Besser (+), schlechter (–) oder gleich gut (=)? Ergänzen Sie.

a. Le nouveau prof est (– sympathique) *moins sympathique que* l'ancien.

b. Marcel est (= fort) .... Charles.

c. Un voyage en voiture est (+ agréable) .... un voyage en train.

d. Cet appareil est (– pratique) .... l'autre.

2 Der Superlativ der Adjektive A2

Was gehört zusammen? Verbinden Sie die Satzteile zu sinnvollen Sätzen.

a. C'est la maison	les moins confortables de tous.
b. Ce sont les fauteuils	la plus haute de la ville.
c. Ce sont mes chaussures	la moins sèche du pays.
d. C'est la région	les plus neuves.

3 Adjektiv: unregelmäßige Komparativ- und Superlativformen A2

Übersetzen Sie die Sätze ins Deutsche.

a. Les cigarettes sont pires que le vin.

....

b. Je n'ai pas la moindre idée.

....

c. Ces fruits sont encore plus mauvais que les autres.

....

d. C'est le pays le moins intéressant de ce groupe.

....

Lösungen

1. Der Komparativ der Adjektive

a. Le nouveau prof est moins sympathique que l'ancien.
b. Marcel est aussi fort que Charles.
c. Un voyage en voiture est plus agréable qu'un voyage en train.
d. Cet appareil est moins pratique que l'autre.

G Das Französische kennt im Unterschied zum Deutschen neben dem Komparativ der Gleichheit (aussi … que) und der Überlegenheit (plus … que) auch einen Komparativ der Unterlegenheit, der mit moins … que gebildet wird.

2. Der Superlativ der Adjektive

a. C'est la maison la plus haute de la ville.
b. Ce sont les fauteuils les moins confortables de tous.
c. Ce sont mes chaussures les plus neuves.
d. C'est la région la moins sèche du pays.

G Auch beim Superlativ gibt es im Französischen eine „Abwärtssteigerung". Der Superlativ wird mit dem bestimmten Artikel und plus bzw. moins gebildet. Wird der Superlativ nachgestellt, muss der Artikel wiederholt werden.

3. Adjektiv: unregelmäßige Komparativ- und Superlativformen

a. Zigaretten sind schädlicher als Wein.
b. Ich habe nicht die leiseste Idee.
c. Diese Früchte sind noch schlechter als die anderen.
d. Das ist das unbedeutendste Land aus dieser Gruppe.

❹ Der Superlativ der Adverbien

A2

Übersetzen Sie die Sätze ins Französische.

a. Er kommt am spätesten an.

....

b. Pauline antwortet am freundlichsten.

....

c. Er ruft am seltensten an.

....

d. Mama steht am frühesten auf.

....

e. In dem Bett schläft man besonders unbequem (= am unbequemsten).

....

f. Laurent läuft am schnellsten.

....

❺ Adverb: unregelmäßige Komparativ- und Superlativformen

A2

Ergänzen Sie die richtige Form der in Klammern gegebenen Adverbien (+ = Komparativ, ++ = Superlativ).

a. C'est son père qui gagne (++ beaucoup) ....

b. Mon frère mange (+ peu) .... moi.

c. Jean chante encore (+ mal) .... ses amis.

d. Elle lit (+ bien) .... le français que les autres élèves.

e. C'est Pierre qui parle (++ peu) ....

f. Le malade va déjà (+ bien) ....

4. Der Superlativ der Adverbien

a. Il arrive le plus tard.
b. Pauline répond le plus gentiment.
c. Il appelle le moins souvent.
d. Maman se lève le plus tôt.
e. Dans ce lit on dort le moins confortablement.
f. Laurent court le plus vite.

G Der Superlativ der Adverbien wird genauso wie der der Adjektive mit dem bestimmten Artikel und **plus** bzw. **moins** gebildet. Auch dabei gibt es im Französischen zusätzlich eine „Abwärtssteigerung".

5. Adverb: unregelmäßige Komparativ- und Superlativformen

a. C'est son père qui gagne **le plus**.
b. Mon frère mange **moins que** moi.
c. Jean chante encore **plus mal que** ses amis.
d. Elle lit **mieux** le français que les autres élèves.
e. C'est Pierre qui parle le moins.
f. Le malade va déjà mieux.

6 Das Pronomen

A1

Am meisten würde ich mich zu meinem Geburtstag freuen, wenn du gut in der Schule arbeitest. – Zu spät, Papa, ich habe dir schon eine Krawatte gekauft.

6.1 Das verbundene Personalpronomen

Verbundene Personalpronomen werden nur in Verbindung mit einem Verb gebraucht.

Formen

Subjekt (Nom.)	direktes Objekt (Akk.)	indirektes Objekt (Dat.)
Je mange une pomme. *Ich esse einen Apfel.*	Ils ne **me** (A2) connaissent pas. *Sie kennen **mich** nicht.*	Elle **me** donne la main. *Sie gibt **mir** die Hand.*
Tu lis le journal. *Du liest die Zeitung.*	Nous **te** cherchons partout. *Wir suchen **dich** überall.*	Nous **te** présentons notre ami. *Wir stellen **dir** unseren Freund vor.*
Il va à la plage. *Er geht zum Strand.*	Vous **le** trouverez dans la maison. *Ihr werdet **ihn/es** im Haus finden.*	Je **lui** écris souvent. *Ich schreibe **ihm** oft.*
Elle fait le ménage. *Sie räumt auf.*	Je vais **la** voir demain. *Ich sehe **sie** morgen.*	Il **lui** ouvre la porte. *Er öffnet **ihr/ihm** die Tür.*
Nous arriverons demain matin. *Wir kommen morgen früh an.*	Luc **nous** (A2) attend. *Luc erwartet **uns**.*	Il **nous** montre son vélo. *Er zeigt **uns** sein Fahrrad.*

Vous pouvez prendre le train. ***Ihr/Sie** könnt/können den Zug nehmen.*	Elle **vous** trouvera sans doute. *Sie wird **euch/Sie** bestimmt finden.*	Il **vous** plaît ? *Er/Es gefällt **euch/Ihnen**?*
Ils vont au cinéma. ***Sie** gehen ins Kino.*	Le chien **les** regarde attentivement. *Der Hund schaut **sie** aufmerksam an.*	Il **leur** donne à manger. *Er gibt **ihnen** zu essen.*
Elles font un A2 voyage. ***Sie** machen eine Reise.*	Il **les** invite à dîner. *Er lädt **sie** zum Abendessen ein.*	Il **leur** apprend à lire. *Er bringt **ihnen** das Lesen bei.*

- Je, te, me, le und la werden vor Vokal und stummem h apostrophiert:
  Je vais **t'**appeler demain. *Ich rufe **dich** morgen an.*
- Die Pluralform ils verwendet man nicht nur für maskuline Substantive, sondern auch dann, wenn ein feminines und ein maskulines Substantiv gemeinsam vorkommen:
  Où sont Sophie et Antoine ? – **Ils** sont au cinéma. *Wo sind Sophie und Antoine ? – **Sie** sind im Kino.*
- ℹ In der Umgangssprache wird nous *wir* gerne durch on *man* ersetzt. Dabei sollten Adjektive und das Partizip Perfekt in den Plural gesetzt werden:
  On est parti**s** ce matin. *Wir sind heute Morgen losgefahren.*
- Il wird in unpersönlichen Ausdrücken auch als neutrales Subjektpronomen in der Bedeutung *es* verwendet:
  Il fait froid. ***Es** ist kalt.*
  Il est temps de partir. ***Es** ist Zeit aufzubrechen.*
- B2 Le kann sich als neutrales Objektpronomen auf ein Subjekt oder aber einen ganzen Satz beziehen und ist dabei immer direktes Objekt:
  Crois-tu qu'elle va vraiment venir ? – Je ne **le** sais pas. *Glaubst du, dass sie wirklich kommt? – Ich weiß **es** nicht.*

⚡ Einige Verben, die im Deutschen ein direktes Objekt erfordern, ziehen im Französischen ein indirektes nach sich:
mentir à qn. *jdn. anlügen*, téléphoner à qn. *jdn. anrufen*, demander qc. à qn. *jdn. um etw. bitten, nach etw. fragen*

L! Lernen Sie Verben mit dem passenden Objekt.

Eine Eselsbrücke: Das direkte Objekt wird *direkt* an das Verb angeschlossen, das indirekte Objekt steht *nicht direkt* hinter dem Verb, sondern ist durch eine Präposition (meist à) von diesem getrennt: donner qc. (direktes Obj.) **à** qn. (indirektes Obj.) *jdm. etwas geben.*

Das Reflexivpronomen 

Das Reflexivpronomen ist Bestandteil der reflexiven Verben (▶ **7.4**). Als verbundenes Personalpronomen steht es stets in derselben Person wie das Subjekt:

me	Je **m'**achète une valise. *Ich kaufe **mir** einen Koffer.*
te	Tu **te** trompes. *Du irrst **dich**.*
se	Il **s'**appelle Léo et elle **s'**appelle Marie. *Er heißt Léo und sie heißt Marie.*
nous	Nous **nous** verrons samedi. *Wir sehen **uns** am Samstag.*
vous	Vous ne **vous** ressemblez pas du tout. *Ihr seht **euch** überhaupt nicht ähnlich.*
se	**Ils/Elles** se sentent malades. ***Sie** fühlen sich krank.*

6.2 Das unverbundene Personalpronomen

A1

Unverbundene Personalpronomen werden in der Regel ohne Verb verwendet.

Formen

Unverbundene Personalpronomen können Subjekt und Objekt sein. Sie haben dabei stets die gleiche Form:

Singular:	je → moi	tu → toi	il → lui	elle → elle
Plural:	nous → nous	vous → vous	ils → eux	elles → elles

Das betonte Reflexivpronomen ist soi.

Gebrauch

Die unverbundenen Personalpronomen werden verwendet

- alleinstehend, in Sätzen ohne Verb:
  Qui sort le chien ? **Toi** ? *Wer geht mit dem Hund Gassi? **Du**?*
- zur Hervorhebung:
  Moi, je n'oublie jamais un rendez-vous ! ***Ich** vergesse nie eine Verabredung!*

- nach c'est, ce sont, c'était usw.:
  C'est **lui** qui a B1 volé mon vélo. ***Er*** *war es, der mein Rad gestohlen hat.*
- nach Präpositionen:
  Il est sorti avec **elle**. *Er ist mit* ***ihr*** *ausgegangen.*
  Ils sont arrivés avant **vous**. *Sie sind vor* ***euch*** *angekommen.*
- als indirektes Objekt
- beim bejahten Imperativ (▶ 10)
- beim Vergleich:
  Son frère est beaucoup plus B2 aimable que **lui**. *Sein Bruder ist viel netter als* ***er****.*

Die unverbundenen Personalpronomen können durch même verstärkt werden. Es wird mit Bindestrich angeschlossen und muss im Numerus an das Subjekt angeglichen werden:
Il l'a fait **lui-même** ? *Er hat es* ***selbst*** *gemacht?*
Ils l'ont fait **eux-mêmes** ? *Sie haben es* ***selbst*** *gemacht?*

B1 Das betonte Reflexivpronomen soi bezieht sich auf ein unbestimmtes Subjekt im Singular (z. B. on *man*, chacun *jeder*, personne *niemand*, tout le monde *alle, jeder*) oder auf das neutrale il *es*:
Il faut avoir ses papiers sur **soi**. ***Man*** *muss seine Ausweispapiere dabei haben. (… bei* ***sich*** *…)*

A2 6.3 Die Adverbialpronomen en und y

Die Adverbialpronomen en und y stehen ähnlich wie die Personalpronomen als Ersatz für ein Substantiv. Sie können nur auf Sachen, nicht aber auf Personen angewendet werden.

Der Gebrauch des Adverbialpronomens en
En hat verschiedene Funktionen:

A2
- Es ersetzt Ortsadverbien und Ergänzungen, die mit de angeschlossen werden:
  Mon ami était en Angleterre. Il **en** est rentré hier (**de** l'Angleterre).
  Mein Freund war in England. Er ist gestern ***von dort*** *(****von*** *England) zurückgekommen.*
  Tu te souviens de l'excursion ? – Oui, je m'**en** souviens. *Erinnerst du dich an den Ausflug? – Ja, ich erinnere mich* ***daran****.*

- Es steht für unbestimmte Mengen:
  - ohne Mengenangabe:
    Tu as encore de l'argent ? – Non, je n'**en** ai plus. *Hast du noch Geld? – Nein, ich habe **keines** mehr („nichts mehr **davon**“).*
  - mit (bestimmten und unbestimmten) Mengenangaben:
    Tu manges **beaucoup** de chocolat ? – Oui, j'**en** mange même trop. *Isst du **viel** Schokolade? – Ja, ich esse sogar zu viel **davon**.*
    Il n'y a plus de pommes de terre. Je vais **en** acheter un kilo. *Wir haben keine Kartoffeln mehr. Ich kaufe ein Kilo (**davon**).*
- Es steht mit Zahlwörtern und indefiniten Pronomen:
  Ces fleurs sont très belles. Tu m'**en** offres **une** ? – Tu peux **en** avoir **plusieurs**. *Diese Blumen sind sehr schön. Schenkst du mir **eine** (**davon**)? – Du kannst **mehrere** (**davon**) haben.*

Der Gebrauch des Adverbialpronomens y

Y ersetzt Ortsadverbien und Ergänzungen, die mit den Präpositionen à, dans, en, sur, sous usw. angeschlossen werden, nicht aber solche, die mit de verbunden sind: A2

Ma sœur est **en** Espagne. Elle **y** restera encore trois mois. *Meine Schwester ist **in** Spanien. Sie wird noch drei Monate **dort** bleiben.*
Il a répondu **à** ta lettre ? – Oui, il **y** a répondu. *Hat er auf deinen Brief geantwortet? – Ja, er hat **darauf** geantwortet.*

Stellung der verbundenen Objekt- und der Adverbialpronomen A2

- im Aussagesatz:
  In den einfachen Zeiten stehen die verbundenen Objekt- und die Adverbialpronomen vor dem konjugierten Verb, in den zusammengesetzten Zeiten stellt man sie vor das Hilfsverb. Im verneinten Satz werden Pronomen und konjugiertes Verb von der Verneinung umschlossen:
  Je ne **le** connais pas. *Ich kenne **ihn** nicht.*
  Il **lui** a téléphoné. *Er hat **ihn/sie** angerufen.*
  Je m'y suis rendu(e). *Ich habe mich dorthin begeben.*
  (Zur Angleichung des Partizip Perfekt bei vorausgehendem Pronomen ▶ 14.1)
- im Fragesatz (▶ 20.2)
- beim Imperativ (▶ 10)

- beim Infinitiv:

  - Bei Modalverben (devoir *müssen*, pouvoir *können*, vouloir *wollen* usw.) und beim Futur composé (▶ 9.2.2) stehen die Pronomen stets vor dem Infinitiv. Im verneinten Satz befinden sie sich dabei außerhalb der Verneinungsklammer:
    Ils vont **nous** informer. *Sie werden* ***uns*** *informieren.*
    Je ne veux pas **y** aller. *Ich möchte nicht* ***dorthin*** *gehen.*
  - Bei Verben der Wahrnehmung sowie bei faire *veranlassen* und laisser *zulassen* stehen die Pronomen vor dem konjugierten Verb:
    Nous **les** voyons venir. *Wir sehen* ***sie*** *kommen.*
    Je ne **l'**ai pas entendu venir. *Ich habe* ***ihn*** *nicht kommen gehört.*
    Ses parents ne **la** laissent pas sortir le soir. *Ihre Eltern lassen* ***sie*** *abends nicht ausgehen.*

- bei zwei Objektpronomen bzw. einem Objekt- und ein Adverbialpronomen im Satz gilt folgende Reihenfolge:

Subj.	**indirektes Obj.** (Dat.)	**direktes Obj.** (Akk.)	**indirektes Obj.** (Dat.)	**Adverbialpronomen**
je				
tu	me			
il/elle	te			
nous	se	le		
vous	nous	la	lui	
ils/elles	vous	les	leur	y en

- Nur die Dative lui und leur können gemeinsam mit den Akkusativen le, la, les auftreten. Sie werden dabei nachgestellt:
  Elle **les lui** montre. *Sie zeigt* ***sie ihm.***
- Me, te, se, nous, vous stehen nur mit le, la, les, wenn sie indirektes Objekt sind. Sie stehen dabei vor diesen. Sind sie direktes Objekt, hängt man indirekte Objekte als unverbundene Pronomen mit à an:
  Je **te le** dis. *Ich sage* ***es dir.***
  Ils **nous les** montrent. *Sie zeigen* ***sie uns.***
  aber: Tu **t'**adresses **à eux.** *Du wendest* ***dich an sie.***
  On **m'**a présenté **à elle.** *Man hat* ***mich ihr*** *vorgestellt.*
- En und y stehen dem Verb immer am nächsten. Dabei steht y vor en:
  Je n'**en** parle pas. *Ich spreche nicht* ***darüber.***
  On vous **y** attend. *Man erwartet euch* ***dort.***
  Il n'**y en** a plus. *Es ist nichts mehr* ***davon da.***

Übungen

1 Das verbundene Personalpronomen A1

Ersetzen Sie die hervorgehobenen Substantive durch verbundene Personalpronomen. Achten Sie dabei auf die richtige Stellung.

a. Sébastien donne le cadeau **à Amélie**.

....

b. Nous montrons **les photos** à nos amis.

....

c. Je téléphone **à mes parents**.

....

d. Le touriste demande le chemin **à mon ami et moi**.

....

2 Das unverbundene Personalpronomen A1

Beantworten Sie die Fragen. Ersetzen Sie die hervorgehobenen Substantive durch Personalpronomen.

a. C'est **Alain** qui t'a écrit cette lettre ?

Oui, ...

b. Il joue avec **ses sœurs** ?

Non, ...

c. Nous nous voyons chez **Philippe et Sophie** ?

Oui, ...

d. Tu te souviens de **Lucien et moi** ?

Oui, ...

e. Elle part en vacances avec **ses parents** ?

Non, ...

Lösungen

1. Das verbundene Personalpronomen

a. Sébastien lui donne le cadeau.
b. Nous les montrons à nos amis.
c. Je leur téléphone.
d. Le touriste nous demande le chemin.

G Die verbundenen Personalpronomen – me, te, le, la, lui, nous, vous, les, leur – stehen in der Regel vor dem konjugierten Verb.

2. Das unverbundene Personalpronomen

a. Oui, c'est lui qui m'a écrit cette lettre.
b. Non, il ne joue pas avec elles.
c. Oui, nous nous voyons chez eux.
d. Oui, je me souviens de vous.
e. Non, elle ne part pas en vacances avec eux.

G Die unverbundenen Personalpronomen werden nach Präpositionen verwendet. Nach Konstruktionen mit c'est, ce sont, c'était dienen sie der Betonung.

❸ Die Adverbialpronomen
A2

En oder y? Ergänzen Sie die Sätze.

a. Je connais bien la France, j' .... vais souvent.

b. C'était un jour merveilleux, je m' .... souviens encore très bien.

c. Son père lui a donné 1000 euros et il .... a déjà dépensé la moitié.

d. Elle cherche ses chaussures dans l'armoire, mais elle ne les .... trouve pas.

❹ Die Stellung der Personalpronomen beim Infinitiv
A2

Übersetzen Sie die Sätze ins Französische. Ersetzen Sie dabei die hervorgehobenen Substantive durch Personalpronomen.

a. Ich möchte das Fleisch nicht essen.

....

b. Er kann den Brief nicht lesen.

....

c. Man muss das den Nachbarn sagen.

....

❺ Die Stellung bei zwei Objektpronomen
B1

Bringen Sie die Wörter in die richtige Reihenfolge und übersetzen Sie die Sätze anschließend ins Deutsche.

a. demandons / leur / Nous / le / .

....

b. aller / elle / Tu / y / avec / veux / ?

....

c. en / Elle / parle / lui / .

....

3. Die Adverbialpronomen

a. Je connais bien la France, j'y vais souvent.
b. C'était un jour merveilleux, je m'en souviens encore très bien.
c. Son père lui a donné 1000 euros et il en a déjà dépensé la moitié.
d. Elle cherche ses chaussures dans l'armoire, mais elle ne les y trouve pas.

G Das Adverbialpronomen en vertritt Ergänzungen, die mit de angeschlossen werden, und steht für unbestimmte Mengen. Y ersetzt Ortsangaben und alle Objekte, die mit Präpositionen – außer de – angeschlossen werden. En und y können nur für Sachen und nicht für Personen stehen.

4. Die Stellung der Personalpronomen beim Infinitiv

a. Je ne veux pas la manger.
b. Il ne peut pas la lire.
c. On doit/il faut le dire aux voisins.

G Bei Modalverben und folgendem Infinitiv stehen die verbundenen Personalpronomen vor dem Infinitiv. Bei den Verben der Wahrnehmung und den Verben faire *veranlassen* und laisser *zulassen* stehen sie hingegen vor dem konjugierten Verb.

5. Die Stellung bei zwei Objektpronomen

a. Nous le leur demandons./Wir fragen **sie danach**.
b. Tu veux y aller avec elle ?/Möchtest du mit **ihr dorthin** gehen?
c. Elle lui en parle./Sie spricht mit **ihm/ihr darüber**.

G In einem Satz mit zwei Objektpronomen stehen die indirekten Objekte me, te, se, nous, vous vor den direkten Objekten le, la, leur. Die indirekten Objekte lui und leur müssen le, la, les nachgestellt werden. En und y stehen dem Verb am nächsten, wobei y vor en steht. Haben me, te, se, nous, vous die Funktion des direkten Objekts, muss das indirekte Objekt als unverbundenes Personalpronomen mit à angehängt werden.

6.4 Das Possessivpronomen und -adjektiv

A1

Possessivadjektive begleiten Substantive, Possessivpronomen ersetzen sie. Possessivadjektive richten sich nicht nach dem Besitzer, sondern nach dem Besitzobjekt:
M. Martin nous montre **sa** maison et **son** jardin. *Herr Martin zeigt uns **sein** Haus und **seinen** Garten.*
Mme Martin nous montre **sa** maison et **son** jardin. *Frau Martin zeigt uns **ihr** Haus und **ihren** Garten.*

Formen des Possessivadjektivs

A1

Besitzobjekt im Singular maskulin	feminin	Besitzobjekt im Plural
mon livre *mein Buch*	**ma** montre *meine Uhr*	**mes** fils *meine Söhne*
ton livre *dein Buch*	**ta** montre *deine Uhr*	**tes** fils *deine Söhne*
son livre *sein/ihr Buch*	**sa** montre *seine/ihre Uhr*	**ses** fils *seine/ihre Söhne*
notre livre *unser Buch*	**notre** montre *unsere Uhr*	**nos** fils *unsere Söhne*
votre livre *euer/Ihr Buch*	**votre** montre *euere/Ihre Uhr*	**vos** fils *euere/Ihre Söhne*
leur livre *ihr Buch*	**leur** montre *ihre Uhr*	**leurs** fils *ihre Söhne*

Gebrauch

- Possessivadjektive stehen vor femininen Adjektiven und Substantiven, die mit Vokal oder stummem h beginnen, in maskuliner Form:
  Son amie vient de Paris. ***Seine/Ihre** Freundin kommt aus Paris.*
- Zur Betonung und Vermeidung von Unklarheiten kann das unverbundene Objektpronomen mit à auf das Substantiv folgen:
  Elle lui montre **sa** chambre **à lui**. *Sie zeigt ihm **sein** Zimmer.*
  (Ohne à lui könnte es auch *Sie zeigt ihm ihr Zimmer* heißen.)
  C'est **ma** voiture **à moi**. *Das ist **mein** Auto.*
- Bei Aufzählungen wird das Possessivadjektiv nicht wiederholt, wenn es sich um ein und dieselbe Person oder um Objekte handelt, die begrifflich eine Einheit bilden. Handelt es sich um unterschiedliche Objekte, muss es wiederholt werden:
  C'est M. Gérard, **mon** A2 voisin et ami. *Das ist Herr Gérard, **mein** Nachbar und Freund.*
  Ce sont **ses** livres et **ses** photos. *Das sind **seine/ihre** Bücher und **seine/ihre** Fotos.*

- ⚡ Zwei Possessivadjektive können nicht miteinander verbunden werden. In diesen Fällen muss ein Possessivadjektiv durch ein Possessivpronomen ersetzt werden:
  Nos enfants et **les leurs** B1 s'entendent bien. ***Unsere** und **ihre** Kinder verstehen sich gut.*

B1 **Formen des Possessivpronomens**

	Singular m./f.	**Plural m./f.**
meine/r/s	le mien/la mienne	les miens/les miennes
deine/r/s	le tien/la tienne	les tiens/les tiennes
seine/r/s, ihre/r/s	le sien/la sienne	les siens/les siennes
unsere/r/s	le nôtre/la nôtre	les nôtres
eure/r/s, Ihre/r/s	le vôtre/la vôtre	les vôtres
ihre/r/s	le leur/la leur	les leurs

Possessivpronomen stehen immer mit dem bestimmten Artikel. Sie stimmen in Genus und Numerus mit dem Substantiv überein, das sie vertreten:
C'est ta bicyclette ? – Oui, c'est la **mienne**. *Ist das dein Fahrrad? – Ja, das ist **meins**.*

A1 6.5 Das Demonstrativpronomen und -adjektiv

Demonstrativpronomen ersetzen Substantive, Demonstrativadjektive stehen als Begleiter vor dem Substantiv. Beide richten sich in Genus und Numerus nach ihrem Bezugswort.

Formen des Demonstrativadjektivs

Singular		**Plural**	
maskulin	**feminin**	**maskulin**	**feminin**
ce chien *dieser Hund* **cet** A2 arbre *dieser Baum*	**cette** couleur *diese Farbe*	**ces** maisons *diese Häuser* **ces** hommes *diese Männer*	**ces** chaises *diese Stühle*

Die maskuline Form ce wird vor Konsonanten verwendet, cet steht vor Vokal oder stummem h.

Gebrauch

Die Demonstrativadjektive verweisen auf Dinge, Lebewesen oder Sachverhalte in räumlicher und zeitlicher Nähe:
Donne-moi ce verre, s'il te plaît. *Gib mir bitte **dieses** Glas.*

In Verbindung mit Zeitangaben bezeichnen Demonstrativadjektive einen aktuellen oder zukünftigen Zeitpunkt:
Ce soir nous allons au théâtre. *Heute Abend gehen wir ins Theater.*
Mit -là verstärkt verweisen sie auf zeitlich Zurückliegendes:
Cette année-**là**, nous avons fait un voyage au Canada. *In **diesem** (jenem) Jahr haben wir eine Reise nach Kanada gemacht.*

Formen des Demonstrativpronomens

Bei den Demonstrativpronomen unterscheidet man drei Formen: einfache, zusammengesetzte und neutrale Demonstrativpronomen.

	Einfache Formen		**Zusammengesetzte Formen**	
	Singular	**Plural**	**Singular**	**Plural**
m.	celui *der(jenige)*	ceux *die(jenigen)*	celui-ci *der/dieser hier* celui-là *der/dieser da/dort*	ceux-ci *die/diese hier* ceux-là *die/diese da/dort*
f.	celle *die(jenige)*	celles *die(jenigen)*	celle-ci *die/diese hier* celle-là *die/diese da/dort*	celles-ci *die/diese hier* celles-là *die/diese da/dort*
neutrale Form	ce *das*		ceci *dies* cela/ça *das*	

Gebrauch des Demonstrativpronomens

Die einfachen Formen können nicht allein stehen. Sie werden meist durch eine Präposition oder einen Relativsatz (▶ 22) ergänzt:
Est-ce que c'est ta voiture ? – Non, c'est **celle** de ma sœur. *Ist das dein Auto? – Nein, das ist **das(jenige)** meiner Schwester.*
Ce vin est bon, mais **celui** que nous avons bu hier était meilleur. *Dieser Wein ist gut, aber **der(jenige)**, den wir gestern getrunken haben, war besser.*

Zusammengesetzte Formen wiederholen vorher Genanntes:
Quel est ton B1 manteau ? – **Celui-là**. *Welcher ist dein Mantel? – **Der da**.*
Sie werden auch zur Gegenüberstellung verwendet. Auf Näheres verweist celui-ci, auf Entferntes celui-là:
Quelle est ta bicyclette ? – **Celle-ci** ou **celle-là** ? *Welches ist dein Fahrrad? – **Dieses hier** oder **das da**?*

A1 **Die neutralen Formen des Demonstrativpronomens**
Ce hat Subjektfunktion. Es steht nur in Verbindung mit être:
Ce sont tes chemises ? *Sind **das** deine Hemden?*
Cela und ça können Subjekt- und Objektfunktion haben. Sie verweisen auf vorher Erwähntes oder als bekannt Vorausgesetztes:
Le prix de l'essence a B1 augmenté. Tu as lu **cela** ? *Der Benzinpreis ist gestiegen. Hast du **das** gelesen?*
In der Umgangssprache stehen cela und ça auch als neutrales Subjekt:
Ça arrive. ***Das** kommt vor.*

Ceci dient der Gegenüberstellung. Es verweist auf Kommendes oder Näherliegendes, cela auf Vergangenes oder weiter Entferntes:
Ceci me plaît beaucoup, mais **cela** pas du tout. ***Dies** (**hier**) gefällt mir gut, aber **das** (**dort**) überhaupt nicht.*

A2 6.6 Das Relativpronomen ▶ 22.1

A1 6.7 Das Indefinitpronomen und -adjektiv

Indefinitpronomen und -adjektive bezeichnen nicht näher bestimmte Lebewesen, Dinge oder Sachverhalte. Auch hier begleiten die Adjektive das Substantiv, und Pronomen vertreten es.

Nur als *Adjektiv* verwendet werden:
- chaque *jede(r, s) Einzelne*; steht vor Substantiven im Singular; ist unveränderlich:
  Chaque pays a sa propre B2 culture. ***Jedes** Land hat seine eigene Kultur.*
- quelques *einige*; steht vor Substantiven im Plural:
  Il me manquent encore **quelques** informations. *Mir fehlen noch **einige** Informationen.*

- n'importe quel *jede(r, s) Beliebige, irgendein*; wird in Genus und Numerus an das begleitende Substantiv angeglichen:
  Achète **n'importe quels** journaux. *Kauf **irgendwelche** Zeitungen.*
- différent(e)s, divers(es) *verschiedene*:
  J'ai **différents** A2 travaux à faire. *Ich habe **verschiedene** Arbeiten zu erledigen.*

Nur als *Pronomen* verwendet werden:
- chacun, chacune *jede(r)*; bezeichnet jedes einzelne Lebewesen oder jeden einzelnen Gegenstand aus einer Gruppe:
  Chacun de vous a A2 raison. ***Jeder** von euch hat recht.*
- on *man*; hat nur Subjektfunktion:
  En France, **on** mange très bien. *In Frankreich isst **man** sehr gut.*
- quelqu'un *jemand*/quelque chose *etwas*; quelqu'un steht für Personen/Sachen; ist in Numerus und Genus veränderlich; Plural: quelques-uns/quelques-unes; quelque chose ist unveränderlich; beide haben Subjekt- und Objektfunktion:
  Y a-t-il **quelqu'un** qui parle français ? *Spricht hier **jemand** Französisch?*
  Tu cherches **quelque chose** ? *Suchst du **etwas**?*

Als *Adjektiv und Pronomen* werden verwendet: B1
- aucun(e) *keine(r)*; gleicht im Genus an das Bezugswort an:
  Il n'a **aucune** idée. *Er hat **keine** Ahnung.*
- certain(e)s *einige, manche*:
  Certains étaient d'accord, d'autres pas. ***Einige** waren einverstanden, andere nicht.*
- plusieurs *mehrere*; steht vor Substantiven im Plural; unveränderlich:
  Il y a **plusieurs** B2 possibilités. *Es gibt **mehrere** Möglichkeiten.*
- tout(e)s, tous *jeder, alle, ganz*; gleicht adjektivisch gebraucht in Genus und Numerus an; bedeutet im Singular *ganz*, im Plural *alle*:
  Toutes mes amies sont parties. ***Alle** meine Freundinnen sind weggefahren.*
  ⚡ Das pronominale tout *alles* ist unveränderlich:
  Nous avons **tout** mangé. *Wir haben **alles** aufgegessen.*
  Das pronominale tous, toutes *alle* gleicht im Genus an:
  Les photos sont **toutes** B1 ratées. *Die Fotos sind **alle** misslungen.*

6.8 Das Interrogativpronomen und -adjektiv

Man unterscheidet die Interrogativpronomen qui, que, quoi und lequel und das Interrogativadjektiv quel.
Quel(le)s *welche(r, s)* begleitet Substantive und richtet sich in Genus und Numerus nach diesen:
Quelle robe as-tu choisie ? ***Welches*** *Kleid hast du ausgesucht?*

Die Interrogativpronomen qui, que, quoi und lequel
Mit dem Interrogativpronomen qui fragt man nach Personen:

Subjekt	direktes Objekt	mit Präposition
qui/qui est-ce qui *wer* **Qui/Qui est-ce qui** est venu ? ***Wer*** *ist gekommen?*	qui/qui est-ce que *wen* **Qui/Qui est-ce que** tu as vu ? ***Wen*** *hast du gesehen?*	**Avec qui** as-tu parlé ? ***Mit wem*** *hast du gesprochen?*

Que und quoi fragen nach Sachen, quoi steht mit Präpositionen:

Subjekt	direktes Objekt	mit Präposition
que/qu'est-ce qui *was* Qu'est-ce qui te déplaît ? ***Was*** *stört dich?*	**que/qu'est-ce que** *was* Que faites-vous ? Qu'est-ce que vous faites ? ***Was*** *machen Sie?/* ***Was*** *macht ihr?*	**À quoi** penses-tu ? ***Woran*** *denkst du?* **De quoi** parlent-ils ? ***Wovon/worüber*** *sprechen sie?*

Lequel *welche (r, s)* fragt nach Personen oder Sachen aus einer Gruppe. Es gleicht in Genus und Numerus an:

Singular m./f.	Plural m./f.
lequel/laquelle auquel/à laquelle duquel/de laquelle	lesquels/lesquelles auxquels/auxquelles desquels/desquelles

Regarde ces jolis verres. **Lesquels** te plaisent ? *Schau mal, die hübschen Gläser.* ***Welche*** *gefallen dir?*
Duquel de ses A2 voisins parle-t-il ? ***Über welchen*** *seiner Nachbarn spricht er?*

Übungen

❶ Das Possessivadjektiv A1

Markieren Sie die Sätze als richtig (✓) oder falsch (✗).

a. ☐ Il me montre son chambre.

b. ☐ C'est ma nouvelle bicyclette.

c. ☐ Elle cherche sa sac.

d. ☐ Il me donne son stylo.

❷ Das Possessivpronomen B1

Deins oder meins – oder wessen? Beantworten Sie die Fragen und ersetzen Sie dabei die Besitzer durch Possessivpronomen.

a. C'est le chien de votre oncle ?

Oui, ...

b. C'est la maison de tes parents ?

Oui, ...

c. Ce sont tes photos ?

Oui, ...

d. Ce sont vos pantalons ?

Oui, ...

❸ Das Demonstrativpronomen und -adjektiv A2

Dieses hier oder das da? Ergänzen Sie die Sätze.

a. Elle veut acheter .... jupe ?

b. Je ne trouve pas mon stylo. – Alors prends ....

c. Tu connais .... homme ?

d. C'est ta bicyclette ? – Non, c'est .... de mon copain.

e. Qui a cassé .... assiette ?

Lösungen

1. Das Possessivadjektiv

a. falsch → Il me montre sa chambre.
b. richtig
c. falsch → Elle cherche son sac.
d. richtig

G Anders als im Deutschen richtet sich das Genus der Possessivadjektive im Französischen nicht nach dem des Besitzers, sondern nach dem des Besitzobjekts.

2. Das Possessivpronomen

a. Oui, c'est le sien.
b. Oui, c'est la leur.
c. Oui, ce sont les miennes.
d. Oui, ce sont les nôtres/les miens.

G Das Possessivpronomen ersetzt ein vorher erwähntes Substantiv. Es tritt immer zusammen mit dem bestimmten Artikel auf und richtet sich in Genus und Numerus nach dem Substantiv, das es vertritt.

3. Das Demonstrativpronomen und -adjektiv

a. Elle veut acheter cette jupe ?
b. Je ne trouve pas mon stylo. – Alors prends celui-ci.
c. Tu connais cet homme ?
d. C'est ta bicyclette ? – Non, c'est celle de mon copain.
e. Qui a cassé cette assiette ?

G Die Demonstrativadjektive stehen als Begleiter vor Substantiven und richten sich in Genus und Numerus nach diesen. Vor maskulinen Substantiven, die mit Vokal oder stummem h beginnen, wird ce zu cet.

❹ Das neutrale Demonstrativpronomen A1

Dies und das ... Übersetzen Sie die Sätze ins Französische.

a. Das interessiert mich nicht.

....

b. Das ist nicht viel.

....

c. Das gefällt mir sehr.

....

d. Das sind nicht meine Zeitungen, sondern die meiner Schwester.

....

❺ Das Indefinitpronomen und -adjektiv A1

Setzen Sie die Indefinitpronomen und -adjektive ein.

aucune / chacune / quelque chose / tous / toute

a. Elle invite .... les voisins dans sa rue.

b. Je peux avoir .... à boire ?

c. Dans notre petite ville il n'y a .... piscine.

d. Il donne une fleur à .... des invitées.

e. J'ai fait .... la vaisselle.

❻ Das Interrogativpronomen A1

Ordnen Sie den Fragen passende Antworten zu.

a. Qui attend-il ?	Celle-là.
b. Qu'est-ce qu'elle t'a donné ?	De notre famille.
c. Laquelle te plaît le plus ?	Ses enfants.
d. De quoi avez-vous parlé ?	Un CD.

4. Das neutrale Demonstrativpronomen

a. Cela/Ça ne m'intéresse pas.
b. Ce n'est pas beaucoup.
c. Cela/Ça me plaît beaucoup.
d. Ce ne sont pas mes journaux, mais ceux de ma sœur.

G Das neutrale ce kann nur als Subjekt und nur in Verbindung mit être *sein* gebraucht werden. Bei allen anderen Verben verwendet man cela bzw. ça.

5. Das Indefinitpronomen und -adjektiv

a. Elle invite tous les voisins dans sa rue.
b. Je peux avoir quelque chose à boire ?
c. Dans notre petite ville il n'y a aucune piscine.
d. Il donne une fleur à chacune des invitées.
e. J'ai fait toute la vaisselle.

G Das adjektivisch gebrauchte tout wie auch aucun und chacun richten sich in Genus und Numerus nach dem Substantiv, das sie begleiten. Tout steht in der Regel mit einem weiteren Begleiter. Quelque chose bleibt unverändert.

6. Das Interrogativpronomen

a. Qui attend-il ? – Ses enfants.
b. Qu'est-ce qu'elle t'a donné ? – Un CD.
c. Laquelle te plaît le plus ? – Celle-là.
d. De quoi avez-vous parlé ? – De notre famille.

7 Das Verb

A1

Wie ist das Wetter heute? – Ein bisschen wärmer als gestern, scheint mir.

Verben bezeichnen Handlungen, Ereignisse und Zustände und sind ein wesentlicher Bestandteil des Satzes.

ℹ Wie im Deutschen unterscheidet man auch im Französischen konjugierte (finite) und nicht konjugierte (infinite) Verbformen.
Die finiten Verbformen sind durch Person, Numerus, Tempus, Modus und Zustandsform (Aktiv/Passiv) bestimmt.
Zu den infiniten Verbformen zählen der Infinitiv, das Partizip Präsens und das Gerund.
Bei Tempus und Modus wird zwischen einfachen Verbformen, die nur aus dem Verb bestehen, und zusammengesetzten Verbformen, die aus dem Verb und einem Hilfsverb bestehen, unterschieden.

7.1 Die Konjugation

A1

Die französischen Verben werden entsprechend ihrer Konjugation in drei Gruppen eingeteilt. Die Verben der ersten Gruppe enden im Infinitiv auf -er und die der zweiten auf -ir. Die Verben der dritten Gruppe sind überwiegend unregelmäßig. Zu dieser Gruppe gehören Verben mit der Infinitivendung auf -re und -oir sowie die unregelmäßigen Verben auf -ir und aller *gehen*.

Zur Konjugation der Verben in den verschiedenen Zeiten und zu den Modi ▶ 9 11 12 und unregelmäßige Verben.

Die Verben auf -er

Zu dieser Gruppe gehören etwa 90 Prozent der französischen Verben. Die Verben dieser Gruppe sind regelmäßig und bilden den Singular Präsens auf -e, -es und -e und das Partizip Perfekt auf -é:

parler *sprechen*	**je** parle *ich spreche*	nous parlons *wir sprechen*
	tu parles *du sprichst*	vous parlez *ihr sprecht*
	il/elle parle *er/sie spricht*	ils/elles parlent *sie sprechen*
Partizip Perfekt:	parlé *gesprochen*	

Besonderheiten:

- Verben, deren Stamm auf -c oder -g endet, fügen ausspracheb edingt vor Endungen, die mit -a oder -o beginnen, ein e ein bzw. ändern das c zu ç:

  commencer *anfangen* — je commen**ce** — aber: nous commen**ço**ns

  manger *essen* — je man**ge** — aber: nous man**geo**ns

- Verben auf -eler oder -eter, verdoppeln l bzw. t vor stummen Endungen:

  appeler *nennen* — nous appe**l**ons — aber: j'appe**ll**e

  Eine kleine Gruppe verdoppelt den Endkonsonanten nicht, sondern ändert stattdessen das stumme e im Stammauslaut zu è:

  acheter *kaufen* — nous ach**e**tons — aber: j'ach**è**te

- Verben mit é in der letzten Stammsilbe wandeln das é vor stummen Endungen in è um:

  répéter *wiederholen* — nous rép**é**tons — aber: je rép**è**te

- Verben auf -oyer und -uyer verwandeln das y vor stummen Endungen in i:

  envoyer *schicken* — nous envo**y**ons — aber: j'envo**i**e

  s'ennuyer *sich langweilen* — nous nous ennu**y**ons — aber: je m'ennu**i**e

  Die Verben auf -ayer können das y auch beibehalten:

  payer *zahlen* — nous payons — je pa**i**e/pa**y**e

Die Verben auf -ir

Die Verben auf -ir enden im Singular Präsens auf -s, -s, -t und bilden das Partizip Perfekt auf -i. Auch sie sind zum größten Teil regelmäßig. Man unterscheidet in dieser Gruppe zwischen Verben mit und ohne Stammerweiterung.
Die meisten Verben auf -ir schieben -iss- zwischen Stamm und Endung ein. Dies erhält sich – außer im Futur und Konditional (▶ 9.2 und ⑪) – auch in den Ableitungen vom Pluralstamm:

finir	**je finis**	**nous finissons**
(be)enden	*ich beende*	*wir beenden*
	tu finis	**vous finissez**
	du beendest	*ihr beendet*
	il/elle finit	**ils/elles finissent**
	er/sie beendet	*sie beenden*

B1

⚡ Verwirrend ist, dass eine Reihe häufig benutzter Verben auf -ir keine Stammerweiterung mit -iss- zeigt, da sie unregelmäßig sind: se sentir *sich fühlen* → nous nous sentons, dormir *schlafen* → nous dormons, ouvrir *öffnen* → nous ouvrons, courir *laufen* → nous courons, servir *dienen zu/nützen* → ils servent, partir *abfahren, weggehen* → nous partons, offrir *anbieten* → nous offrons, sortir *weggehen* → nous sortons

7.2 Die Verben avoir und être

Die Hilfsverben avoir *haben* und être *sein* dienen wie im Deutschen zur Bildung der zusammengesetzten Zeiten.
Beide bilden die zusammengesetzten Zeiten mit avoir:
Nous **avons** eu beaucoup de chance. *Wir haben viel Glück gehabt.*
Elle **a** été malade. *Sie ist krank gewesen.*
(Zur Konjugation von avoir und être: ▶ ⑨ ⑪ ⑫)

Verben, die die zusammengesetzten Zeiten mit avoir bilden, sind

- transitive und transitiv gebrauchte Verben, d. h. Verben, die ein Objekt nach sich ziehen müssen oder können:
  J'ai écrit une lettre. *Ich **habe** einen Brief geschrieben.*

- die meisten intransitiven Verben, d. h. alle Verben, die kein Objekt haben:
  Cette nuit, j'**ai** mal dormi. *Heute Nacht **habe** ich schlecht geschlafen.*
- Eine Reihe von Verben der Bewegungsart wie B1 courir *laufen, rennen,* A2 marcher *zu Fuß gehen,* B2 nager *schwimmen,* B1 sauter *springen,* B1 voler *fliegen*:
  Il **a** sauté de joie. *Er **hat** Freudensprünge gemacht.*

Verben, die die zusammengesetzten Zeiten mit être bilden, sind:

- alle reflexiven und reflexiv gebrauchten Verben:
  Hier soir, nous nous **sommes** A2 couchés tôt. *Gestern Abend **sind** wir früh schlafen gegangen.*
- intransitive Verben, die eine Bewegungsrichtung und ein Verweilen ausdrücken wie aller *gehen, fahren,* arriver *ankommen,* entrer *eintreten,* partir *weggehen, abreisen,* rentrer, A2 retourner *zurückkehren,* sortir *ausgehen,* A2 tomber *fallen,* A2 venir *kommen* und B2 demeurer, A2 rester *bleiben*:
  Cette année, nous ne **sommes** pas partis en vacances, nous **sommes** restés chez nous. *Dieses Jahr **sind** wir nicht in Urlaub gefahren, sondern **sind** zu Hause geblieben.*
- die Verben B2 décéder, B2 mourir *sterben,* B1 devenir *werden* und B2 naître *geboren werden:*
  Mon frère **est** né à Paris. *Mein Bruder **ist** in Paris geboren.*
- alle Verben im Passiv: ▶ 15

⚡ Eine Reihe von Verben der Bewegungsrichtung kann auch transitiv gebraucht werden. Dabei ändert sich ihre Bedeutung, und sie bilden die zusammengesetzten Zeiten mit avoir:
Notre voisin **est sorti** de la maison. *Unser Nachbar **ist** aus dem Haus **gekommen**.*
Mon grand-père **a sorti** un cadeau de sa valise. *Mein Großvater **hat** ein Geschenk aus seinem Koffer **geholt**.*
Dazu zählen u. a. descendre *hinuntergehen/-bringen,* monter *hinaufgehen/-bringen* oder A2 retourner *zurückkehren/-schicken.*

L! Beim Üben der Konjugationen in den zusammengesetzten Zeiten das Hilfsverb stets mitüben, damit es sich einprägt.

7.3 Das Modal- und Hilfsverb

A1

ⓘ Neben avoir und être wird auch das Verb aller als Hilfsverb verwendet, und zwar bei der Bildung des Futur composé (▶ 9.2.2):
L'année prochaine, je **vais** acheter une nouvelle voiture. *Nächstes Jahr kaufe ich ein neues Auto.*

Modalverben drücken aus, ob eine Handlung möglich, notwendig oder gewünscht ist. Zu ihnen zählen:

A2 aimer (faire qc.) *etw. gerne tun*
A2 préférer (faire qc.) *etw. lieber tun*
savoir *können* (= *etw. zu tun verstehen*)
A2 devoir *müssen, sollen*
pouvoir *können*
vouloir *wollen*

Modalverben stehen stets vor dem Infinitiv des Vollverbs:
Claire **veut** aller au cinéma. *Claire* ***will*** *ins Kino gehen.*
Elle ne **sait** pas B1 refuser. *Sie* ***kann*** *nicht Nein sagen.*
Tu **peux** m'aider? ***Kannst*** *du mir helfen?*
Je **préfère** rester à la maison ce soir. *Ich* ***möchte*** *heute Abend* ***lieber*** *zu Hause bleiben.*

7.4 Das reflexive Verb

A1

Reflexive Verben werden von Reflexivpronomen begleitet (▶ 6.1). Diese bezeichnen dieselbe Person oder Sache wie das Subjekt und können direktes oder indirektes Objekt sein.

Reflexivpronomen steht in der Regel vor dem konjugierten Verb bzw. dem Hilfsverb (zur Stellung beim Imperativ ▶ 10, beim Futur composé ▶ 9.2.2 ; zur Angleichung in den zusammengesetzten Zeiten ▶ 14.1).

Eine Reihe von Verben, die im Deutschen nicht reflexiv sind, wird im Französischen ausschließlich reflexiv verwendet: B1

s'en aller *weggehen*
s'appeler *heißen*
B2 s'enfuir *fliehen*
se passer *geschehen*
B1 se marier à/avec qn. *jdn. heiraten*
B2 s'endormir *einschlafen*
A2 se lever *aufstehen*
B1 se promener *spazieren gehen*
B2 se méfier de qn./qc. *jdm./einer Sache misstrauen*

Umgekehrt gibt es eine Reihe deutscher reflexiver Verben, die im Französischen nicht reflexiv sind:

changer *sich ändern*
B2 doubler *sich verdoppeln*
B2 remuer *sich bewegen*
tourner *sich drehen*
B1 diminuer *sich verringern*
B2 évoluer *sich entwickeln*
B2 séjourner *sich aufhalten*
B2 différer de qn./qc. *sich von jdm./etw. unterscheiden*

7.5 Das unpersönliche Verb

Unpersönliche Verben haben kein bestimmtes Subjekt. Sie werden in der Regel durch das neutrale il (▶ 6.1.1) eingeleitet. Sie stehen immer in der 3. Person Singular.
Unpersönliche Verben werden meist in Aussagen über das Wetter und bei Zeitangaben verwendet:

il est temps *es ist Zeit*
il est 11 heures *es ist 11 Uhr*
il fait jour/nuit *es ist Tag/Nacht*
il est midi *es ist Mittag*
Quelle heure **est-il** ? *Wie spät ist es?*

il neige *es schneit*
il pleut *es regnet*
il fait chaud/froid *es ist warm/kalt*
il fait beau/mauvais (temps) *es ist schönes/schlechtes Wetter*

Darüber hinaus findet man sie in Wendungen wie:

il y a	Il y a des gens partout. *Es sind überall Leute.*
il s'agit de	Il s'agit d'un nouveau médicament. *Es handelt sich um ein neues Medikament.*
il est arrivé	Il est arrivé un A2 accident. *Es ist ein Unfall passiert.*
il faut + Infinitiv	Il faut partir tout de suite. *Wir müssen sofort aufbrechen.*
il semble que	Il semble qu'il fait plus froid aujourd'hui qu'hier. *Es scheint, als sei es heute kälter als gestern.*

Das Französische macht seltener von unpersönlichen Verben Gebrauch als das Deutsche.

Übungen

1 Die Konjugation der Verben auf -er und -ir B1

Richtig oder falsch? Wählen Sie die richtige der zwei hellblau hervorgehobenen Verbformen.

a. Comment s'appellent-ils / s'apellent-ils ?

b. Quand est-ce que vous finissez / finez ce travail ?

c. Nous partissons / partons en vacances avec nos voisins.

d. Elle envoye / envoie une invitation à tous ses amis.

e. Je ne me rappele / rappelle pas son nom.

f. Les Roussel s'achetent / s'achètent une nouvelle maison.

g. Il commençe / commence à pleuvoir *(regnen)*.

h. Nous ne mangons / mangeons jamais dans les fast-foods.

i. Ne répète / répete surtout pas ce qu'il a dit !

j. Quand vous sortissez / sortez, n'oubliez pas vos parapluies.

2 Die Hilfsverben avoir und être A1

Haben oder sein? Vervollständigen Sie die Sätze mit einem passenden Hilfsverb.

a. Je me .... lavé les mains.

b. Le train .... arrivé en retard.

c. Nous .... marché toute la journée.

d. Un acteur .... entré en scène *(auftreten)*.

e. Qu'est-ce qui s' .... passé?

f. Un jeune homme gentil .... descendu nos valises.

g. Les verres .... tombés par terre.

h. Elles se .... trompées de chemin *(sich verlaufen)*.

i. Hier soir, nous .... rentrés tard.

Lösungen

1. Die Konjugation der Verben auf -er und -ir

a. Comment s'appellent-ils ?
b. Quand est-ce que vous finissez ce travail ?
c. Nous partons en vacances avec nos voisins.
d. Elle envoie une invitation à tous ses amis.
e. Je ne me rappelle pas son nom.
f. Les Roussel s'achètent une nouvelle maison.
g. Il commence à pleuvoir.
h. Nous ne mangeons jamais dans les fast-foods.
i. Ne répète surtout pas ce qu'il a dit !
j. Quand vous sortez, n'oubliez pas vos parapluies.

G Verben auf -eter und -eler verdoppeln meist den letzten Stammkonsonanten, bei einigen wird das e zu è. Verben auf -er mit Stammende auf c- oder g- fügen vor Endungen, die mit -a oder -o beginnen, ein e ein. Verben, die auf -oyer und -uyer enden, verwandeln das y vor stummem e in i. Nur die regelmäßigen Verben auf -ir fügen vor der Personalendung -iss- ein.

2. Die Hilfsverben avoir und être

a. Je me suis lavé les mains.
b. Le train est arrivé en retard.
c. Nous avons marché toute la journée.
d. Un acteur est entré en scène.
e. Qu'est-ce qui s'est passé ?
f. Un jeune homme gentil a descendu nos valises.
g. Les verres sont tombés par terre.
h. Elles se sont trompées de chemin.
i. Hier soir, nous sommes rentrés tard.

G Reflexive Verben bilden die zusammengesetzten Zeiten immer mit être. Verben, die eine Bewegungsart ausdrücken, bilden sie mit avoir; Verben, die eine Bewegungsrichtung ausdrücken, mit être.

❸ Das Modalverb

Müssen, wollen oder dürfen? Verbinden Sie die Satzteile.

A1

a. Ses enfants n'aiment pas	tout payer.
b. Ma petite sœur ne sait pas	lui dire qu'elle veut le quitter.
c. Cette fois-ci ce sont eux qui doivent	aller au bureau aujourd'hui ?
d. Elle ne peut pas	te voir.
e. Après ce que tu as fait je ne veux plus	encore lire.
f. Est-ce qu'il doit	manger de légumes.

❹ Das unpersönliche Verb

Übersetzen Sie die Sätze ins Französische.

A1

a. Diesen Sommer ist das Wetter immer schön.

....

b. Man soll regelmäßig Sport treiben.

....

c. Es ist keine Milch mehr da.

....

d. Es ist Zeit, es ist schon fünf Uhr.

....

e. Es scheint, dass der Zug Verspätung hat.

....

f. Es handelt sich um ein schwieriges Problem.

....

g. Es ist noch ein wenig zu kalt.

....

3. Das Modalverb

a. Ses enfants n'aiment pas manger de légumes.
b. Ma petite sœur ne sait pas encore lire.
c. Cette fois-ci ce sont eux qui doivent tout payer.
d. Elle ne peut pas lui dire qu'elle veut le quitter.
e. Après ce que tu as fait je ne veux plus te voir.
f. Est-ce qu'il doit aller au bureau aujourd'hui ?

G Die Modalverben stehen immer vor dem Infinitiv des Vollverbs. Treten in Sätzen mit Modalverben Pronomen auf, so stehen diese nicht vor dem konjugierten Verb, sondern vor dem Infinitiv.

4. Das unpersönliche Verb

a. Cet été il fait toujours beau (temps).
b. Il faut faire du sport régulièrement.
c. Il n'y a plus de lait.
d. Il est temps, il est déjà 5 heures.
e. Il semble que le train soit en retard.
f. Il s'agit d'un problème difficile.
g. Il fait encore un peu trop froid.

G Unpersönliche Verben werden meist bei Aussagen über das Wetter oder bei Zeitangaben verwendet sowie in einigen feststehenden Wendungen und Aussagen allgemeiner Natur.

8 Die Verneinung

Ihr Hund bellt die ganze Nacht! – Oh, das macht nichts, er schläft ja tagsüber.

8.1 Die Verneinungselemente

A1

Die Verneinung wird im Französischen in Form einer Klammer mit ne und einem zweiten Verneinungselement wie pas, plus, rien u. a. gebildet.

In der Umgangssprache wird ne oft weggelassen. In der Schriftsprache und in förmlichen Redesituationen darf es jedoch nie fehlen.

Formen

Verneinung	
ne … pas *nicht*	Il **ne** vient **pas**. *Er kommt **nicht**.*
ne … plus *nicht mehr*	Elle **ne** les A2 attend **plus**. *Sie wartet **nicht mehr** auf sie.*
ne … guère *fast nicht, kaum*	Je **ne** les A2 connais **guère**. *Ich kenne sie **kaum**.*
ne … jamais *nie*	Il **n'**est **jamais** à l'heure. *Er ist **nie** pünktlich.*
ne … que *nur, erst*	Ils **ne** se voient **que** deux fois par année. *Sie sehen sich **nur** zweimal im Jahr.* Sa fille **n'**a **que** six ans. *Seine Tochter ist **erst** sechs Jahre alt.*

ne … personne *niemand*	Nous **ne** voyons **personne**. *Wir sehen **niemanden**.*
ne … rien *nichts*	Je **n'**ai **rien** fait. *Ich habe **nichts** gemacht.*
ne … ni … ni *weder … noch …*	Elle **ne** mange **ni** de fruits **ni** de légumes. *Sie isst **weder** Obst **noch** Gemüse.* **Ni** Claude **ni** les autres **ne** sont venus. ***Weder** Claude **noch** die anderen sind gekommen.*
ne … nulle part *nirgends*	Nous **ne** le trouvons **nulle part**. *Wir finden es **nirgends**.*
ne … aucun(e) *kein(e)*	Je **n'**ai lu **aucun** de ces livres. *Ich habe **keines** dieser Bücher gelesen.*

Besonderheiten:

- Vor Vokal und stummem h wird ne verkürzt zu n':
  Il **n'**a jamais **assez** d'argent. *Er hat **nie genug** Geld.*
  Ils **n'**habitent **plus** ici. *Sie wohnen **nicht mehr** hier.*

- Ne … pas kann noch durch du tout, non plus und pas encore verstärkt werden:
  Cette robe **ne** me plaît **pas** du tout. *Dieses Kleid gefällt mir **überhaupt nicht**.*
  Et ces chaussures **ne** me plaisent **pas non plus**. *Und diese Schuhe gefallen mir **auch nicht**.*
  Nous **n'**avons **pas encore** vu ce film. *Wir haben diesen Film **noch nicht** gesehen.*

- Ne … plus wird mit du tout und jamais verstärkt:
  Je **ne** le ferai **plus jamais**. *Ich mache das **nie wieder**.*
  Elle **ne** se souvient **plus du tout** de cette A2 histoire. *Sie erinnert sich **überhaupt nicht mehr** an diese Geschichte.*
  Il **n'**a **plus du tout** envie de travailler. *Er hat **überhaupt keine** Lust **mehr** zu arbeiten.*

- Mit ne … que *nur* werden alle Satzglieder außer dem Subjekt eingeschränkt:
  Elle **ne** fait **que** regarder des films d'amour. *Sie schaut sich **nur** Liebesfilme an.*

Seulement kann ne … que ersetzen. Es wird jedoch ohne das Verneinungselement ne verwendet:
Il regarde **seulement** des films policiers. *Er schaut sich **nur** Krimis an.*

Soll das Subjekt eingeschränkt werden, geschieht dies durch die Verwendung von seul *nur, einzig*. Dabei ist zu beachten, dass es an das Substantiv, das es begleitet, in Genus und Numerus angeglichen wird:
Dieu **seul** le sait. *Das weiß **nur** Gott allein.*
Seul mon fils s'y connaît. ***Nur** mein Sohn kennt sich damit aus.*
Seule ma grand-mère savait faire ce gâteau délicieux. ***Nur** meine Großmutter konnte diesen köstlichen Kuchen machen.*

In der Umgangssprache wird das Subjekt häufig auch mit der Umschreibung il n'y a que … qui eingeschränkt:
Il n'y a que ma grand-mère **qui** savait faire ce gâteau délicieux.
Il n'y a que son fils **qui** s'y connaît.

- Wie ne … ni … ni … *weder … noch* dient auch die Konstruktion sans … ni … ni *ohne …, … oder …* zur Aneinanderreihung von verneinten Objekten:
  Un jour il est parti faire le tour du monde **sans** bagages **ni** vêtements **ni** argent. *Eines Tages ist er auf Weltreise gegangen **ohne** Gepäck, Kleidung **oder** Geld.*
- Zur Verneinung mit aucun, personne und rien: ▶ 8.2

Die Stellung der Verneinungselemente
In der Regel umschließen die Verneinungselemente das konjugierte Verb:
Ils **n'**ont **pas** vu leurs copains. *Sie haben ihre Freunde **nicht** gesehen.*
Mireille **n'**est **plus** chez elle. *Mireille ist **nicht mehr** zu Hause.*
On **ne** peut **rien** voir. *Man kann **nichts** sehen.*
Les Legrand **ne** vont **pas** venir demain. *Die Legrands werden morgen **nicht** kommen.*
Elle **ne** boit **jamais** d'alcool. *Sie trinkt **nie** Alkohol.*

Folgendes gilt es beim Setzen der Verneinungsklammer zu beachten:

- Die Objekt- und Reflexivpronomen stehen innerhalb der Verneinungsklammer:
  Il **ne s'**intéresse **ni** au sport **ni** à autre chose. *Er interessiert* ***sich weder*** *für Sport* ***noch*** *für etwas anderes.*
  Leurs parents **ne leur** permettent **pas** de A2 sortir le soir. *Ihre Eltern erlauben* ***ihnen nicht****, abends wegzugehen.*
  Ausnahme: Beim Futur composé (▶ 9.2.2) und bei Modalverben stehen die Pronomen außerhalb der Verneinungsklammer vor dem Infinitiv:
  On **ne** peut **plus les** aider. *Man kann* ***ihnen nicht mehr*** *helfen.*
  Vous **n'**allez **pas les** voir la semaine prochaine. *Ihr werdet sie nächste Woche* ***nicht*** *sehen.*

- Auch die Adverbialpronomen en und y werden von den Verneinungselementen umschlossen:
  Ils **n'y** ont **jamais** été. *Sie sind* ***noch nie dort*** *gewesen.*
  Je **n'en** ai **pas** pris. *Ich habe* ***nichts davon*** *genommen.*

- Zur Stellung der Verneinungselemente im Fragesatz: ▶ 20.2 ; beim Infinitiv ▶ 13

A1 **Die Verneinung in Sätzen ohne Verb**

In Sätzen ohne Verb, z. B. in kurzen verneinenden Antworten, entfällt das ne:
Qu'est-ce qui se passe ici ? – **Rien.** *Was ist hier los? –* ***Nichts.***
Avec qui est-ce que vous avez parlé? – Avec **personne.** *Mit wem haben Sie gesprochen? – Mit* ***niemandem.***
Vous connaissez cet homme ? – Moi **pas.** – Moi **non plus.** *Kennt ihr diesen Mann? – Ich* ***nicht.*** *– Ich* ***auch nicht.***
Quand est-ce que tu viens ? – **Pas** aujourd'hui. *Wann kommst du? – Heute* ***nicht.***

A1 **Die Verneinung ohne ne**

Das ne entfällt auch, wenn nicht der ganze Satz, sondern nur ein Teil des Satzes verneint werden soll. Der betreffende Satzteil wird dann mit pas verneint:

Nous habitons pas loin d'ici. *Wir wohnen **nicht** weit von hier.*
Monsieur Dutronc est mon collègue, **pas mon patron.** *Herr Dutronc ist mein Kollege, (und) **nicht** mein Chef.*

⚡ Jamais, personne und rien können auch positive Bedeutung haben. Sie werden dann ohne ne gebraucht:
C'est la plus belle maison que j'aie **jamais** vue. *Das ist das schönste Haus, das ich **jemals** gesehen habe.*
Il est parti sans **rien** dire. *Er ist gegangen, ohne **etwas** zu sagen.*
Tu la (A2) connais mieux que **personne.** *Du kennst sie besser als **irgendjemand** sonst.*

8.2 Die Verneinung mit aucun, personne und rien (B1)

💡 Aucun, personne und rien können im Satz sowohl Subjekt als auch Objekt sein.

- In Objektstellung umschließen sie wie die übrigen Verneinungskonstruktionen das konjugierte Verb:
  Il **ne** connaît **personne.** *Er kennt **niemanden.***
  Elle n'a **rien** compris. *Sie hat **nichts** verstanden.*
  Il **ne** perd **aucune** (B2) **occasion** de prendre un rendez-vous avec elle. *Er lässt **keine** Gelegenheit aus, sich mit ihr zu verabreden.*

- Haben Sie die Funktion des Subjekts, stehen sie vor dem Verb und den Objektpronomen. Das ne wird dabei nachgestellt:
  Personne ne lui téléphone. ***Niemand** ruft ihn an.*
  Personne ne les écoute. ***Niemand** hört sie (hört auf sie).*
  Rien n'a changé. ***Nichts** hat sich geändert.*
  Rien ne vous intéresse. ***Nichts** interessiert euch.*
  Et les élèves de M. Morel ? **Aucun n'**a raté l'examen. *Und die Schüler von Herrn Morel? **Keiner** ist bei der Prüfung durchgefallen.*

- ⚡ Im Unterschied zu den Verneinungselementen personne und rien ist aucun veränderlich. Es muss – sowohl in seiner Funktion als Objekt als auch als Subjekt – dem Substantiv, das es vertritt, im Genus angeglichen werden:
  Et ses (B2) propositions ? **Aucune n'**a été acceptée. *Und ihre Vorschläge? **Keiner** wurde angenommen.*

Besonderheiten bei der Stellung

💡 Anders als die übrigen Verneinungselemente werden aucun und personne in den zusammengesetzten Zeiten nicht nach dem konjugierten Hilfsverb eingefügt, sondern stehen immer hinter dem Partizip:

Les élèves **n'**ont fait **aucun** des devoirs. *Die Schüler haben **keine** der Hausaufgaben gemacht.*

Nous **n'**avons entendu **personne**. *Wir haben **niemanden** gehört.*

In Sätzen mit Modalverben stehen aucun und personne nach dem Infinitiv:

Elle **ne** veut ouvrir **aucune** de ces lettres. *Sie will **keinen** dieser Briefe öffnen.*

Il **ne** veut voir **personne**. *Er will **niemanden** sehen.*

Sind rien und personne mit einer Präposition verbunden, stehen sie in den zusammengesetzten Zeiten nach dem Partizip. Treten sie in Verbindung mit Modalverben auf, werden sie hinter den Infinitiv gestellt:

Il **ne** s'est douté **de rien**. *Er hat **nichts** geahnt.*

Elle **ne** peut se souvenir **de rien**. *Sie kann sich an **nichts** erinnern.*

Depuis deux jours il **n'**a parlé à **personne**. *Seit zwei Tagen hat er mit **niemandem** geredet.*

Il **ne** peut mentir à **personne**. *Er kann **niemanden** anlügen.*

Übungen

1 Die Verneinungselemente A1

Niemand, nirgends, nie … Verneinen Sie die Fragen. Antworten Sie in ganzen Sätzen.

a. Tu travailles encore ?

....

b. Vous voyez mon stylo quelque part *(irgendwo)* ?

....

c. Tu aimes la musique moderne ou plutôt la musique classique ?

....

d. Tes amis fument beaucoup ?

....

e. Vous connaissez les Arnaud ?

....

2 Die Stellung der Pronomen A1

Richtig oder falsch? Markieren Sie die Sätze als richtig (✓) oder falsch (✗) und korrigieren Sie sie gegebenenfalls.

a. ☐ Ils se ne connaissent pas.

....

b. ☐ Nous ne le leur avons jamais dit.

....

c. ☐ Nous ne les pouvons pas encore voir.

....

d. ☐ Charlotte ne s'en souvient plus.

....

Lösungen

1. Die Verneinungselemente

a. Non, je ne travaille plus.
b. Non, je ne le vois nulle part.
c. Je n'aime ni la musique moderne ni la musique classique.
d. Non, ils ne fument guère/jamais.
e. Non, je ne les connais pas./Non, nous ne les connaissons pas.

2. Die Stellung der Pronomen

a. falsch → Ils ne se connaissent pas.
b. richtig
c. falsch → Nous ne pouvons pas encore les voir.
d. richtig

G Im Allgemeinen umschließen die Verneinungselemente das konjugierte Verb. Dabei stehen die Objekt- und Reflexivpronomen sowie **en** und **y** innerhalb der Verneinungsklammer. Bei Modalverben stehen sie jedoch außerhalb der Verneinungsklammer vor dem Infinitiv.

❸ Aucun, personne und rien als Subjekt und Objekt

B1

Übersetzen Sie die Sätze ins Französische.

a. Niemand hilft dem kleinen Jungen.

....

b. Gefallen dir die T-Shirts? – Mir gefällt keines.

....

c. Die Kinder wollen nichts essen.

....

d. Wir werden es niemandem sagen.

....

e. Nichts gefällt ihr.

....

f. Ich möchte keines dieser Kleider.

....

g. Die Zeugen (les témoins) können sich an nichts erinnern.

....

❹ Die Verneinung in Sätzen ohne Verb

A1

Antworten Sie mit einer verneinenden Kurzantwort.

a. Qui est-ce qu'il attend ? ....

b. Qu'est-ce que tu vas faire ce soir ? ....

c. Vous avez parlé avec qui ? ....

d. Qui a cassé la fenêtre ? ....

e. Vous avez parlé de quoi ? ....

f. Il t'a écrit combien de lettres ? ....

g. Vous n'avez jamais été aux États-Unis ? ....

3. Aucun, personne und rien als Subjekt und Objekt

a. Personne n'aide le petit garçon.
b. Les tee-shirts te plaisent ?
Aucun ne me plaît.
c. Les enfants ne veulent rien manger.
d. Nous ne le dirons à personne.
e. Rien ne lui plaît.
f. Je ne veux aucune de ces robes.
g. Les témoins ne peuvent se souvenir de rien.

G Die Verneinungselemente aucun, personne und rien können sowohl Subjekt als auch Objekt sein. Haben sie die Funktion des Subjekts, stehen sie vor dem Verb und den Objektpronomen. Das ne wird dabei nachgestellt. In Sätzen mit Modalverben stehen aucun und personne nach dem Infinitiv. Rien steht nur dann nach dem Infinitiv, wenn es mit einer Präposition verbunden ist. Aucun muss dem Substantiv, das es begleitet oder ersetzt, im Genus angeglichen werden.

4. Die Verneinung in Sätzen ohne Verb

a. Personne.
b. Rien.
c. Avec personne.
d. Moi pas./Personne.
e. De rien.
f. Aucune./Pas une.
g. Non, jamais.

G In Sätzen ohne Verb entfällt das ne. Auch in der Umgangssprache wird das ne häufig weggelassen, darf aber in der Schriftsprache und in förmlichen Redesituationen nicht fehlen.

9 Der Indikativ

Du hattest mir dein Wort gegeben, und du hast es nicht gehalten! – Aber ich konnte doch nicht. Ich hatte es dir gegeben!

Der Indikativ drückt als Modus der Wirklichkeit aus, dass das Mitgeteilte als Tatsache oder als wahrscheinlich erachtet wird. Die Aussagen können sich auf die Gegenwart (Präsens), die Vergangenheit (Imparfait u. a.) oder die Zukunft (Futur simple u. a.) beziehen.

9.1 Das Präsens

A1

Formen

Verben auf -er **danser** *tanzen*	**Verben auf -ir** **finir** *beenden*
je dans**e**	je fin**is**
tu dans**es**	tu fin**is**
il/elle dans**e**	il/elle fin**it**
nous dans**ons**	nous fin**issons**
vous dans**ez**	vous fin**issez**
ils/elles dans**ent**	ils/elles fin**issent**

Achten Sie bei den Verben auf -ir besonders auf den ss-Einschub in den Pluralformen.

Zu Konjugationsgruppen und Besonderheiten der Konjugation: ▶ 7 und unregelmäßige Verben.

Das Präsens der Hilfsverben avoir und être:

avoir *haben*	**être** *sein*
j'**ai**	je **suis**
tu **as**	tu **es**
il/elle **a**	il/elle **est**
nous **avons**	nous **sommes**
vous **avez**	vous **êtes**
ils/elles **ont**	ils/elles **sont**

Gebrauch

Das Präsens beschreibt Ereignisse oder Zustände:

- die sich in der Gegenwart vollziehen oder die bis in die Gegenwart andauern:
  Je mange une pomme. *Ich esse einen Apfel.*
  Nous y habitons depuis vingt ans. *Wir wohnen seit zwanzig Jahren dort.*
- bei denen es sich um regelmäßig wiederkehrende oder gewohnheitsmäßige Handlungen handelt:
  Ça fait déjà des années qu'ils se voient tous les vendredis. *Sie treffen sich schon seit Jahren jeden Freitag.*
- bei denen es sich um allgemeingültige Tatsachen handelt:
  La B2 Lune tourne autour de la terre. *Der Mond kreist um die Erde.*
  Les Roussel ont deux enfants. *Die Roussels haben zwei Kinder.*
- In Verbindung mit einer Zeitangabe kann das Präsens wie im Deutschen zukünftige Ereignisse bezeichnen, wenn man davon ausgeht, dass diese mit Sicherheit eintreten werden.
  La semaine prochaine, nous partons en vacances. *Nächste Woche fahren wir in Urlaub.*
  Tu m'appelles demain soir à huit heures ? *Rufst du mich morgen Abend um acht Uhr an?*

⚡ Mit Présent progressif bezeichnet man Konstruktionen, die mit être en train de + Infinitif *gerade dabei sein etwas zu tun* gebildet werden. Ähnlich wie die Verlaufsformen des Englischen zeigen sie an, dass sich eine Handlung gerade vollzieht:
Nous sommes **en train de** partir. *Wir brechen **gerade** auf.*

ⓘ Die Konstruktion wird auch häufig im Imparfait gebraucht:
Nous **étions en train de** partir, quand tu es venu. *Wir **waren gerade** im Aufbruch begriffen, als du gekommen bist.*
Elle **était en train de** s'endormir, quand on a entendu un bruit dans la rue. *Sie **war gerade** am Einschlafen, als auf der Straße Lärm zu hören war.*

9.2 Das Futur A1

9.2.1 Das Futur simple 

ⓘ Das Futur ist im französischen Sprachgebrauch wesentlich häufiger anzutreffen als im deutschen, wo man eher auf das Präsens zurückgreift.

Formen

Das Futur simple wird in der Regel vom Infinitivstamm abgeleitet, an den die Futur-Endungen angehängt werden:

Verben auf -er (1. Konjugation) **danser** *tanzen*	**Verben auf -ir (2. Konjugation)** **finir** *beenden*
je danser**ai**	je finir**ai**
tu danser**as**	tu finir**as**
il/elle danser**a**	il/elle finir**a**
nous danser**ons**	nous finir**ons**
vous danser**ez**	vous finir**ez**
ils/elles danser**ont**	ils/elles finir**ont**

Die Verben der dritten Konjugation, die sich zum großen Teil aus unregelmäßigen Verben zusammensetzt, bilden das Futur simple bis auf einige Ausnahmen regelmäßig wie die Verben der Gruppe 1 und 2 (Verben, die das Futur simple mit unregelmäßigem Verbstamm bilden: ▶ unregelmäßige Verben).

Bei den Verben auf -re entfällt das End-e des Infinitivstamms:
prendre *nehmen* → je prendrai, tu prendras, il/elle prendra …
mettre *stellen* → je mettrai, tu mettras, il mettra …
perdre *verlieren* → je perdrai, tu perdras, il perdra …

Die Hilfsverben avoir und être haben im Futur simple unregelmäßige Formen:

avoir *haben*	**être** *sein*
j'**aurai**	je **serai**
tu **auras**	tu **seras**
il/elle **aura**	il/elle **sera**
nous **aurons**	nous **serons**
vous **aurez**	vous **serez**
ils/elles **auront**	ils/elles **seront**

Gebrauch

Das Futur simple verwendet man:

- um Ereignisse oder Zustände, die in der Zukunft liegen, zu beschreiben:
  Il n'est pas là pour l'instant mais il **reviendra** dans un quart d'heure. *Er ist gerade nicht da, aber er **wird** in einer Viertelstunde **zurück sein**.*
  Espérons qu'il **fera** beau demain. *Hoffen wir, dass morgen schönes Wetter ist (**sein wird**).*
  Je **viendrai** quand j'aurai terminé mon A2 travail. *Ich **komme**, wenn ich mit meiner Arbeit fertig bin.*

- bei den Verben avoir und être auch zum Ausdruck einer Vermutung:
  Michel est malade. Il **aura** la B2 grippe. *Michel ist krank. Er **wird** (**vermutlich**) die Grippe **haben**.*
  Il le **saura**. *Er **wird** es **wissen**.*
  D'après moi, elle ne **sera** pas là pendant le week-end. *Soviel ich weiß, **wird** sie am Wochenende nicht da **sein**.*

- gelegentlich in höflichen Anfragen und Bitten:
  Ça **fera** cinq euros, s'il vous plaît. *Das **macht** dann fünf Euro bitte.*
  Vous B2 **permettrez** une question ? ***Gestatten** Sie eine Frage?*

- in Aufforderungen und Geboten:
  Tu ne B2 **tueras** point. *Du **sollst** nicht töten.*
  Cela te **servira** de leçon. *Das **wird** dir eine Lehre **sein**.*

9.2.2 Das Futur composé

A1

Formen und Gebrauch
Das Futur composé wird mit den Formen von aller *gehen* + Infinitiv gebildet:
On **va partir** dans cinq minutes. *In fünf Minuten **brechen** wir **auf**.*

Zur Stellung der Pronomen und der Verneinungselemente beim Futur composé: ▶ 6 8

Das Futur composé wird vorwiegend in der gesprochenen Sprache zum Ausdruck eines unmittelbar bevorstehenden Ereignisses oder einer Absicht gebraucht:
Il pleut. Attends, je **vais** te **donner** un parapluie. *Es regnet. Warte, ich **gebe** dir einen Schirm.*

In den meisten Fällen sind Futur simple und Futur composé austauschbar.

Nicht austauschbar ist jedoch das Futur simple

- im Bedingungssatz (▶ 11.3):
  Si Marie est de retour je lui **parlerai**. *Wenn Marie zurück ist, **werde** ich mit ihr **sprechen**.*
- in Aufforderungen und Geboten:
  Tu **achèteras** une salade en rentrant, s'il te plaît. ***Kaufst** du bitte einen Salat auf dem Heimweg.*
  Tu ne B1 **voleras** pas. *Du sollst nicht stehlen.*
- in Prognosen:
  Demain, il **fera** mauvais temps. *Morgen **werden** wir schlechtes Wetter **haben**.*
- nach adverbialen Bestimmungen wie un jour *eines Tages* und toujours *immer*:
  Un jour, nous **serons** vieux. *Eines Tages **werden** wir alt **sein**.*
- in verneinten Sätzen:
  Je **ne** me le B2 **pardonnerai jamais** ! *Das **werde** ich mir **nie verzeihen**!*

9.2.3 Das Futur antérieur

A2

Formen

Das Futur antérieur wird mit dem Futur simple der Hilfsverben avoir und être und dem Partizip Perfekt des Verbs gebildet:

mit avoir verwendete Verben: **manger** *essen*	**mit être verwendete Verben:** **entrer** *eintreten, betreten*
j'**aurai mangé**	je **serai entré(e)**
tu **auras mangé**	tu **seras entré(e)**
il/elle **aura mangé**	il/elle **sera entré(e)**
nous **aurons mangé**	nous **serons entré(e)s**
vous **aurez mangé**	vous **serez entré(e)s**
ils/elles **auront mangé**	ils/elles **seront entré(e)s**

Das Futur antérieur der Hilfsverben avoir und être wird mit dem Futur simple von avoir + Partizip Perfekt gebildet:

avoir *haben*	**être** *sein*
j'**aurai eu**	j'**aurai été**
tu **auras eu**	tu **auras été**
il/elle **aura eu**	il/elle **aura été**
nous **aurons eu**	nous **aurons été**
vous **aurez eu**	vous **aurez été**
ils/elles **auront eu**	ils/elles **auront été**

Gebrauch

Das Futur antérieur beschreibt Ereignisse, die zu einem zukünftigen Zeitpunkt oder vor einem anderen zukünftigen Geschehen abgeschlossen sind. Im Unterschied zum Französischen verwendet man im Deutschen anstelle des Futur II meist das Perfekt.

Demain matin, ils **seront** déjà **arrivés** à Nice. *Morgen früh **sind** sie schon in Nizza **angekommen (werden sie … angekommen sein)**.*

Quand il **aura gagné** assez d'argent, il s'achètera une nouvelle moto. *Wenn er genug Geld **verdient hat (verdient haben wird)**, wird er sich ein neues Motorrad kaufen.* B2

Übungen

❶ Das Präsens

A1

Geben Sie an, aus welchem Grund das Präsens steht.

1. allgemeingültige Tatsache
2. Zustand dauert bis in Gegenwart
3. unmittelbar bevorstehende Handlung
4. bevorstehendes zukünftiges Ereignis
5. regelmäßig wiederkehrende, gewohnheitsmäßige Handlung
6. Zustand der Gegenwart

a. Attends un instant, je t'accompagne. ☐

b. Nous les connaissons depuis dix ans. ☐

c. Neuf et six font quinze. ☐

d. Le dimanche, nous prenons notre petit déjeuner à dix heures. ☐

e. Aujourd'hui, il fait beau. ☐

f. Ils partent ce soir. ☐

❷ Das Futur simple

A1

Übersetzen Sie die Sätze ins Französische.

a. Wir werden in einer Woche wegfahren.

....

b. Ich verspreche dir, dass das nie wieder passieren (arriver) wird.

....

c. Seine Mutter ist wahrscheinlich fünfzig Jahre alt.

....

d. Bis heute Mittag räumst du dein Zimmer auf!

....

e. Wenn ihr nicht kommt, werden sie traurig sein.

....

Lösungen

1. Das Präsens

a. Attends un instant, je t'accompagne. [3]

b. Nous les connaissons depuis dix ans. [2]

c. Neuf et six font quinze. [1]

d. Le dimanche, nous prenons notre petit déjeuner à dix heures. [5]

e. Aujourd'hui, il fait beau. [6]

f. Ils partent ce soir. [4]

2. Das Futur simple

a. Nous partirons dans une semaine.
b. Je te promets que cela n'arrivera plus.
c. Sa mère aura cinquante ans.
d. Jusqu'à midi tu rangeras ta chambre !
e. Si vous ne venez pas, ils seront tristes.

G Das Futur simple beschreibt Ereignisse oder Zustände, die in der Zukunft liegen. Man verwendet es außerdem zum Ausdruck von Vermutungen, in höflichen Anfragen sowie in Aufforderungen und Geboten.

3 Das Futur composé

A1

Ergänzen Sie die Sätze mit den gegebenen Verben im Futur.

allons … coucher / allez … rendre / va … aller /
vais … accompagner / va … venir

a. Comme c'est assez loin, on ne .... pas y .... à pied.

b. S'il veulent bien, je .... les .... en ville.

c. Est-ce que vous .... leur .... visite ?

d. Ce soir, nous .... nous .... tôt.

e. Elle ne .... pas .... avec nous.

4 Futur simple und Futur composé

A1

Ergänzen Sie die Sätze mit den in Klammern angegebenen Verben. Setzen Sie diese ins Futur simple oder ins Futur composé.

a. J'espère qu'il (faire) .... beau la semaine prochaine.

b. Un jour, on se (revoir) ....

c. Qu'est-ce qu'on (faire) .... après le match ?

d. S'il ne pleut pas, ils (faire) .... une excursion à la mer ce week-end.

5 Das Futur antérieur

A2

Was gehört wozu? Verbinden Sie die Satzteile.

a. Quand son fils aura passé son examen	aurons déménagé.
b. Dans quelques mois, Juliette	déjà partis quand tu arriveras.
c. Nous vous informerons quand nous	il veut faire un voyage au Japon.
d. Pierre et Georges seront	aura terminé ses études.

3. Das Futur composé

a. Comme c'est assez loin, on ne **va** pas y **aller** à pied.
b. S'il veulent bien, je **vais** les **accompagner** en ville.
c. Est-ce que vous **allez** leur **rendre** visite ?
d. Ce soir, nous **allons** nous **coucher** tôt.
e. Elle ne **va** pas **venir** avec nous.

G Beim Futur composé stehen die Pronomen zwischen dem konjugierten Hilfsverb **aller** und dem Infinitiv des Verbs. Die Verneinungsklammer umschließt das Hilfsverb **aller**.

4. Futur simple und Futur composé

a. J'espère qu'il **fera**/qu'il **va faire** beau la semaine prochaine.
b. Un jour, on **se reverra**.
c. Qu'est-ce qu'on **va faire** après le match ?
d. S'il ne pleut pas, ils **feront** une excursion à la mer ce week-end.

G Das Futur composé wird zum Ausdruck von Absichten und zur Beschreibung von Ereignissen verwendet, die in der unmittelbaren Zukunft stattfinden werden. In den meisten Fällen sind Futur simple und Futur composé austauschbar. Nicht austauschbar ist das Futur simple jedoch im Bedingungssatz, in Aufforderungen und Geboten, in Prognosen, nach adverbialen Bestimmungen wie **un jour** *eines Tages* und **toujours** *immer* und in verneinten Sätzen.

5. Das Futur antérieur

a. Quand son fils aura passé son examen il veut faire un voyage au Japon.
b. Dans quelques mois, Juliette aura terminé ses études.
c. Nous vous informerons quand nous aurons déménagé.
d. Pierre et Georges seront déjà partis quand tu arriveras.

G Das Futur antérieur beschreibt Ereignisse, die zu einem zukünftigen Zeitpunkt oder vor einem anderen zukünftigen Geschehen abgeschlossen sind. Im Deutschen verwendet man anstelle des Futur II häufig das Perfekt.

9.3 Die Vergangenheit A1

9.3.1 Das Imparfait A1

Formen

Das Imparfait wird von der 1. Person Plural Präsens abgeleitet, an die die Imparfait-Endungen angehängt werden:

Verben auf -er (1. Konjugation) **danser** *tanzen*	**Verben auf -ir (2. Konjugation)** **finir** *beenden*
je dans**ais**	je fin**issais**
tu dans**ais**	tu fin**issais**
il/elle dans**ait**	il/elle fin**issait**
nous dans**ions**	nous fin**issions**
vous dans**iez**	vous fin**issiez**
ils/elles dans**aient**	ils/elles fin**issaient**

⚡ Die Verben der 3. Konjugation, die sich zum großen Teil aus unregelmäßigen Verben zusammensetzt, bilden das Imparfait nur in wenigen Fällen unregelmäßig (▶ unregelmäßige Verben).

Das Imparfait der Hilfsverben avoir und être:

avoir *haben*	**être** *sein*
j'**avais**	j'**étais**
tu **avais**	tu **étais**
il/elle **avait**	il/elle **était**
nous **avions**	nous **étions**
vous **aviez**	vous **étiez**
ils/elles **avaient**	ils/elles **étaient**

Gebrauch

Das Imparfait beschreibt vergangene Ereignisse oder Zustände:

- die als nicht abgeschlossen betrachtet werden:
  Dans les années 60 la plupart des Allemands **passaient** leurs vacances en Italie. *In den 60er-Jahren* ***verbrachten*** *die meisten Deutschen ihre Ferien in Italien.*

- die sich in der Vergangenheit regelmäßig oder gewohnheitsmäßig wiederholt haben:
  Le soir, ils **écoutaient** toujours la radio. *Abends **hörten** sie immer Radio.*

9.3.2 Das Passé composé

Formen

Das Passé composé wird mit dem Präsens der Hilfsverben avoir und être und dem Partizip Perfekt des Verbs gebildet:

manger *essen*	**entrer** *eintreten*
j'**ai mangé**	je **suis entré(e)**
tu **as mangé**	tu **es entré(e)**
il/elle **a mangé**	il/elle **est entré(e)**
nous **avons mangé**	nous **sommes entré(e)s**
vous **avez mangé**	vous **êtes entré(e)s**
ils/elles **ont mangé**	ils/elles **sont entré(e)s**

Vor allem reflexive Verben und Verben, die eine Bewegungsrichtung und ein Verweilen ausdrücken, bilden das Passé composé mit être (▶ 7.2). Sie gleichen das Partizip in Genus und Numerus an das Subjekt an.

Verben, die das Passé composé mit avoir bilden, gleichen das Partizip nur an ein vorausgehendes direktes Objekt an (▶ 14.1).

Die Hilfsverben avoir und être bilden das Passé composé mit avoir + Partizip Perfekt:

avoir *haben*	**être** *sein*
j'**ai eu**	j'**ai été**
tu **as eu**	tu **as été**
il/elle **a eu**	il/elle **a été**
nous **avons eu**	nous **avons été**
vous **avez eu**	vous **avez été**
ils/elles **ont eu**	ils/elles **ont été**

Gebrauch

Das Passé composé dient zur Beschreibung von Ereignissen und Zuständen:

- die in der Vergangenheit bereits abgeschlossen waren. In dieser Funktion ersetzt es häufig das Passé simple:
  En 1492, Christophe Colomb **a** B2 **découvert** l'Amérique.
  1492 ***hat*** *Christoph Kolumbus Amerika* ***entdeckt.***
  Jeanne d'Arc **a été brûlée** à Rouen. *Jeanne d'Arc* ***wurde*** *in Rouen* ***verbrannt.***
- die sich in der Vergangenheit vollzogen haben, für die Gegenwart aber noch von Bedeutung sind oder deren Folgen in der Gegenwart noch andauern:
  Mes parents **se sont** B1 **mariés** il y a quinze ans. *Meine Eltern* ***haben*** *vor 15 Jahren* ***geheiratet.***
  Annie **s'est cassé** un bras la semaine dernière. *Annie* ***hat sich*** *letzte Woche den Arm* ***gebrochen.***
- die einmalig, aufeinanderfolgend und abgeschlossenen sind:
  Dimanche dernier, nous nous sommes A2 levés tard. Après le petit déjeuner nous avons visité nos amis et le soir nous sommes allés au cinéma. *Letzten Sonntag sind wir spät aufgestanden. Nach dem Frühstück haben wir unsere Freunde besucht und am Abend sind wir ins Kino gegangen.*

Dem deutschen Imperfekt entsprechen im Französischen zwei Vergangenheitsformen, das Imparfait und das Passé composé. Sie werden folgendermaßen verwendet:

Imparfait	**Passé composé**
Hintergrundinformation, Zustand vor der eigentlichen Handlung Was war schon?	**Neu einsetzende Handlungen** Was geschah dann?
C'**était** dimanche, dehors il **pleuvait**, Louis et Julie **étaient** dans le salon. *Es* ***war*** *Sonntag, draußen* ***regnete*** *es. Louis und Julie* ***saßen*** *im Wohnzimmer.*	Luc et Joëlle étaient en chemin quand Luc **a arrêté** la voiture tout d'un coup. *Luc und Joëlle waren unterwegs, als Luc plötzlich* ***anhielt.***

Regelmäßig, gewohnheitsmäßig sich wiederholende Handlungen + vergangene Ereignisse Was geschah immer?	**Fortgang der Handlung als Folge einzelner, einmaliger, abgeschlossener Handlungen:** Was geschah weiter?
Comme tous les dimanches, ils **avaient invité** Luc et Joëlle. *Wie jeden Sonntag **hatten** sie Luc und Joëlle **eingeladen**.*	Il **est retourné** à la maison. Là, il **est descendu** de la voiture et **est allé** dans son bureau. *Er **fuhr** nach Hause zurück. Dort **stieg** er aus dem Auto und **ging** in sein Arbeitszimmer.*
Gleichzeitig verlaufende Handlungen Louis **lisait** le journal, pendant que Julie **écoutait** la radio. *Louis **las** die Zeitung, während Julie Radio **hörte**.*	
Handlungen, die noch andauern …	**… während eine neue Handlung einsetzt**
Le chien **dormait** sous la table, … *Der Hund **schlief** unter dem Tisch, …*	… quand le téléphone **a sonné** *… als das Telefon **klingelte**.*

9.3.3 Das Plus-que-parfait

Formen

Das Plus-que-parfait wird mit dem Imparfait der Hilfsverben avoir und être und dem Partizip Perfekt des Verbs gebildet:

manger *essen*	**entrer** *eintreten, betreten*
j'**avais mangé**	j'**étais entré(e)**
tu **avais mangé**	tu **étais entré(e)**
il/elle **avait mangé**	il/elle **était entré(e)**
nous **avions mangé**	nous **étions entré(e)s**
vous **aviez mangé**	vous **étiez entré(e)s**
ils/elles **avaient mangé**	ils/elles **étaient entré(e)s**

Das Plus-que-parfait der Hilfsverben avoir und être wird mit avoir gebildet:

avoir *haben*	**être** *sein*
j'**avais eu**	j'**avais été**
tu **avais eu**	tu **avais été**
il/elle **avait eu**	il/elle **avait été**
nous **avions eu**	nous **avions été**
vous **aviez eu**	vous **aviez été**
ils/elles **avaient eu**	ils/elles **avaient été**

Gebrauch

Das Plus-que-parfait drückt eine Vorvergangenheit aus: Es beschreibt Ereignisse, die vor anderen Ereignissen der Vergangenheit liegen.

Im Deutschen verwendet man anstelle des Plusquamperfekts gerne das Perfekt. Im Französischen ist dies nicht möglich: Hier, j'ai rencontré une amie que je n'**avais** pas **vue** depuis des mois. *Gestern habe ich eine Freundin getroffen, die ich seit Monaten nicht* ***gesehen habe (gesehen hatte)****.*

9.3.4 Das Passé simple

B1

Formen

Das Passé simple wird aus dem Infinitivstamm gebildet, an den je nach Konjugationsgruppe folgende Endungen angehängt werden:

Verben auf -er (1. Konjugation) **donner** *geben*	**Verben auf -ir (2. Konjugation)** **partir** *weggehen, -fahren*
je donn**ai**	je part**is**
tu donn**as**	tu part**is**
il/elle donn**a**	il/elle part**it**
nous donn**âmes**	nous part**îmes**
vous donn**âtes**	vous part**îtes**
ils/elles donn**èrent**	ils/elles part**irent**

Die Verben der 3. Konjugation, die sich zum großen Teil aus unregelmäßigen Verben zusammensetzt, bilden das Passé simple häufig mit unregelmäßigen Verbstämmen (▶ unregelmäßige Verben).

Sie hängen meist die i-Endungen der zweiten Gruppe an. Es gibt aber auch eine Reihe, die mit „u" beginnende Endungen bildet:

connaître: je conn**us**, tu conn**us**, il/elle conn**ut**
kennen nous conn**ûmes**, vous conn**ûtes**, ils/elles conn**urent**

Das Passé simple der Hilfsverben avoir und être lautet:

avoir *haben*		**être** *sein*	
j'**eus**	nous **eûmes**	je **fus**	nous **fûmes**
tu **eus**	vous **eûtes**	tu **fus**	vous **fûtes**
il/elle **eut**	ils/elles **eurent**	il/elle **fut**	ils/elles **furent**

Gebrauch

ℹ Das Passé simple wird ausschließlich in der geschriebenen Sprache, und hier vorwiegend in literarischen Texten verwendet. Man beschreibt damit abgeschlossene Ereignisse und Zustände der Vergangenheit ohne Gegenwartsbezug. Häufig dient es zu Schilderung historischer Ereignisse. Mit dem Passé simple (wie auch dem Passé composé) schildert man den Hergang einer Handlung, während das Imparfait Hintergrundinformationen liefert:

Le 2 décembre 1804, Napoléon **se couronna** Empereur.
Am 2. Dezember 1804 ***krönte sich*** *Napoleon zum Kaiser.*
Il pleuvait. Monsieur Dupont **prit** son parapluie et **sortit**. Il **fit** signe à un des taxis qui attendaient de l'autre côté de la rue. *Es regnete. Herr Dupont* ***nahm*** *seinen Schirm und* ***ging****. Er* ***winkte*** *eines der Taxis heran, die auf der anderen Straßenseite warteten.*

9.3.5 Das Passé récent

Man verwendet die Konstruktion venir de + Infinitiv um auszudrücken, dass ein Ereignis oder eine Handlung gerade beendet wurde:

Son nouveau livre **vient de paraître**. *Sein neues Buch* ***ist gerade erschienen.***
Elle **venait de rentrer**, quand il a commencé à pleuvoir. *Sie* ***war gerade*** *nach Hause* ***gekommen****, als es anfing zu regnen.*

Übungen

❶ Das Imparfait
Es war einmal ... Setzen Sie die Verben im Imparfait ein. A1

a. Je lui (dire) .... toujours de faire attention.

b. Autrefois, mes grands-parents (vivre) .... en Bavière.

c. L'année dernière nous (être) .... à la mer.

d. Pendant que les autres (dormir) .... encore elle (faire) .... le petit déjeuner.

e. Chaque fois qu'elle le (voir) ...., elle lui (poser) .... la même question.

f. Vous les (connaître) .... déjà depuis longtemps ?

❷ Das Passé composé
Übersetzen Sie die Sätze ins Französische. A1

a. Meine Schwester ist gestern nach Paris gefahren.

....

b. Unsere Freunde haben uns vergangene Woche besucht.

....

c. Ich habe die CD noch nicht gehört, die ihr mir geliehen habt.

....

d. Wir haben den ganzen Tag auf sie gewartet, aber sie ist nicht gekommen.

....

e. Ich finde meine Brille nicht. Hast du sie gesehen?

....

f. Unsere Freunde haben uns vergangene Woche besucht.

....

Lösungen

1. Das Imparfait

a. Je lui disais toujours de faire attention.
b. Autrefois, mes grands-parents vivaient en Bavière.
c. L'année dernière nous étions à la mer.
d. Pendant que les autres dormaient encore, elle faisait le petit déjeuner.
e. Chaque fois qu'elle le voyait, elle lui posait la même question.
f. Vous les connaissiez déjà depuis longtemps ?

G Das Imparfait wird mit dem Stamm der 1. Person Plural Präsens gebildet, an den die Personalendungen angehängt werden. Zu beachten ist der Einschub von -ss- bei den Verben der zweiten Konjugation.

2. Das Passé composé

a. Ma sœur est partie pour Paris hier.
b. Nos amis sont venus nous voir la semaine dernière.
c. Je n'ai pas encore écouté le CD que vous m'avez prêté.
d. Nous l'avons attendue toute la journée, mais elle n'est pas venue.
e. Je ne trouve pas mes lunettes. Est-ce que tu les as vues ?
f. Nos amis sont venus nous voir la semaine dernière.

G Das Passé composé wird mit dem Präsens der Hilfsverben avoir und être und dem Partizip Perfekt des Verbs gebildet. Die meisten Verben bilden das Passé composé mit avoir. Bei den Verben, die das Passé composé mit être bilden, muss das Partizip Perfekt immer angeglichen werden. Bei den Verben, die avoir verwenden, wird es nur an ein vorausgehendes direktes Objekt angeglichen.

❸ Imparfait und Passé composé

A1

Richtig oder falsch? Markieren Sie die Sätze als richtig (✓) oder falsch (✗) und korrigieren Sie sie gegebenenfalls.

a. ☐ Elle était en train de sortir, quand on sonnait.

b. ☐ Le jeudi, nous allions toujours au cinéma.

c. ☐ Aujourd'hui nous nous levions à sept heures.

d. ☐ D'abord elle sortait le chien, puis elle buvait un café et ensuite elle téléphonait à son frère.

e. ☐ Mon mari rentrait toujours à six heures, mais un jour, il est rentré plus tôt.

f. ☐ Nous les connaissions depuis des années.

g. ☐ Avant, leurs voisins ne les ont jamais salués *(grüßen)*.

❹ Das Plus-que-parfait

Setzen Sie die Verben in einer Vergangenheitsform ein (auch andere Formen außer dem Plus-que-parfait).

a. Quand Alain (enfin rentrer) *est enfin rentré* de sa visite chez le médecin, nous (déjà déjeuner) *avions déjà déjeuné*

b. Suzanne (perdre) .... le collier que son mari lui (offrir) .... pour son anniversaire.

c. La semaine dernière, nous (vendre) .... la voiture que nous (acheter) .... il y a six ans.

d. Est-ce que tu (trouver) .... la clé que tu (perdre) .... la semaine dernière ?

e. Hier, je (revoir) .... le couple que nous (rencontrer) .... chez nos amis.

f. Après qu'il (se mettre) .... à beau, nous (partir) ....

3. Imparfait und Passé composé

a. falsch → Elle **était en train** de sortir, quand on **a sonné**.
b. richtig
c. falsch → Aujourd'hui nous nous **sommes levé(e)s** à sept heures.
d. falsch → D'abord elle **a sorti** le chien, puis elle **a bu** un café et ensuite elle **a téléphoné** à son frère.
e. richtig
f. richtig
g. falsch → Avant, leurs voisins ne les **saluaient** jamais.

G Das Imparfait beschreibt vergangene Ereignisse oder Zustände, die nicht abgeschlossen sind, die parallel verlaufen oder die sich in der Vergangenheit regelmäßig oder gewohnheitsmäßig wiederholt haben. Das Passé composé beschreibt Ereignisse, die sich in der Vergangenheit vollzogen haben und abgeschlossen sind, aber für die Gegenwart noch Bedeutung haben. Außerdem braucht man es zur Beschreibung aufeinander folgender, abgeschlossener Handlungen.

4. Das Plus-que-parfait

a. Quand Alain **est enfin rentré** de sa visite chez le medecin, nous **avions déjà déjeuné**.
b. Suzanne **a perdu** le collier que son mari lui **avait offert** pour son anniversaire.
c. La semaine dernière, nous **avons vendu** la voiture que nous **avions achetée** il y a six ans.
d. Est-ce que tu **as trouvé** la clé que tu **avais perdue** la semaine dernière ?
e. Hier, j'**ai revu** le couple que nous **avions rencontré** chez nos amis.
f. Après qu'il s'**était mis** à beau, nous **sommes partis**.

G Das Plus-que-parfait drückt die Vorvergangenheit aus. Es dient zur Beschreibung von Handlungen, die vor anderen Ereignissen der Vergangenheit geschehen sind. Anders als im Deutschen kann das Plusquamperfekt im Französischen nicht durch das Perfekt ersetzt werden.

10 Der Imperativ

Kommt den Menschen nie zu nahe. Sie versuchen, euch zu töten. – Aber gestern hat mir einer den ganzen Abend applaudiert.

Mit dem Imperativ wird ein Befehl, eine Aufforderung, ein Verbot, ein Rat oder eine Bitte geäußert.

Imperativsätze werden im Französischen mit einem Punkt abgeschlossen. Nur nach besonders nachdrücklichen Aufforderungen wird ein Ausrufezeichen gesetzt.

Formen
Der Imperativ hat im Französischen drei Formen, eine Singular- und zwei Pluralformen:

2. Person Singular:	**Montre**-moi la photo. ***Zeig*** *mir das Bild!*
1. Person Plural:	**Laissons**-le tranquille. ***Lassen*** *wir ihn in Ruhe!*
2. Person Plural:	**Venez** le plus vite possible. ***Kommen*** *Sie/* ***Kommt*** *so schnell wie möglich!*

Als Singularform des Imperativs wird stets die 1. Person Singular Präsens verwendet.
Das ist auch bei den Imperativen der Fall, die von unregelmäßigen Verben abgeleitet werden:
Écoute-moi. ***Hör*** *mir zu!*
Ouvre la porte, s'il te plaît. ***Mach*** *bitte die Tür auf!*
Ne **perds** pas la clé. ***Verlier*** *den Schlüssel nicht!*

Mets les fleurs dans l'eau. ***Stell** die Blumen ins Wasser!*
Prenez du pain. ***Nehmen** Sie Brot!*
Rends-moi les CD que tu a pris hier. *Gib mir die CDs zurück, die du gestern mitgenommen hast!*

Die Pluralformen des Imperativs sind mit der 1. und 2. Person Plural Präsens identisch:

Commençons. ***Fangen** wir **an**!/Lasst uns **anfangen**!*
Continuez. ***Macht weiter**!/**Fahren** Sie **fort**!*

Die 2. Person Plural ist zugleich die Höflichkeitsform.

Anders als im Deutschen, bei dem das Personalpronomen im Imperativ der 1. Person Plural und der 2. Person Plural der Höflichkeitsform immer genannt werden muss, entfällt es im Französischen in der Regel:

Il est déjà tard, arrêtons.
*Es ist schon spät, hören **wir** auf!*
Apportez-moi le lait, s'il vous plaît.
*Bringen **Sie**/Bringt mir bitte die Milch!*

Die Verben avoir *haben*, être *sein* und savoir *wissen, können* verwenden zur Bildung des Imperativs die Formen des Subjonctif présent (▶ 12).
Bei aller *gehen* verwendet man für den Imperativ der 2. Person Singular nicht die 1. Person Singular Präsens Indikativ, sondern die 3. Person:

	2. Pers. Sing.	**1. Pers. Pl.**	**2. Pers. Pl.**
avoir *haben*	aie	ayons	ayez
être *sein*	sois	soyons	soyez
aller *gehen*	va	allons	allez
savoir *wissen*	sache	sachons	sachez
vouloir *wollen*	veux (veuille)	voulons	voulez (veuillez)

Soyons prudents. ***Seien*** *wir klug!*
Allez le voir demain. ***Kommen*** *Sie ihn morgen besuchen!*
Veuillez/Voulez-vous me suivre. ***Wollen*** *Sie mir bitte folgen.*
N'**ayez** pas peur. ***Habt*** *keine Angst!/Haben Sie keine Angst!*
Sois patient. ***Hab*** *Geduld!*
Va dans ta chambre. ***Geh*** *in dein Zimmer!*

Endet die Singularform eines Imperativs auf einen Vokal, wird vor en und y ein s bzw. ein t eingefügt, und die Endung wird mit dem nachstehenden Wort verbunden ausgesprochen:

Va-**t**-en ! *Geh!*
Va**s**-y ! *Geh dorthin!*
Pense**s**-y. *Denk daran!*
Achète**s**-en quelques-uns. *Kauf ein paar davon!*

Die Stellung der Reflexiv- und Objektpronomen

- Beim bejahten Imperativ werden die Pronomen und die Adverbialpronomen en und y mit Bindestrich an das Verb angehängt. Besonders zu beachten ist in diesen Fällen, dass die verbundenen Objektpronomen me und te dabei zu moi und toi werden:
  Levons-**nous**. *Stehen* ***wir*** *auf.*
  Ne **l'**oublie pas. *Vergiss* ***es*** *nicht.*
  Donne-**moi** l'eau minérale, s'il te plaît. *Gib* ***mir*** *bitte das Mineralwasser!*
  Laisse-**moi** tranquille ! *Lass* ***mich*** *in Ruhe!*
  Mets-**toi** à sa place, que ferais-tu ? *Versetz* ***dich*** *in seine Lage, was würdest du tun?*
  Montre-**nous** les photos que tu as prises d'elle. *Zeig* ***uns*** *die Fotos, die du von ihr gemacht hast!*
  Prenez-**en**. *Nehmt (doch)* ***davon.***/*Nehmen Sie (doch)* ***davon***!.

- Enthält der Satz zwei Objektpronomen, werden beide mit Bindestrich angeschlossen.
  Dabei gelten die gleichen Regeln wie im Aussagesatz, d. h. nur die direkten Objektpronomen le, la, les können mit einem indirekten Objektpronomen verbunden werden.

Beim Zusammentreffen mehrerer Objektpronomen ist Folgendes zu beachten:

- Treffen ein direktes Objektpronomen der 3. Person (le, la, les) und ein indirektes Objektpronomen der 1. und 2. Person Singular oder Plural (moi, toi, nous, vous) aufeinander, stehen le, la und les unmittelbar hinter dem Verb:
  Donne-**le-moi**, s'il te plaît. *Gib* ***es mir*** *bitte!*
  Montre-**les-nous**. *Zeig* ***sie uns****!*
  Explique-**le-moi**. *Erkläre* ***es mir****.*
  Rends-**les-leur**. *Gib* ***sie ihnen*** *zurück.*

- Treffen zwei direkte Objektpronomen der 2. Person Singular oder Plural und zwei indirekte Objektpronomen der 2. Person Singular oder Plural aufeinander, werden die direkten Objektpronomen mit Bindestrich an das Verb angehängt, die indirekten Objektpronomen müssen hingegen als unverbundene Objektpronomen mit à angehängt werden:
  Présentez-**moi à elle**. *Stellen Sie* ***mich ihr*** *vor!*
  Adresse-**toi à lui**. *Wende* ***dich an ihn****.*

- Die Verbindung von Objektpronomen mit en und y ist nur beim Verb aller *gehen* üblich. Bei allen anderen Verben wird y häufig durch là *dort/dorthin* und en durch de cela *daran*, *davon*, *darüber* usw. ersetzt:
  s'en aller *weggehen*: Va-**t'en** !/Allez-**vous-en** ! *Geh!/Geht!/Gehen* ***Sie (weg)****!*
  aber: Mets-**toi là**. *Setz* ***dich dorthin****!*
  A2 Souviens-**toi de cela**. *Erinnere* ***dich daran****!*
  Oder man greift auf eine Umschreibung, etwa einen Fragesatz, zurück:
  Pourriez-vous **m'en** informer ? *Könnten Sie* ***mich darüber*** *informieren?*

- Beim verneinten Imperativ ist die Stellung der Pronomen und der Adverbialpronomen en und y dieselbe wie im Aussagesatz:
  Ne **le lui** dites pas. *Sagen Sie* ***es ihm*** *nicht!*
  N'y B1 réfléchis plus. *Denk nicht mehr* ***darüber*** *nach!*

Ersatzformen des Imperativs

- Befehle, entschiedene Anweisungen oder Aufforderungen können auch mit dem Futur simple, dem Futur composé oder in Form eines Fragesatzes ausgedrückt werden:
  Vous **resterez** à la maison ! *Ihr **bleibt** zu Hause!*
  Tu **vas** te B1 taire ! ***Wirst** (wohl) endlich still sein!*
  Tu **vas** me **chercher** mes chaussures ? ***Holst** du mir meine Schuhe?*

- In allgemeinen Anweisungen, Verboten, Gebrauchsanweisungen sowie in Kochrezepten wird in der Regel der Infinitiv anstelle des Imperativs verwendet:
  Ne pas B2 **se pencher** au dehors. *Nicht hinaus**lehnen**.*
  B2 **Agiter** avant utilisation. *Vor Gebrauch **schütteln**.*
  Prière de ne pas **fumer**. *Bitte nicht **rauchen**.*
  Ne pas **marcher** sur la pelouse. ***Betreten** des Rasens verboten.*
  Ne pas **plier**. *Nicht **knicken**.*
  À **prendre** trois fois par jour. *Dreimal täglich **einnehmen**.*
  Faire **chauffer** l'huile dans une casserole … *Das Öl in einer Kasserolle **erhitzen** …*
  Faire cuire les pommes de terre pendant dix minutes … *Die Kartoffeln 10 Minuten kochen **lassen** …*
  Ajouter le lait et bien **melanger** le tout. ***Fügen** Sie die Milch **hinzu** und verrühren Sie alles gut.*

- Auskünfte werden auch in Form eines Aussagesatzes im Präsens erteilt:
  Vous **prenez** la deuxième rue à droite, puis vous **allez** tout droit. *Sie **nehmen**/**Nehmen** Sie die zweite Straße rechts und **gehen** dann immer geradeaus.*
  Auch Aufforderungen und Befehle werden in der gesprochenen Sprache mit Aussagesätzen und Intonationsfragen (▶ **20.2**) im Präsens formuliert:
  Vous me **passez** le sel s'il vous plaît ? ***Reichen** Sie mir bitte das Salz?*
  Tu ne **t'en vas** pas maintenant, tu m'**aides** au travail. *Du **gehst** jetzt nicht **weg**, du **hilfst** mir bei der Arbeit.*

- Mit den Modalverben pouvoir *können* und vouloir *wollen* und in Fragesätzen mit Inversion kann der Imperativ ebenfalls umschrieben werden:
  Veux-tu me laisser tranquille ? ***Kannst*** *du mich (jetzt) in Ruhe lassen?*
  Peux-tu enfin me rendre l'argent que je t'ai prêté ? ***Gibst*** *du mir nun endlich das Geld zurück, das ich dir geliehen habe?*
  Voulez-vous enfin arrêter ces B2 bêtises ? ***Wollt*** *ihr wohl endlich mit den Dummheiten aufhören?*

- Will man eine Aufforderung, einen Vorschlag oder eine Bitte besonders höflich äußern, gibt es folgende Möglichkeiten:
  - die Frageform mit s'il te plaît/s'il vous plaît *bitte*:
    Tu **fermes** la fenêtre, s'il te plaît ? ***Machst*** *du bitte das Fenster* ***zu****?*
    Vous **pouvez** parler mois vite, s'il vous plaît? ***Könnten*** *Sie bitte etwas langsamer sprechen?*
    Tu **peux** me prêter ton stylo, s'il te plaît? ***Könntest*** *du mir bitte (mal) deinen Stift leihen?*
  - die Frageform mit Verwendung des Konditionals (▶ **11.1**):
    Vous **pourriez** me montrer le chemin ? ***Könnten*** *Sie mir den Weg zeigen?*
    Tu **pourrais** m'aider? ***Könntest*** *du mir helfen?*
    Pourriez-vous me donner son numéro de téléphone? ***Könnten*** *Sie mir seine/ihre Telefonnummer geben?*
  - die Frageform mit si + Imparfait:
    Et **si** on **allait** au restaurant ? ***Lass(t)*** *uns doch essen gehen! (Und wenn wir essen gingen?)*

Zur Wiedergabe des Imperativs in der indirekten Rede: ▶ 21

Übungen

❶ Die Formen des Imperativs
Übersetzen Sie die Sätze ins Französische. A1

a. Passt auf! ....

b. Lasst uns ins Kino gehen! ....

c. Hab keine Angst (avoir peur)! ....

d. Seid nicht traurig! ....

e. Deck bitte den Tisch! ....

❷ Die Stellung der Pronomen beim bejahten Imperativ
Wandeln Sie die Sätze in einen Imperativ um und ersetzen Sie die blau hervorgehobenen Wörter durch Pronomen. A1

a. Vous apprenez **cette leçon**. ....

b. Tu écris à **tes grands-parents** ? ....

c. Nous allons **à Paris**. ....

d. Tu achètes un kilo **de pommes**. ....

e. Nous accompagnons **Philippe et Françoise**. ....

f. Il faut que vous parliez **de ce problème**. ....

❸ Der verneinte Imperativ
Richtig oder falsch? Markieren Sie die folgenden Sätze als richtig (✓) oder falsch (✗) und korrigieren Sie sie gegebenenfalls. A1

a. ☐ N'y allez pas. ....

b. ☐ Les leur ne montre pas. ....

c. ☐ Ne dis-le-lui pas. ....

d. ☐ N'en mange pas. ....

e. ☐ Ne regarde-moi pas comme ça. ....

f. ☐ Ne l'oublie pas. ....

Lösungen

1. Die Formen des Imperativs

a. Faites attention !
b. Allons au cinéma.
c. N'aie pas peur.
d. Ne soyez pas tristes.
e. Mets la table, s'il te plaît.

G Die Singularform des Imperativs ist identisch mit der 1. Person Singular Präsens, die Pluralformen mit der 1. und 2. Person Plural Präsens. Das Personalpronomen entfällt beim Imperativ.

2. Die Stellung der Pronomen beim bejahten Imperativ

a. Apprenez-la.
b. Écris-leur.
c. Allons-y.
d. Achètes-en un kilo.
e. Accompagnons-les.
f. Parlez-en.

G Beim bejahten Imperativ werden die Pronomen und die Adverbialpronomen en und y mit Bindestrich an das Verb angehängt.
Vor en und y wird ein s an die Imperativendung gehängt, wenn der Imperativ auf einen Vokal endet, und dieser wird mit dem Pronomen verbunden ausgesprochen.

3. Der verneinte Imperativ

a. richtig
b. falsch → Ne les leur montre pas.
c. falsch → Ne le lui dis pas.
d. richtig
e. falsch → Ne me regarde pas comme ça.
f. richtig

G Beim verneinten Imperativ haben die Pronomen und die Adverbialpronomen en und y dieselbe Stellung wie im Aussagesatz.

4 Die Stellung mehrerer Objektpronomen

A1

Ersetzen Sie die hervorgehobenen Wörter durch Pronomen.

a. Montre la photo à Claire et Yves. ....

b. Adressez-vous à la vendeuse. ....

c. Demandons le chemin à cet homme-là. ....

d. Présente-moi à tes parents. ....

e. Expliquez-moi le problème. ....

f. Raconte l'histoire à ta mère. ....

5 Alternative Formen der Aufforderung

Wie sag ich's? Übersetzen Sie die Sätze ins Französische, ohne dabei den Imperativ zu benutzen.

a. Mach bitte die Tür auf!

....

b. Mach weiter!

....

c. Sprechen Sie bitte etwas lauter (plus fort)!

....

d. Nehmen Sie die erste Straße links!

....

e. Rauchen verboten!

....

f. Wirst du dich wohl entschuldigen!

....

g. Könnten Sie mir sagen, wo der Bahnhof ist?

....

4. Die Stellung mehrerer Objektpronomen

a. Montre-la-leur.
b. Adressez-vous à elle.
c. Demandons-le-lui.
d. Présente-moi à eux.
e. Expliquez-le-moi./Expliquez-moi-le.
f. Raconte-la-lui.

G Enthält der Satz zwei Objektpronomen, werden beide mit Bindestrich angeschlossen. Dabei können jedoch wie im Aussagesatz nur die direkten Objekte le, la, les mit einem indirekten Objekt verbunden werden. Bei den direkten Objekten me, te, nous, vous müssen die indirekten Objekte als unverbundene Objektpronomen mit à angehängt werden.

5. Alternative Formen der Aufforderung

a. Tu ouvres la porte, s'il te plaît./ Tu peux ouvrir la porte, s'il te plaît.
b. Tu vas continuer ?/Tu veux continuer ?/Tu continues ?
c. Vous pouvez parler un peu plus fort, s'il vous plaît ?
d. Vous prenez la première rue à gauche.
e. Ne pas fumer !
f. Tu vas t'excuser ! Tu vas présenter tes excuses !
g. Vous pourriez me dire où est la gare ?

G Entschiedene Anweisungen und Aufforderungen können auch mit dem Futur ausgedrückt werden. Bei Verboten und allgemeinen Anweisungen wird der Infinitiv verwendet. Auskünfte werden in der Form eines Aussagesatzes erteilt. Einen Vorschlag oder eine Bitte, die besonders höflich geäußert werden soll, formuliert man häufig als Frage.

11 Der Konditional

Ich hätte gerne im Mittelalter gelebt. – Wieso? – Weil ich dann weniger Geschichte lernen müsste.

11.1 Der Konditional I

Formen

Der Konditional I wird – wie das Futur simple – in der Regel vom Infinitiv des Verbs abgeleitet.
Die Endungen des Konditional I sind mit denjenigen des Imparfait (▶ 9.3.1) identisch:

aimer (1. Konjugation) *lieben, mögen*	**choisir (2. Konjugation)** *(aus)wählen*
j'aimer**ais**	je choisir**ais**
tu aimer**ais**	tu choisir**ais**
il/elle aimer**ait**	il/elle choisir**ait**
nous aimer**ions**	nous choisir**ions**
vous aimer**iez**	vous choisir**iez**
ils/elles aimer**aient**	ils/elles choisir**aient**

Die Verben der dritten Konjugation, die sich zum großen Teil aus unregelmäßigen Verben zusammensetzt, bilden den Konditional I bis auf einige wenige Ausnahmen regelmäßig wie die Verben der Gruppe 1 und 2.

Verben, die den Konditional I mit unregelmäßigem Verbstamm bilden, sind hinten im Buch aufgeführt (▶ unregelmäßige Verben).

⚡ Bei den Verben der 3. Konjugation auf -re entfällt das End-e des Infinitivstamms:

prendre *nehmen* → je prendrais, tu prendrais, il/elle prendrait …
mettre *setzen, stellen* → je mettrais, tu mettrais, il/elle mettrait …
perdre *verlieren* → je perdrais, tu perdrais, il/elle perdrait …

Der Konditional I von avoir, être und aller

Avoir *haben*, être *sein* und aller *gehen* gehören zu den unregelmäßigen Verben und bilden den Konditional wie auch alle anderen Zeiten unregelmäßig:

avoir *haben*	**être** *sein*	**aller** *gehen*
j'aur**ais**	je ser**ais**	j'ir**ais**
tu aur**ais**	tu ser**ais**	tu ir**ais**
il/elle aur**ait**	il/elle ser**ait**	il/elle ir**ait**
nous aur**ions**	nous ser**ions**	nous ir**ions**
vous aur**iez**	vous ser**iez**	vous ir**iez**
ils/elles aur**aient**	ils/elles ser**aient**	ils/elles ir**aient**

B1

11.2 Der Konditional II

Formen

Der Konditional II wird mit den Hilfsverben avoir und être im Konditional I und dem Partizip Perfekt des Verbs gebildet:

envoyer *schicken*	**arriver** *ankommen*
j'**aurais envoyé**	je **serais arrivé(e)**
tu **aurais envoyé**	tu **serais arrivé(e)**
il/elle **aurait envoyé**	il/elle **serait arrivé(e)**
nous **aurions envoyé**	nous **serions arrivé(e)s**
vous **auriez envoyé**	vous **seriez arrivé(e)s**
ils/elles **auraient envoyé**	ils/elles **seraient arrivé(e)s**

Der Gebrauch des Konditional I und II
Der Konditional wird sowohl als Tempus wie als Modus verwendet.

Als Tempus bezeichnet er eine von der Vergangenheit aus gesehene zukünftige Handlung:
Louis savait qu'à ce moment-là elle **serait** déjà **partie**. *Louis wusste, dass sie jetzt bereits **abgereist sein würde**.*
Le médecin vit tout de suite qu'on ne **pourrait** pas l'**aider**. *Der Arzt sah sofort, dass man ihm/ihr nicht **helfen konnte**.*

In temporaler Funktion wird er vor allem in der indirekten Rede gebraucht (▶ 21):
Mon fils m'a promis qu'il **passerait** son examen l'année prochaine. *Mein Sohn hat mir versprochen, dass er nächstes Jahr sein Examen **machen würde**.*
Elle m'a dit qu'elle s'en **occuperait**. *Sie hat mir gesagt, dass sie sich darum **kümmern würde**.*

Als Modus wird er verwendet:

- zur Abschwächung in höflichen Bitten, Aufforderungen, Fragen, Ratschlägen und bei zurückhaltenden Äußerungen: 
  Vous **auriez** la gentillesse de me prêter votre stylo ? *Wären Sie so freundlich und würden mir Ihren Stift leihen?*
  J'**aimerais** bien parler à Monsieur Dufour. *Ich **möchte gerne** mit Herrn Dufour sprechen.*
  On **pourrait** aller voir le nouveau film avec Daniel Auteuil ce soir ? *Wir **könnten** doch heute Abend den neuen Film von Daniel Auteuil anschauen gehen?*
  Tu **ferais** bien de ne pas dépenser tout ton argent. *Du **solltest** besser nicht dein ganzes Geld ausgeben.*
  Elle ne **devrait** pas toujours rester sur ses positions. *Sie **sollte** nicht immer auf ihrer Meinung beharren.*
  A sa place je **ferais** plus de sport. *An seiner/ihrer Stelle **würde** ich (mal) mehr Sport machen.*

- in zweifelnden Fragen:
  Me **serais**-je trompé ? ***Sollte** ich mich getäuscht haben?*
  Aurait-il dit la vérité ? ***Sollte** er die Wahrheit gesagt haben?*

- zur Zurückweisung von Unterstellungen:
  Moi, j'**aurais** dit cela ? *Ich **soll** das **gesagt** haben?*
  Lui, il **aurait menti** ? *Er **soll gelogen** haben?*
- zur Wiedergabe unbestätigter Nachrichten in Presse, Rundfunk und Fernsehen:
  Le ministre **aurait** B2 **démissionné**. *Der Minister **soll zurückgetreten sein.***
  Diane et Jules **auraient divorcé.** *Diane und Jules **sollen sich scheiden lassen haben.***
- zum Ausdruck einer Möglichkeit, eines Wunsches oder einer Annahme:
  Nos voisins **aimeraient bien acheter** une maison, mais ça coûte trop cher. *Unsere Nachbarn **würden** sich **gerne** ein Haus **kaufen**, aber das ist zu teuer.*
  On **aurait pu trouver** une meilleure solution. *Man **hätte** eine bessere Lösung **finden können**.*
- im irrealen Bedingungssatz (▶ **11.3**)

B1 11.3 Der Bedingungssatz

Bedingungssätze werden in der Regel mit si *wenn, falls* gebildet. Sie bestehen aus einem Nebensatz, dem sogenannten si-Satz, der die Bedingung enthält, und dem Hauptsatz, in dem die Folge genannt wird.

Man unterscheidet zwischen realen und irrealen Bedingungssätzen, die jeweils wiederum auf die Gegenwart oder die Vergangenheit bezogen sein können.

Die Bedingung im realen Bedingungssatz ist erfüllbar, im irrealen ist sie nicht erfüllbar oder es ist unwahrscheinlich, dass sie erfüllt werden kann.

⚡ Das deutsche *wenn* wird im Französischen auf unterschiedliche Weise wiedergegeben: mit si, wenn es sich um eine Bedingung handelt, und mit quand (*immer*) *wenn* in temporaler Bedeutung.

Um Fehler zu vermeiden, machen Sie am besten immer die Ersatzprobe:

- Ist *wenn* durch *falls* zu ersetzen → **si**
- Ist *wenn* durch *immer wenn* zu ersetzen → **quand**

Quand tu t'es lavé les dents, ne mange plus de sucreries. *(Immer)*
Wenn du dir die Zähne geputzt hast, iss keine Süßigkeiten mehr.
Si tu continues à manger trop de sucreries, tu auras mal aux dents.
Wenn/Falls du weiter so viele Süßigkeiten isst, bekommst du Zahnweh.

Vor **il** und **ils** wird **si** zu **s'** apostrophiert, vor **elle** und **elles** dagegen nicht:
S'il avait écouté ton conseil, il n'aurait pas eu tant de difficultés.
Wenn er deinen Rat befolgt hätte, hätte er nicht so viele Schwierigkeiten gehabt.
Si elle était restée à la maison, elle n'aurait pas eu cet accident.
Wenn sie zu Hause geblieben wäre, hätte sie diesen Unfall nicht gehabt.

Die Satzstellung im si-Satz ist die gleiche wie im Hauptsatz:

si + Subjekt + Verb + Objekt bzw. adverbiale Bestimmungen

Der si-Satz kann sowohl vor dem Hauptsatz stehen, als auch auf diesen folgen.

Die Zeitenfolge im Bedingungssatz

Der Unterschied zwischen einer realen und einer irrealen Bedingung im si-Satz wird im Französischen durch das Tempus des Verbs ausgedrückt.

Bedingungssatz	Nebensatz = si-Satz	Hauptsatz
Real, auf die Gegenwart bezogen	Präsens	Futur simple, Präsens oder Imperativformen

S'il fait beau, nous allons/irons B2 **nager.** *Wenn das Wetter schön ist, gehen wir schwimmen.*
N'oublie pas les fleurs, si tu viens. *Vergiss die Blumen nicht, wenn du kommst.*

Bedingungssatz	Nebensatz = si-Satz	Hauptsatz
Real, auf die Vergangenheit bezogen	Passé composé	Futur simple, Präsens oder Imperativ

S'ils ont pris le train de 7 h 10, ils nous attendront déjà à la gare. *Wenn sie den Zug um 7 Uhr 10 genommen haben, warten sie bereits am Bahnhof auf uns.*
Si tu as reçu la lettre, fais-le-moi savoir. *Wenn du den Brief bekommen hast, lass es mich wissen.*

Bedingungssatz	Nebensatz = si-Satz	Hauptsatz
Irreal, auf die Gegenwart bezogen	Imparfait	Konditional I

Si j'avais le temps, je resterais encore une semaine. *Wenn ich Zeit hätte, würde ich noch eine Woche bleiben.*
Si j'étais à ta place, je le ferais. *Wenn ich an deiner Stelle wäre, würde ich es machen.*

Bedingungssatz	Nebensatz = si-Satz	Hauptsatz
Irreal, auf die Vergangenheit bezogen	Plus-que-parfait	Konditional II

Si tu avais B2 **arrosé les fleurs, elles n'auraient pas** B2 **dépéri.** *Wenn du die Blumen gegossen hättest, wären sie nicht eingegangen.*
Si j'avais eu le temps, je serais venu(e). *Wenn ich Zeit gehabt hätte, wäre ich gekommen.*

⚡ Anders als im Deutschen darf im si-Satz nie der Konditional oder das Futur verwendet werden.

Übungen

1 Die Formen des Konditional I und II B1
Setzen Sie die richtigen Verbformen ein.

a. Tu (faire) .... bien de rester au lit.

b. Vous (devoir) .... me le dire.

c. Deux gangsters (voler) .... nombre de tableaux précieux.

d. Nous (prendre) .... volontiers une tasse de café, merci.

e. Nos amis (aimer bien) .... émigrer en Amérique du Sud.

2 Si und quand B1
Falls oder wenn? Ergänzen Sie die Konjunktion, je nachdem, ob es sich um einen Bedingungssatz handelt oder nicht.

a. .... tu ranges ton armoire, tu trouveras le pull.

b. .... les enfants sont sages (*brav*), j'irai au cinéma avec eux.

c. .... il fait beau, nous dînons dans le jardin.

d. .... elle ne comprend pas le problème, je le lui expliquerai.

e. Elle peut faire ce qu'elle veut .... ses parents ne sont pas là.

3 Der reale Bedingungssatz B1
Richtig oder falsch? Markieren Sie die folgenden Sätze als richtig (✓) oder falsch (✗) und korrigieren Sie sie gegebenenfalls.

a. ☐ Si tu sors, n'oublie pas tes clés.

b. ☐ Si vous seriez d'accord, je viendrais avec vous.

c. ☐ Si elle est malade, elle devrait rester à la maison.

d. ☐ Nous serions en retard, si tu ne viens pas tout de suite.

e. ☐ Si les chaussures ne sont pas trop chères, je les achèterai.

Lösungen

1. Die Formen des Konditional I und II

a. Tu ferais bien de rester au lit./
Tu aurais bien fait de rester au lit.

b. Vous auriez dû me le dire./
Vous devriez me le dire.

c. Deux gangsters auraient volé nombre de tableaux précieux.

d. Nous prendrions volontiers une tasse de café, merci.

e. Nos amis aimeraient bien émigrer en Amérique du Sud.

G Der Konditional I wird durch Anhängen der Imparfait-Endungen an den Infinitiv gebildet. Der Konditional II wird mit dem Konditional I avoir und être und dem Partizip Perfekt des Verbs gebildet.

2. Si und quand

a. Si tu ranges ton armoire, tu trouveras le pull.

b. Si les enfants sont sages, j'irai au cinéma avec eux.

c. Quand il fait beau, nous dînons dans le jardin.

d. Si elle ne comprend pas le problème, je le lui expliquerai.

e. Elle peut faire ce qu'elle veut quand ses parents ne sont pas là.

G Das deutsche *wenn* wird mit si wiedergegeben, wenn es sich um einen Bedingungssatz handelt. In temporaler Bedeutung wird es mit quand übersetzt. Können Sie bei der Ersatzprobe durch *falls* ersetzen, ist es ein Bedingungssatz; lässt es sich durch (*immer*) *wenn* ersetzen, handelt es sich um einen Temporalsatz.

3. Der reale Bedingungssatz

a. richtig

b. falsch → Si vous êtes d'accord, je viendrai avec vous.

c. falsch → Si elle est malade, elle devra/doit rester à la maison.

d. falsch → Nous serons en retard, si tu ne viens pas tout de suite.

e. richtig

❹ Der irreale Bedingungssatz

B1

Was gehört wozu? Verbinden Sie die Satzteile zu sinnvollen Sätzen.

a. S'ils avaient eu assez d'argent	nous serions venus te chercher.
b. Si j'avais reçu votre invitation à temps,	s'il avait le temps.
c. Si elle savait mieux le français,	je serais venu volontiers.
d. Michel irait au cinéma avec moi,	Sara et Benoît se seraient acheté une nouvelle voiture.
e. Si tu étais arrivé plus tôt,	elle passerait quelque temps en France.

❺ Realer und irrealer Bedingungssatz

B1

Was wäre, wenn … Übersetzen Sie die Bedingungssätze ins Deutsche.

a. S'il avait fait beau hier, nous serions allés à la piscine.

....

b. Elle aimerait bien se reposer, si elle n'avait pas tant de travail.

....

c. Si elle avait fait plus attention, elle n'aurait pas eu d'accident.

....

d. Si mes amis français venaient me voir, je serais content.

....

e. Si on était venus à pied, on ne chercherait pas de parking maintenant.

....

G Im realen Bedingungssatz, der sich auf die Gegenwart bezieht, steht im si-Satz das Präsens, im Hauptsatz das Futur simple, das Präsens oder eine Imperativform. Anders als im Deutschen darf im si-Satz niemals das Futur oder der Konditional verwendet werden.

4. Der irreale Bedingungssatz

a. S'ils avaient eu assez d'argent, Sara et Benoît se seraient acheté une nouvelle voiture.
b. Si j'avais reçu votre invitation à temps, je serais venu volontiers.
c. Si elle savait mieux le français, elle passerait quelque temps en France.
d. Michel irait au cinéma avec moi, s'il avait le temps.
e. Si tu étais arrivé plus tôt, nous serions venus te chercher.

G Im irrealen, auf die Gegenwart bezogenen Bedingungssatz steht im Hauptsatz der Konditional I und im si-Satz das Imparfait. Ist er auf die Vergangenheit bezogen, steht im Hauptsatz der Konditional II und im si-Satz das Plus-que-parfait.

5. Realer und irrealer Bedingungssatz

a. Wenn es gestern schön gewesen wäre, wären wir ins Schwimmbad gegangen.
b. Sie würde sich gerne ausruhen, wenn sie nicht so viel Arbeit hätte.
c. Wenn sie besser aufgepasst hätte, hätte sie keinen Unfall gehabt.
d. Wenn mich meine französischen Freunde besuchen würden, würde ich mich freuen.
e. Wenn wir zu Fuß gegangen wären, würden wir jetzt keinen Parkplatz suchen.

12 Der Subjonctif

B1

Ich fürchte, das ist schlimmer als ich dachte. Ihre Batterie braucht ein neues Auto.

Im Gegensatz zum Indikativ ist der Subjonctif der Modus der subjektiven Stellungnahme, des Zweifelns, der Unsicherheit und der Willensäußerung.

Sätze mit Subjonctif werden in der Regel mit que eingeleitet, das im Deutschen mit *dass* oder *damit* übersetzt wird.

⚡ Der Gebrauch des französischen Subjonctif ist nicht mit dem des deutschen Konjunktivs identisch.

Ein deutscher Konjunktiv, etwa in der indirekten Rede, ist deshalb im Französischen nicht mit einem Subjonctif wiederzugeben:
Mon frère m'a écrit qu'il **avait visité** le Louvre. *Mein Bruder hat mir geschrieben, er **habe** den Louvre **besucht**.*
Elle dit qu'elle ne peut pas venir, elle **a** mal à la tête. *Sie sagt, sie könne nicht kommen, sie **habe** Kopfschmerzen.*

Vielmehr wird der Subjonctif meist durch bestimmte Verben, unpersönliche Wendungen und Konjunktionen ausgelöst.

Der Subjonctif hat vier Zeitstufen: Während der Subjonctif présent und der Subjonctif passé in der gesprochenen und der geschriebenen Sprache Anwendung finden, trifft man den Subjonctif Imparfait und den Subjonctif Plus-que-parfait äußerst selten an und nur in der Literatursprache.

12.1 Der Subjonctif der Gegenwart

Formen

Der Subjonctif présent wird aus dem Stamm der 3. Person Plural Präsens abgeleitet, an den die Subjonctif-Endungen angehängt werden:

ajouter (1. Konjugation) *hinzufügen*	**choisir (2. Konjugation)** *(aus)wählen*
ils **ajout**-ent →	ils **choisiss**-ent →
que j'ajout**e**	que je choisi**sse**
que tu ajout**es**	que tu choisi**sses**
qu'il/elle ajout**e**	qu'il/elle choisi**sse**
que nous ajout**ions**	que nous choisi**ssions**
que vous ajout**iez**	que vous choisi**ssiez**
qu'ils/elles ajout**ent**	qu'ils/elles choisi**ssent**

Die Verben der dritten Konjugation, die sich zum großen Teil aus unregelmäßigen Verben zusammensetzt, bilden den Subjonctif présent häufig mit unregelmäßigen Verbstämmen. Einige häufig auftretende Verben mit unregelmäßigem Stamm sind:

vouloir *machen* → que je veuille …que nous voulions
faire *machen* → que je fasse … que nous fassions
prendre *nehmen* → que je prenne … que nous prenions
savoir *wissen* → que je sache … que nous sachions

Weitere unregelmäßige Verbstämme: ▶ unregelmäßige Verben

Der Subjonctif présent der Hilfsverben avoir und être lautet:

avoir *haben*	**être** *sein*
que j'**aie**	que je **sois**
que tu **aies**	que tu **sois**
qu'il/elle **ait**	qu'il/elle **soit**
que nous **ayons**	que nous **soyons**
que vous **ayez**	que vous **soyez**
qu'ils/elle **aient**	qu'ils/elles **soient**

12.2 Der Subjonctif der Vergangenheit

B2

Formen

Der Subjonctif passé wird mit dem Subjonctif présent der Hilfsverben avoir und être und dem Partizip Perfekt des Verbs gebildet:

jouer *spielen*	**partir** *weggehen, wegfahren*
que j'**aie joué**	que je **sois parti(e)**
que tu **aies joué**	que tu **sois parti(e)**
qu'il/elle **ait joué**	qu'il/elle **soit parti(e)**
que nous **ayons joué**	que nous **soyons parti(e)s**
que vous **ayez joué**	que vous **soyez parti(e)s**
qu'ils/elles **aient joué**	qu'ils/elles **soient parti(e)s**

Die Hilfsverben avoir und être bilden den Subjonctif passé wie folgt:

avoir *haben*	**être** *sein*
que j'**aie eu**	que j'**aie été**
que tu **aies eu**	que tu **aies été**
qu'il/elle **ait eu**	qu'il/elle **ait été**
que nous **ayons eu**	que nous **ayons été**
que vous **ayez eu**	que vous **ayez été**
qu'ils/elles **aient eu**	qu'ils/elles **aient été**

12.3 Der Subjonctif nach Konjunktionen

B2

Nach den folgenden Konjunktionen und Wendungen steht immer der Subjonctif:

- à condition que *unter der Bedingung, dass*
  Je te prête la somme **à condition que** tu me la rendes le plus vite possible. *Ich leihe dir den Betrag,* ***unter der Bedingung, dass*** *du ihn mir so schnell wie möglich zurückzahlst.*
- afin que, pour que *damit*
  Dépêche-toi **afin qu'**ils ne t'attendent pas. *Beeil dich,* ***damit*** *sie nicht auf dich warten müssen.*

- à moins que … (ne) *es sei denn, (dass)/außer wenn*
  Je t'invite à dîner, **à moins que** tu (ne) sois déjà pris ce soir. *Ich lade dich zum Abendessen ein,* ***es sei denn****, du hast heute Abend schon etwas vor.*
- assez + Adj. + pour que *Adj. + genug, dass*
  Je crois qu'il est **assez** vieux **pour qu**'ils **puissent** le laisser seul à la maison. *Ich glaube, er ist alt* ***genug, dass*** *sie ihn allein zu Hause lassen können.*
- avant que … (ne) *bevor*
  Rentrons **avant qu**'il (ne) pleuve. *Gehen wir nach Hause,* ***bevor*** *es regnet.*
- bien que, quoique, malgré que *obwohl*
  Bien qu'il ait beaucoup à faire, il nous accompagne à la gare comme toujours. ***Obwohl*** *er viel zu tun hat, bringt er uns wie immer zum Bahnhof.*
- ce n'est pas que … mais *nicht etwa, dass …, sondern/aber*
  Ce n'est pas que je ne veuille pas venir, **mais** je n'ai pas le temps. ***Nicht etwa, dass*** *ich nicht kommen wollte,* ***aber*** *mir fehlt die Zeit.*
- de peur que … (ne), de crainte que … (ne) *damit nicht*
  Elle marchait sur la pointe des pieds **de peur qu**'on (ne) l'entende. *Sie ging auf Zehenspitzen,* ***damit*** *man sie nicht hört.*
- en attendant que *(in der Zeit) bis*
  En attendant qu'il revienne, je ferai mes courses. ***Bis*** *er zurückkommt, erledige ich meine Einkäufe.*
- jusqu'à ce que *(solange) bis*
  Nous resterons ici, **jusqu'à ce que** nos amis soient de retour. *Wir bleiben hier,* ***bis*** *unsere Freunde zurück sind.*
- pourvu que *vorausgesetzt, (dass)*
  Nous voulons aller au cinéma ce soir, **pourvu qu**'il ne fasse pas mauvais temps. *Wir wollen heute Abend ins Kino gehen,* ***vorausgesetzt****, das Wetter ist nicht schlecht.*
- que … ou non *ob … oder nicht*
  Que tu le veuilles **ou non**, il faut absolument que tu le fasses le plus vite possible. ***Ob*** *du willst* ***oder nicht****, du musst es unbedingt so schnell wie möglich tun.*

- sans que *ohne dass*
  Mon fils a fait la vaisselle **sans que** je ne le lui aie demandé. *Mein Sohn hat das Geschirr gespült, **ohne dass** ich ihn darum gebeten habe.*
- si/aussi + Adj. + que *so + Adj. auch immer*
  Si patiente **qu**'elle puisse être, de temps en temps sa patience est à bout. ***So** geduldig sie **auch immer** sein mag, von Zeit zu Zeit reißt ihr der Geduldsfaden.*
- supposé que, à supposer que *angenommen, (dass)*
  Supposé que vous ayez beaucoup d'argent, qu'est-ce que vous en feriez ? ***Angenommen**, ihr hättet viel Geld, was würdet ihr damit machen?*
- trop + Adj. + pour que *zu + Adj., als dass*
  Il a couru **trop** rapidement **pour que** je puisse le rejoindre. *Er lief **zu** schnell, **als dass** ich ihn hätte einholen können.*

ⓘ Das ne, das in Verbindung mit einigen der Konjunktionen auftritt, ist ein stilistisches Element, das keine verneinende Funktion hat. Dieses sogenannte ne explétif wird nur in der gehobenen geschriebenen Sprache und in förmlichen Kontexten verwendet.

12.4 Der Subjonctif im Nebensatz 

- Im vorangestellten que-Satz steht immer der Subjonctif:
  Qu'elle n'**ait** pas **dit** la vérité, c'est évident. ***Dass** sie nicht die Wahrheit gesagt hat, ist offensichtlich.*
  Aber: Il est évident qu'elle n'**a** pas **dit** la vérité. (= Indikativ) *Es ist offensichtlich, dass sie nicht die Wahrheit **gesagt hat**.*

- Im segmentierten Satz (▶ 20) kann nach den Verben des Fühlens und Wertens (▶ 12.6) anstelle des Subjonctifs auch der Indikativ stehen:
  Ce qui m'inquiète, **c'est qu**'ils ne **sont/soient** pas encore arrivés. *Was mich beunruhigt ist, dass sie noch nicht da **sind**.*
  Ce qui est remarquable, **c'est qu**'il n'**a/ait** pas oublié mon anniversaire. *Was bemerkenswert ist, ist, dass er meinen Geburtstag nicht vergessen hat.*

- Im Relativsatz (▶ 22) steht der Subjonctif, wenn:
  - eine gewünschte Eigenschaft darin zum Ausdruck kommt. Dies ist meist der Fall, wenn im Hauptsatz ein Verb des Wünschens, der Notwendigkeit oder der Annahme steht:
    Je cherche un logement qui **soit** lumineux et ensoleillé. *Ich suche eine Wohnung, die hell und sonnig ist.*
    Der Satz kann dabei auch als Frage oder Bedingungssatz formuliert sein:
    Y a-t-il quelqu'un qui **puisse** me montrer le chemin ? *Gibt es jemanden, der mir den Weg zeigen kann?*
    Si tu connais quelqu'un qui **veuille** acheter une voiture d'occasion, dis-le-moi. *Wenn du jemanden kennst, der ein gebrauchtes Auto kaufen will, sag es mir.*
    Drückt der Relativsatz eine tatsächliche Eigenschaft aus, steht der Indikativ:
    J'ai trouvé un logement qui **est** lumineux et ensoleillé. *Ich habe eine Wohnung gefunden, die hell und sonnig* ***ist.***
  - der Hauptsatz verneint oder eingeschränkt ist:
    Il **n**'y a **rien** que tu **puisses** faire pour moi. *Es gibt* ***nichts,*** *das du für mich tun kannst/könntest.*
    Je connais **peu** d'Allemands qui **sachent** si bien parler le français. *Ich kenne* ***wenige*** *Deutsche, die so gut Französisch sprechen können.*
  - im Hauptsatz ein Superlativ oder ein superlativischer Ausdruck wie le seul, la seule *der/die Einzige*, le premier, la première *der/die Erste*, le dernier, la dernière *der/die Letzte*, l'unique *der/die Einzige* steht:
    C'est **la meilleure** tarte que j'**aie** jamais **mangée.** *Das ist* ***die beste*** *Torte, die ich je gegessen habe.*
    Pierre est **le seul** qui m'**ait aidé.** *Pierre ist* ***der Einzige,*** *der mir geholfen hat.*

Übungen

1 Der Subjonctif Präsens B1
Setzen Sie in den folgenden Sätzen die in Klammern angegebenen Verben in der richtigen Form ein.

a. C'est dommage que vous ne (avoir) .... pas le temps de nous accompagner ce soir.

b. Il faut que vous lui (demander) .... sa permission (*Erlaubnis*).

c. Je connais peu de villes qui (être) .... aussi belles que celle-ci.

d. Vous voulez que je (envoyer) .... le paquet tout de suite ?

e. Il faut que nous lui (écrire) .... le courriel maintenant.

f. Pour être bien il est important que tu (s'entraîner) .... régulièrement.

g. A mon avis il est le seul qui (pouvoir) .... réussir.

2 Der Subjonctif im vorangestellten que-Satz B2
Formulieren Sie die Sätze so um, dass der que-Satz am Satzanfang steht.

a. Il est évident que Paul a menti. *Que Paul ait menti, c'est évident.*

b. Il est sûr que Valérie ne vient pas.

....

c. Il est clair que tu as fait trop de fautes.

....

d. Il est vrai que Marie et Pierre se sont mariés.

....

e. Il est certain que ces jeunes n'ont pas eu de chance.

....

Lösungen

1. Der Subjonctif Präsens

a. C'est dommage que vous n'**ayez** pas le temps de nous accompagner ce soir.
b. Il faut que vous lui **demandiez** sa permission.
c. Je connais peu de villes qui **soient** aussi belles que celle-ci.
d. Vous voulez que j'**envoie** le paquet tout de suite ?
e. Il faut que nous lui **écrivions** le courriel maintenant.
f. Pour être bien il est important que tu **t'entraînes** régulièrement.
g. A mon avis il est le seul qui **puisse** réussir.

G Der Subjonctif Präsens wird vom Stamm der 3. Person Plural Präsens abgeleitet. Die Singularformen und die 3. Person Plural Präsens der 1. Konjunktion sind identisch mit dem Singular Präsens. Die Verben der 2. Konjugation haben im Unterschied zum Indikativ Präsens in allen Singularformen die Stammerweiterung **-iss-**.

2. Der Subjonctif im vorangestellten que-Satz

a. Que Paul **ait menti**, c'est évident.
b. Que Valérie ne **vienne** pas, c'est sûr.
c. Que tu **aies fait** trop de fautes, c'est clair.
d. Que Marie et Pierre **se soient mariés**, c'est vrai.
e. Que ces jeunes n'**aient** pas **eu** de chance, c'est certain.

G Im vorangestellten que-Satz steht immer der Subjonctif. Steht der que-Satz hingegen nach, stehen die Verben im Indikativ.

❸ Der Subjonctif nach Konjunktionen

B2

Was gehört wozu? Verbinden Sie die Satzteile.

a. Bien que nous les connaissions depuis des	les fenêtres avant qu'il pleuve.
b. Nous attendons jusqu'à ce que	années, nous ne savons rien d'eux.
c. Tu peux regarder la télé, à condition	afin que je puisse t'entendre.
d. N'oubliez pas de fermer	notre copain revienne.
e. Tu dois parler plus fort	pourvu qu'il ne fasse pas froid.
f. Le week-end, nous irons à la mer	que tu ne te couches pas trop tard.

❹ Der Subjonctif im Relativsatz

B2

Richtig oder falsch? Markieren Sie die folgenden Sätze als richtig (✓) oder falsch (✗) und korrigieren Sie sie gegebenenfalls.

a. ☐ J'ai enfin trouvé un appartement qui me plaise vraiment.

b. ☐ Nous cherchons une secrétaire qui sache parler l'espagnol.

c. ☐ C'est le film le plus intéressant que j'ai vu depuis longtemps.

d. ☐ Connaissez-vous quelqu'un qui sait réparer un ordinateur ?

e. ☐ Il n'y a personne qui puisse l'aider.

f. ☐ Elle rêve d'un mari qui est énormément riche.

g. ☐ As-tu des jouets avec lesquels les enfants puissent s'occuper ?

h. ☐ C'était la meilleure photo qu'il ait prise d'elle.

i. ☐ Il n'y a que Jean qui puisse trouver une solution à ce problème.

3. Der Subjonctif nach Konjunktionen

a. **Bien que** nous les connaissions depuis des années, nous ne savons rien d'eux.
b. Nous attendons **jusqu'à ce que** notre copain revienne.
c. Tu peux regarder la télé, **à condition que** tu ne te couches pas trop tard.
d. N'oubliez pas de fermer les fenêtres **avant qu'**il pleuve.
e. Tu dois parler plus fort **afin que** je puisse t'entendre.
f. Le week-end, nous irons à la mer **pourvu qu'**il ne fasse pas froid.

G Der Subjonctif steht nach einer ganzen Reihe von Konjunktionen wie **avant que** *bevor*, **bien que** *obwohl*, **à condition que** *unter der Bedingung, dass*, **pourvu que** *vorausgesetzt, dass* und anderen sowie nach bestimmten Wendungen wie **Ce n'est pas que … mais...** *es ist (ja) nicht so, dass … aber*.

4. Der Subjonctif im Relativsatz

a. falsch → J'ai enfin trouvé un appartement qui me plaît vraiment.
b. richtig
c. falsch → C'est le film le plus intéressant que j'aie vu depuis longtemps.
d. falsch → Connaissez-vous quelqu'un qui sache réparer un ordinateur ?
e. richtig
f. falsch → Elle rêve d'un mari qui soit énormément riche.
g. richtig
h. richtig
i. richtig

G Im Relativsatz steht der Subjonctif, wenn der Relativsatz eine gewünschte Eigenschaft ausdrückt. Der Hauptsatz kann dabei auch die Form einer Frage oder eines Bedingungssatzes haben. Drückt der Relativsatz jedoch eine tatsächliche Eigenschaft aus, benutzt man den Indikativ. Ferner verwendet man den Subjonctif, wenn der Hauptsatz verneint oder eingeschränkt ist und wenn im Hauptsatz ein Superlativ oder ein superlativischer Ausdruck steht.

12.5 Der Subjonctif nach bestimmten Verben und Wendungen

B2

Ähnlich wie bestimmte Konjunktionen fordern auch eine Reihe von Verben sowie einige unpersönliche Wendungen den Subjonctif.

Haben Haupt- und Nebensatz dabei das gleiche Subjekt, kann der que-Satz jedoch häufig durch eine Infinitivkonstruktion ersetzt werden. Zwingend stehen muss der Subjonctif, wenn Haupt- und Nebensatz unterschiedliche Subjekte haben:

unterschiedliche Subjekte:	**Ils** doutent que **leur fils** soit reçu au baccalauréat. ***Sie*** *bezweifeln, dass* ***ihr Sohn*** *das Abitur besteht.*
gleiches Subjekt:	**Leur fils** doute d'être reçu au baccalauréat. ***Ihr Sohn*** *bezweifelt, dass* ***er*** *das Abitur besteht.*

Der Subjonctif muss im que-Satz stehen
- nach Verben und Wendungen der Willensäußerung, d. h. nach Verben, die einen Wunsch, eine Notwendigkeit, einen Befehl, einen Vorschlag, eine Erlaubnis, Zustimmung oder Ablehnung ausdrücken:

accepter que *akzeptieren*
admettre que *zulassen, erlauben*
aimer que *mögen*
aimer mieux que *lieber wollen*
attendre que *erwarten*
avoir besoin que *es nötig haben*
avoir envie que *gern wollen*
consentir à ce que *zustimmen*
défendre que *verbieten*
demander que *verlangen*
désirer que *wünschen*
empêcher que *verhindern*
être d'accord que *einverstanden sein*
éviter que *vermeiden*
exiger que *fordern, verlangen*
insister pour que *bestehen auf*
interdire que *verbieten*
ordonner que *befehlen*
permettre que *erlauben, gestatten*
préférer que *vorziehen, lieber wollen*
proposer que *vorschlagen*
recommander que *empfehlen*
refuser que *ablehnen*
souhaiter que *wünschen*
tenir à ce que *Wert legen auf*
tolérer que *ertragen, dulden*
vouloir que *wollen*

Nous **sommes d'accord** que tu prennes la voiture ce soir. *Wir **sind einverstanden**, dass du heute Abend das Auto nimmst.*
Je ne **tolère** pas que vous rentriez si tard. *Ich **dulde** nicht, dass ihr so spät nach Hause kommt.*
Notre voisin **tient à ce qu'**on ne fasse pas de bruit. *Unser Nachbar **legt Wert darauf**, dass man keinen Lärm macht.*

Zu dieser Gruppe gehören auch die folgenden unpersönlichen Wendungen:

il convient que
es ist angebracht
il faut que
es ist nötig, man muss
il est important que
es ist wichtig
il importe que
es ist notwendig
il est inévitable que
es ist unvermeidlich
il est nécessaire que
es ist notwendig
il est souhaitable que
es ist wünschenswert
il est (grand) temps que
es ist (höchste) Zeit
il est urgent que
es ist dringend
il vaut (vaudrait) mieux que
es ist (wäre) besser

Il vaudrait mieux que tu fasses du sport. ***Es wäre besser**, wenn du Sport treiben würdest.*
Il est grand temps que nous partions. ***Es ist höchste Zeit**, dass wir aufbrechen.*
Il faut que tu le leur dises. *Du musst es ihnen sagen.*

- nach Verben und Wendungen des Fühlens und Wertens:

admirer que *bewundern*
approuver que *es begrüßen*
apprécier que *es zu schätzen wissen*
comprendre que *Verständnis haben*
craindre que *fürchten*
critiquer que *kritisieren*
désapprouver que *missbilligen*
s'étonner que *sich wundern*
s'indigner que *sich empören*
avoir honte que *sich schämen*
avoir peur que *Angst haben*
être content que *sich freuen*
être choqué que *schockiert sein*
être déçu que *enttäuscht sein*
être fâché que *verärgert sein*
être fier que *stolz sein*
être heureux que *glücklich sein*
être indigné que *entrüstet sein*

s'inquiéter que
sich sorgen
se plaindre que *sich beklagen*
regretter que *bedauern*
se réjouir que *sich freuen*
être mécontent que
unzufrieden sein
être stupéfait que *verblüfft sein*
être surpris que *überrascht sein*
être triste que *traurig sein*

Je **comprends que** tu sois triste. *Ich **kann verstehen**, dass du traurig bist.*
Elle **est** si **fière que** sa fille ait gagné le premier prix. *Sie **ist** sc **stolz**, dass ihre Tochter den ersten Preis gewonnen hat.*

Zu dieser Gruppe gehören auch die folgenden unpersönlichen Wendungen:

il est agréable que
es ist angenehm
il est amusant que
es ist lustig
il est bizarre que
es ist seltsam
il est bon que
es ist gut
il est compréhensible que
es ist verständlich
il est curieux que
es ist seltsam
il est déplorable que
es ist bedauerlich
il est dommage que
es ist schade
il est ennuyeux que
es ist ärgerlich, lästig
il est étonnant que
es ist erstaunlich
il est étrange que
es ist erstaunlich
il est faux que
es ist falsch
il est inévitable que
es ist unvermeidlich
il est intéressant que
es ist interessant
il est malheureux que
es ist ein Jammer
il est mauvais que
es ist schlecht
il est normal que
es ist normal
il est remarquable que
es ist bemerkenswert
il est surprenant que
es ist erstaunlich
il est triste que
es ist traurig

Il est malheureux que vous n'ayez pas vu ce film. *Es ist ein **Jammer**, dass ihr diesen Film nicht gesehen habt.*
Il est bizarre que tu ne les aies pas rencontrés. *Es ist seltsam, dass du ihnen nicht begegnet bist.*

Der Subjonctif *kann* im que-Satz stehen
- nach Verben des Sagens, Meinens und Denkens wie:

admettre que *zugeben*
affirmer que
behaupten, versichern
annoncer que *ankündigen*
assurer que *versichern*
avoir l'impression que
den Eindruck haben
avouer que *zugeben, einräumen*
constater que *feststellen*
croire que *glauben*
dire que *sagen*
être convaincu que
überzeugt sein
juger que *meinen, glauben*
jurer que *schwören*
penser que *denken*
prétendre que *behaupten*
reconnaître que
zugeben, anerkennen
s'imaginer que *sich vorstellen*
se rappeler que *sich erinnern*
se souvenir que *sich erinnern*
supposer que *vermuten*
soutenir que
(weiter) behaupten, dabei bleiben
trouver que *finden*

⚡ Werden diese Verben in bejahter Form gebraucht, steht im que-Satz der Indikativ.
Stehen sie in einem verneinten Satz, einem Frage- oder Bedingungssatz, wird im que-Satz der Subjonctif verwendet, wenn eine Unsicherheit oder Unwahrscheinlichkeit ausgedrückt werden soll. Wird die Aussage hingegen als Tatsache gesehen, steht der Indikativ:
Je **crois qu**'ils **ont oublié** notre rendez-vous. *Ich glaube, sie **haben** unsere Verabredung **vergessen**.*
Je **n'ai pas l'impression qu**'elle **va/aille** mieux. *Ich **habe nicht den Eindruck, dass** es ihr besser **geht**.*
Vous **pensez que c'est/ce soit** une bonne solution ? ***Denken** Sie, **dass** das eine gute Lösung **ist**?*
Même s'il **prétend que** son ami **est/soit** innocent, je n'en suis pas convaincu. ***Auch wenn** er **behauptet, dass** sein Freund unschuldig **ist**, bin ich davon nicht überzeugt.*

⚡ Nach promettre *versprechen* steht immer der Indikativ:
Je te **promets** que tu **pourras** sortir ce soir. *Ich **verspreche** dir, dass du heute Abend weggehen **kannst**.*

- nach Verben und unpersönlichen Wendungen des Befürchtens, Zweifelns und der Unsicherheit wie:

contester que *bestreiten*	**il est douteux que** *es ist zweifelhaft*
douter que *zweifeln, bezweifeln*	**il est possible/impossible que** *es ist möglich/unmöglich*
ignorer que *nicht wissen*	**il se peut que** *es kann sein*
mettre en doute que *in Zweifel ziehen*	**il est improbable que** *es ist unwahrscheinlich*
nier que *bestreiten, leugnen*	**il semble que** *es scheint*

⚡ Werden diese Verben in verneinter Form, in einem Frage- oder Bedingungssatz gebraucht, steht der Indikativ, wenn die Aussage als Tatsache gesehen wird.
Soll hingegen eine Unsicherheit oder Unwahrscheinlichkeit ausgedrückt werden, verwendet man im que-Satz den Subjonctif.
Werden sie in bejahter Form gebraucht, steht im que-Satz der Subjonctif.
Nous ne **nions** pas **que** vous **avez/ayez** raison. *Wir **bestreiten** nicht, dass Sie recht haben.*
Tu **doutes** qu'il **ait** dit la vérité ? ***Bezweifelst** du, dass er die Wahrheit gesagt hat?*
Même s'**il est improbable qu'il pleuve**, je vais emporter mon parapluie. *Auch wenn **es unwahrscheinlich ist,** dass es regnet, werde ich meinen Schirm mitnehmen.*
Il semble qu'ils **soient** en retard. ***Es scheint**, dass sie sich verspätet haben.*

⚡ Nach il est (im)possible *es ist (un)möglich* steht immer der Subjonctif:
Il est (im)possible qu'ils **soient** déjà **arrivés**. ***Es ist (un)möglich, dass** sie schon **angekommen sind**.*
Il est possible qu'il **fasse** froid cette nuit. ***Es ist möglich**, dass es heute Nacht kalt wird.*

Nach den folgenden unpersönlichen Ausdrücken steht der Subjonctif, wenn sie in verneinter Form gebraucht werden.
Stehen sie in einem Frage- oder Bedingungssatz, kann der Subjonctif oder der Indikativ verwendet werden.
Werden sie in bejahter Form gebraucht, steht im que-Satz der Indikativ:

il est certain que
es ist sicher, es ist gewiss
il est clair que
es ist klar
il est évident que
es ist offensichtlich
il est exact que
es ist richtig, es stimmt
il est probable que
es ist wahrscheinlich
il est sûr que
es ist sicher
il est vrai que
es ist wahr
il est vraisemblable
es ist wahrscheinlich

Il n'est pas certain que le concert **ait lieu.** ***Es ist nicht sicher,*** *dass das Konzert stattfindet.*
Est-il vrai qu'ils **sont/soient** divorcés ? ***Ist es wahr,*** *dass sie geschieden sind?*
Il est évident que **c'était** sa faute. ***Es ist offensichtlich,*** *dass das sein Fehler war.*
Il n'est pas sûr qu'il **vienne.** ***Es ist nicht sicher,*** *dass er kommt.*
Il est très vraisemblable qu'il **a/ait oublié** le rendez-vous. ***Es ist sehr wahrscheinlich,*** *dass er die Verabredung vergessen hat.*

Übungen

1 Der Subjonctif nach Verben der Willensäußerung B2
Ich will! Übersetzen Sie die Sätze ins Französische.

a. Ich erlaube nicht, dass die Kinder in der Woche abends ausgehen.

....

b. Ich hasse es, wenn man mich warten lässt.

....

c. Mein Chef verlangt, dass wir einmal im Monat samstags arbeiten.

....

d. Ich ziehe es vor, dass wir morgen Abend ins Kino gehen.

....

e. Es ist wichtig, dass du regelmäßig trainierst.

....

f. Es wäre besser, wenn wir nicht so spät schlafen gingen.

....

2 Der Subjonctif nach Verben des Fühlens und Wertens B2
Setzen Sie die Verben in Klammern in der richtigen Form ein.

a. Élaine est déçue que ses amis ne (venir) .... pas.

b. Notre voisine s'est plainte que les enfants (faire) .... trop de bruit.

c. Il est ennuyeux que nous (manquer) .... le train.

d. Je crains que nous (se tromper) .... de chemin.

e. C'est dommage que votre équipe ne (pouvoir) .... pas participer à ce match.

f. Il est étonnant qu'elle (apprendre) .... le français si vite.

Lösungen

1. Der Subjonctif nach Verben der Willensäußerung

a. Je ne permets/tolère/veux pas que les enfants sortent le soir en semaine.
b. Je déteste qu'on me fasse attendre.
c. Mon patron exige que nous travaillions le samedi une fois par mois.
d. Je préfère que nous allions au cinéma demain soir.
e. Il est important que tu t'entraînes régulièrement.
f. Il vaudrait mieux que nous ne nous couchions pas trop tard.

G Nach Verben und Wendungen, die einen Wunsch, eine Notwendigkeit, einen Befehl, einen Vorschlag, eine Erlaubnis, Zustimmung oder Ablehnung ausdrücken, steht immer der Subjonctif.

2. Der Subjonctif nach Verben des Fühlens und Wertens

a. Élaine est déçue que ses amis ne **viennent** pas.
b. Notre voisine s'est plainte que les enfants **faisaient/aient** fait trop de bruit.
c. Il est ennuyeux que nous **ayons manqué** le train.
d. Je crains que nous ne nous **soyons trompés** de chemin.
e. C'est dommage que votre équipe ne **puisse** pas participer à ce match.
f. Il est étonnant qu'elle **apprenne** le français si vite.

G Nach Verben des Empfindens und Bewertens sowie Wendungen mit vergleichbarer Bedeutung steht stets der Subjonctif. Auf **espérer** *hoffen* muss jedoch immer der Indikativ folgen.

3 Der Subjonctif nach Verben des Sagens, Denkens und Meinens

B2

Richtig oder falsch? Markieren Sie die Sätze als richtig (✓) oder falsch (✗) und korrigieren Sie sie gegebenenfalls.

a. ☐ Même si je suis convaincu qu'il ait menti, je ne peux pas le prouver.

b. ☐ J'ai l'impression qu'elle n'ait pas travaillé suffisamment.

c. ☐ Mon collègue a dit qu'il va pleuvoir demain.

d. ☐ Je trouve qu'ils aient beaucoup progressé en français.

e. ☐ Nous croyons qu'elle a dit la vérité.

f. ☐ Je ne prétends pas qu'il ait raison.

g. ☐ J'ai l'impression que tu as maigri *(abgenommen)*.

h. ☐ J'espère que ce travail ne soit pas trop ennuyeux.

4 Der Subjonctif nach unpersönlichen Ausdrücken der Gewissheit

B2

Wahr oder nicht wahr? Verneinen Sie die Sätze.

a. Il est vrai qu'elle a quitté son mari.

....

b. Il est évident que vous avez menti.

....

c. Il est certain que nous partons en vacances la semaine prochaine.

....

d. Il est probable qu'ils ont/aient manqué l'avion.

....

e. Il est exact que Louise et Philippe ont démenagé.

....

3. Der Subjonctif nach Verben des Sagens, Denkens und Meinens

a. falsch → Même si je suis convaincu qu'il a menti, je ne peux pas le prouver.
b. falsch → J'ai l'impression qu'elle n'a pas travaillé suffisamment.
c. richtig
d. falsch → Je trouve qu'ils ont beaucoup progressé en français.
e. richtig
f. richtig
g. richtig
h. falsch → J'espère que ce travail n'est pas trop ennuyeux.

G Werden die Verben des Sagens, Denkens und Meinens in bejahter Form gebraucht, steht im que-Satz der Indikativ. Stehen sie in einem verneinten Satz, einem Frage- oder Bedingungssatz, wird im que-Satz der Subjonctif verwendet, wenn eine Unsicherheit oder Unwahrscheinlichkeit ausgedrückt werden soll. Wird die Aussage hingegen als Tatsache gesehen, steht der Indikativ.

4. Der Subjonctif nach unpersönlichen Ausdrücken der Gewissheit

a. Il n'est pas vrai qu'elle ait quitté son mari.
b. Il n'est pas évident que vous ayez menti.
c. Il n'est pas certain que nous partions en vacances la semaine prochaine.
d. Il n'est pas probable qu'ils aient manqué l'avion.
e. Il n'est pas exact que Louise et Philippe aient démenagé.

G Nach unpersönlichen Ausdrücken, die eine Gewissheit ausdrücken, steht der Subjonctif, wenn sie in verneinter Form gebraucht werden. Stehen sie in einem Frage- oder Bedingungssatz, kann der Subjonctif oder der Indikativ verwendet werden. Werden sie in bejahter Form gebraucht, steht im que-Satz der Indikativ.

13 Der Infinitiv

Sie haben eine Fahrkarte nach Aix, der Zug fährt aber nach Paris. – Kommt das oft vor, dass sich der Fahrer so verfährt?

ℹ Der Infinitiv ist die Grundform des Verbs, wie man sie im Wörterbuch findet. Er ist unveränderlich.

Infinitivkonstruktionen zur Verkürzung von Nebensätzen sind im Französischen sehr gebräuchlich. Sie sind vor allem nach bestimmten Konjunktionen, Verben und festen Wendungen anzutreffen und werden im Deutschen häufig durch einen Nebensatz wiedergegeben.

Meistens wird der Infinitiv mit Präpositionen angeschlossen, er kann aber auch direkt angefügt werden.

Wird er verbal gebraucht, kann er mit Ergänzungen erweitert und durch Adverbien näher bestimmt werden.
Wird ein Infinitiv substantivisch verwendet, kann er – so wie ein Substantiv – die Funktion eines Subjekts, Objekts, Attributs oder eines Prädikatsnomens übernehmen.

Bei einigen Substantiven – z. B. A2 le sourire *das Lächeln*, le devoir *die Pflicht*, le dîner *das Abendessen*, le pouvoir *die Macht*, le souvenir *die Erinnerung*, le déjeuner *das Mittagessen* usw. – handelt es sich um substantivierte Infinitive.

Anders als das Deutsche macht das Französische sehr viel weniger Gebrauch von substantivierten Infinitiven.

Formen
Beim Infinitiv wird zwischen dem Infinitiv Präsens und dem Infinitiv Perfekt unterschieden.

Der Infinitiv Präsens hat die Endungen -er, -ir, -re bzw. -oir, die Hinweis auf die Konjugationsgruppe (▶ 7.1) geben.

Der Infinitiv Perfekt wird mit dem Infinitiv von avoir bzw. être und dem Partizip Perfekt gebildet:

Infinitiv Präsens	Infinitiv Perfekt
changer *ändern, verändern*	avoir changé
partir *weggehen, aufbrechen*	être parti(s), partie(s)

⚡ Der Infinitiv Präsens ist unveränderlich, der Infinitiv Perfekt wird angeglichen (▶ 14.1).

Beim Infinitiv Präsens steht die Verneinung geschlossen vor dem Infinitiv und einem unbetonten Personalpronomen oder Adverbialpronomen:
Il vaut mieux **ne plus** en parler. *Es ist besser, **nicht mehr** darüber zu sprechen.*
J'espère **ne jamais** le revoir. *Ich hoffe, ihn **nie** wiederzusehen.*
Je n'ai rien dit pour **ne pas** vous inquiéter. *Ich habe nichts gesagt, um Sie **nicht** zu beunruhigen.*

Beim Infinitiv Perfekt stehen die Verneinungselemente zusammen vor dem Hilfsverb oder einem Personal- oder Adverbialpronomen:
Je regrette **ne pas** avoir dit la vérité. *Er bedauert, **nicht** die Wahrheit gesagt zu haben.*
Elle affirme **ne pas** leur en avoir parlé. *Sie versichert, Ihnen **nichts** davon gesagt zu haben.*

13.1 Der Infinitiv ohne Präposition
Der Infinitiv kann als reiner Infinitiv, d. h. ohne Präposition angeschlossen werden. Häufig gehen ihm jedoch Präpositionen – meist de oder à – voraus.

Der reine Infinitiv steht:

- nach Modalverben:

devoir *müssen*	pouvoir *können*	vouloir *wollen*
faire *veranlassen*	laisser *zulassen*	savoir *wissen, können*
B2 oser *wagen*	B2 sembler/paraître *scheinen*	

Tu **veux venir** avec moi en ville ? ***Willst** du mit mir in die Stadt **kommen**?*
Mon petit frère ne **sait** pas encore **lire.** *Mein kleiner Bruder **kann** noch nicht **lesen**.*
Les élèves **pouvaient rentrer** plus tôt. *Die Schüler **konnten** früher **nach Hause gehen**.*
Tu **sembles être fatigué.** *Du **scheinst müde zu sein**.*
Je n'**ose** pas lui **dire** que j'ai perdu sa montre. *Ich **wage** es nicht, ihr **zu sagen**, dass ich ihre Armbanduhr verloren habe.*

- nach Verben des Sagens, Denkens, Meinens, Erklärens und Behauptens:

Lucien **pensait rentrer** vendredi de son voyage. *Lucien **dachte daran**, am Freitag von seiner Reise **zurückzukehren**.*
Il B1 **assure** avoir fermé la porte à clé. *Er **versichert**, die Tür abgeschlossen **zu haben**.*
Elle **pense avoir fait** une faute. *Sie **denkt**, dass sie einen Fehler **gemacht hat**.*

⚡ Eine Infinitivkonstruktion kann nach diesen Verben nur zum Einsatz kommen, wenn das Subjekt des konjugierten Hauptverbs mit dem des Infinitivs identisch ist, in allen anderen Fällen muss ein que-Satz stehen: B1

Le jeune homme B2 conteste **avoir volé** le CD. *Der Jugendliche bestreitet, die CD **gestohlen zu haben**.*
(Das Subjekt des konjugierten Hauptverbs und das Subjekt des Infinitivs sind identisch → Infinitivkonstruktion.)
Et une cliente confirme **qu'**il n'a pas volé le CD. *Und eine Kundin bestätigt, **dass** er die CD nicht gestohlen hat.*
(Es gibt zwei Subjekte: die Kundin ist Subjekt des konjugierten Verbs im Hauptsatz, il = der junge Mann ist Subjekt im Nebensatz → que-Satz.)

- nach Verben der Willensäußerung und des Wünschens:
  Nous **espérons** vous **revoir** l'an prochain. *Wir **hoffen**, euch nächstes Jahr **wiederzusehen**.*
  J'**adore aller** au théâtre. *Ich **gehe** furchtbar **gern** ins Theater.*
  Ils **préfèrent** ne pas **prendre** la voiture. *Sie **ziehen** es **vor**, nicht mit dem Auto **zu fahren**.*

- nach Verben der Wahrnehmung:
  J'**ai entendu** le voisin **sortir** avec son chien. *Ich **habe gehört**, wie der Nachbar mit seinem Hund **weggegangen ist**.*
  Nous **avons vu** l'avion B2 **s'éloigner**. *Wir **haben gesehen**, wie **sich** das Flugzeug **entfernt hat**.*
  Je me **sens rougir**. *Ich **fühle** wie ich rot werde.*

- nach Verben der Bewegungsrichtung:
  Ma mère m'a envoyé **acheter** du pain. *Meine Mutter hat mich Brot **kaufen** geschickt.*
  Je suis venu vous **dire** au revoir. *Ich bin gekommen, um euch auf Wiedersehen **zu sagen**.*
  Alain passera te **prendre**. *Alain kommt vorbei und **holt** dich **ab**.*

- in indirekten Fragesätzen (▶ 21.3), die Zweifel oder Unsicherheit zum Ausdruck bringen:
  Elle ne sait pas comment l'**apprendre** à son mari. *Sie weiß nicht, wie sie es ihrem Mann **beibringen** soll.*
  Je ne sais pas où **donner** de la tête. *Ich weiß nicht, wo mir der Kopf steht.*

13.2 Der Infinitiv mit Präposition

Meist wird der Infinitiv mit de oder à angeschlossen. Dabei ist de die bei weitem am häufigsten verwendete Präposition.

Es gibt auch Verben, die mit beiden Präpositionen anschließen.

L! Beim Lernen der Verben sollten Sie stets mitlernen, wie ein Infinitiv angeschlossen wird.

Während es für den Anschluss mit der Präposition de keine klaren Verwendungsregeln gibt, gilt für den Anschluss mit der Präposition à Folgendes:

- Der Infinitiv mit à wird häufig zur Angabe der Richtung, des Zwecks oder Zieles gebraucht:
  Nous avons cherché **à comprendre** ce qu'il voulait nous dire.
  Wir haben versucht ***zu verstehen****, was er uns sagen wollte.*
  Ils ont continué **à traverser** la forêt. *Sie sind weiter durch den Wald gegangen.*
  Je suis arrivé **à résoudre** le problème. *Es ist mir gelungen, das Problem* ***zu lösen****.*
  Cet été ils ont commencé **à jouer** au tennis ensemble. *In diesem Sommer haben sie angefangen zusammen Tennis* ***zu spielen****.*

- Die folgenden Verben können den Infinitiv sowohl mit der Präposition à als auch mit de anschließen, ohne dass sich dadurch ihre Bedeutung ändert:

commencer **à**/de *anfangen, beginnen*	Il commence à/de pleuvoir. *Es fängt an zu regnen.*
continuer **à**/de *fortfahren*	Tu continues à/de lire ? *Liest du weiter?*
B2 s'efforcer à/**de** *sich anstrengen/bemühen*	Je m'efforcerai à/d'écrire lisiblement. *Ich werde mich bemühen, leserlich zu schreiben.*

Anmerkung: Die hervorgehobene Variante ist die geläufigere.

13.3 Der Infinitiv zur Verkürzung von Nebensätzen B1

Haben Haupt- und Nebensatz das gleiche Subjekt, wird der Nebensatz häufig durch einen Infinitiv ersetzt.

- Durch eine Infintivkonstruktion ersetzt werden können Relativsätze nach den Superlativen le/la premier/-ière *der/die Erste*, le/la dernier/-ière *der/die Letzte* und le/la seul(e), *der/die Einzige* sowie nach personne *niemand* und rien *nichts*:
  Neil Armstrong a été le premier homme **à marcher** sur la B2 Lune. *Neil Armstrong war der erste Mensch, der den Mond betrat.*
  Elle n'a personne à qui B2 **se confier**. *Sie hat niemanden, dem sie sich anvertrauen kann.*

- Durch eine Infinitivkonstruktion ersetzt werden können Nebensätze, die mit den folgenden Konjunktionen (die in der Regel den Subjonctif nach sich ziehen) eingeleitet werden. Dabei werden die den Nebensatz einleitenden Konjunktionen mit **que** durch die entsprechenden Präpositionen bzw. präpositionalen Ausdrücke ersetzt:

Mit Nebensatz	Mit Infinitiv
avant que *bevor* Il faut encore prendre de B2 l'essence **avant que** nous partions. *Wir müssen noch tanken,* ***bevor*** *wir losfahren.*	**avant de** *bevor* Il faut encore prendre de l'essence **avant de partir**. *Wir müssen noch tanken,* ***bevor*** *wir losfahren.*
après que *nachdem* Elle va au lit **après que** les enfants soient/sont rentrés. *Sie geht zu Bett,* ***nachdem*** *die Kinder nach Hause gekommen sind.*	**après** *nachdem* Elle va au lit **après avoir pris** une douche. *Sie geht zu Bett,* ***nachdem*** *sie geduscht hat.*
afin que, **pour que** *damit* Ses parents font tout **afin qu**'il réussisse à l'examen. *Er tut alles,* ***damit*** *er die Prüfung besteht.*	**afin de**/**pour** *damit* Il fait tout **afin de réussir** à l'examen. Il fait tout **pour réussir** à l'examen. *Er tut alles,* ***um*** *die Prüfung zu bestehen.*
sans que *ohne dass* Elle a perdu son porte-monnaie **sans que** personne s'en soit aperçu. *Sie hat ihr Portemonnaie verloren,* ***ohne dass*** *es jemand bemerkt hätte.*	**sans** *ohne (dass)* Elle a perdu son porte-monnaie **sans** s'en apercevoir. *Sie hat ihr Portemonnaie verloren, ohne es zu bemerken.*

Übungen

1 Infinitiv Präsens und Infinitiv Perfekt A1
Zu lösen oder gelöst zu haben? Ergänzen Sie die Sätze mit einem Infinitiv und fügen Sie wo nötig eine Präposition hinzu.

a. Juliette est heureuse (trouver) .... une si belle robe.

b. Mon père aime (jouer) .... aux cartes.

c. J'ai entendu (chanter) .... les oiseaux.

d. Je te jure (voir) .... Gérard Depardieu hier.

e. Elle était la seule (venir) ....

f. Ce n'est pas facile (trouver) .... une solution à ce problème.

g. Il est accusé (voler) .... son ancien patron.

h. Il prétend me (rendre) .... mon livre il y a un mois.

i. Quand pensez-vous (partir) .... ?

2 Der Infinitiv mit und ohne Präposition A2
Richtig oder falsch? Markieren Sie die folgenden Sätze als richtig (✓) oder falsch (✗) und korrigieren Sie sie gegebenenfalls.

a. ☐ Nous préférons de rester à la maison.

b. ☐ Son père lui fait ranger le garage.

c. ☐ Elle croyait de lui faire plaisir.

d. ☐ Je ne me rappelle pas d'avoir vu cet homme.

e. ☐ Nous ne sommes pas arrivés à résoudre ce problème.

f. ☐ J'essaie à apprendre le français.

g. ☐ Nous sommes contents de revoir nos amis allemands.

h. ☐ Je désire de ne pas être dérangé.

Lösungen

1. Infinitiv Präsens und Infinitiv Perfekt

a. Juliette est heureuse d'avoir trouvé une si belle robe.
b. Mon père aime jouer aux cartes.
c. J'ai entendu chanter les oiseaux.
d. Je te jure avoir vu Gérard Depardieu hier.
e. Elle était la seule à être venue.
f. Ce n'est pas facile de trouver une solution à ce problème.
g. Il est accusé d'avoir volé son ancien patron.
h. Il prétend m'avoir rendu mon livre il y a un mois.
i. Quand pensez-vous partir ?

G Der Infinitiv Präsens ist unveränderlich. Der Infinitiv Perfekt wird angeglichen.

2. Der Infinitiv mit und ohne Präposition

a. falsch → Nous préférons rester à la maison.
b. richtig
c. falsch → Elle croyait lui faire plaisir.
d. falsch → Je ne me rappelle pas avoir vu cet homme.
e. richtig
f. falsch → J'essaie d'apprendre le français.
g. richtig
h. falsch → Je désire ne pas être dérangé.

G Der Infinitiv ohne Präposition steht u. a. nach Verben der Willensäußerung und des Wünschens sowie des Denkens, Meinens, Erklärens und Glaubens. Des Weiteren verwendet man den Infinitiv nach faire *veranlassen*, savoir *wissen* und laisser *zulassen* und den Modalverben pouvoir *können*, vouloir *wollen* und devoir *müssen*.

❸ Der Infinitiv mit à und de

A2

De oder à ? Ergänzen Sie die richtige Präposition.

a. Maman a oublié .... acheter du pain.

b. Elle lui a promis .... être à l'heure.

c. Notre voisin m'a aidé .... chercher le chien.

d. Fais attention .... ne pas casser les verres.

e. Je te remercie .... m'avoir aidé.

f. Ils nous ont invités .... les accompagner.

g. On m'a recommandé .... ne pas y aller.

❹ Der Infinitiv zur Verkürzung von Nebensätzen

B1

Übersetzen Sie die Sätze mit einer Infinitivkonstruktion ins Französische.

a. Sie essen zu Abend, nachdem sie nach Hause gekommen sind.

....

b. Julien ist immer der Letzte, der morgens aufsteht.

....

c. Sie ist eingetreten, ohne Guten Tag zu sagen.

....

d. Jean spart (épargner) sein ganzes Geld, um sich ein Fahrrad zu kaufen.

....

e. Seine Freunde sind alle zusammengekommen, um ihm zu helfen.

....

f. Schließ die Fenster, bevor du das Haus verlässt.

....

3. Der Infinitiv mit à und de

a. Maman a oublié d'acheter du pain.
b. Elle lui a promis d'être à l'heure.
c. Notre voisin m'a aidé à chercher le chien.
d. Fais attention à/de ne pas casser les verres.
e. Je te remercie de m'avoir aidé.
f. Ils nous ont invités à les accompagner.
g. On m'a recommandé de ne pas y aller.

G Die weitaus meisten französischen Verben schließen den Infinitiv mit de an. Der Infinitiv mit à wird häufig zur Angabe der Richtung, des Zwecks oder Zieles gebraucht. Es gibt auch einige Verben wie **commencer** *beginnen*, **continuer** *fortfahren* u. a. die ohne Bedeutungsunterschied sowohl mit à als auch mit de anschließen können.

4. Der Infinitiv zur Verkürzung von Nebensätzen

a. Ils dînent après être rentrés/arrivés à la maison.
b. Julien est toujours le dernier à se lever le matin.
c. Elle est entrée sans dire bonjour.
d. Jean épargne tout son argent pour s'acheter une nouvelle bicyclette.
e. Ses amis se sont tous réunis pour l'aider.
f. Ferme les fenêtres avant de quitter la maison.

G Nebensätze, die mit den Konjunktionen **avant que** *bevor*, **après que** *nachdem*, **sans que** *ohne* und **pour que/afin que** *damit* eingeleitet werden, und Relativsätze nach Superlativen wie **le premier** *der Erste*, **le dernier** *der Letzte* und **le seul** *der Einzige* können durch eine Infinitivkonstruktion ersetzt werden, wenn Haupt- und Nebensatz das gleiche Subjekt haben.

14 Das Partizip und das Gerund

B1

Wie fanden Sie das Beefsteak? – Ganz zufällig, als ich eine Fritte hochgehoben habe.

Wie im Deutschen gibt es auch im Französischen zwei Partizipien – das Partizip Perfekt und das Partizip Präsens – und ein Gerund.

Das Partizip Perfekt wird häufig verwendet, und zwar sowohl in der gesprochenen als auch in der geschriebenen Sprache, während sich das Partizip Präsens fast ausschließlich in der Schriftsprache findet.

Im Unterschied zum Partizip Präsens ist das Gerund auch im gesprochenen Französisch sehr geläufig.

14.1 Das Partizip Perfekt

B1

Formen

Die regelmäßigen Verben bilden das Partizip Perfekt je nach ihrer Zugehörigkeit zu einer der drei Konjugationsgruppen mit der Endung -é, -i oder -u:

Verben auf -er	Verben auf -ir	Verben auf -re
envoy**er** *schicken* → envoy**é** *geschickt*	chois**ir** *(aus)wählen* → chois**i** *(aus)gewählt*	répond**re** *antworten* → répond**u** *geantwortet*

Bei den unregelmäßigen Partizipien (▶ unregelmäßige Verben) sind auch Endungen auf -t und -s geläufig.
Das Partizip Perfekt von avoir und être ist eu bzw. été.

Gebrauch

- Das Partizip Perfekt kann als attributives und prädikatives Adjektiv (▶ 3.3) verwendet werden und richtet sich dann in Genus und Numerus nach dem Substantiv, auf das es sich bezieht:

attributiv	prädikativ
C'est **un** repas B2 rat**é**.	**Le** repas est rat**é**.
Das ist ein misslungenes Essen.	*Das Essen ist misslungen.*
C'est **une** chambre meubl**ée**.	**La** chambre est meubl**ée**.
Das ist ein möbliertes Zimmer.	*Das Zimmer ist möbliert.*
Ce sont **des** vêtements B2 us**és**.	**Les** vêtements sont us**és**.
Das sind abgetragene Kleider.	*Die Kleider sind abgetragen.*
Ce sont **des** assiettes bris**ées**.	**Les** assiettes sont bris**ées**.
Das sind zerbrochene Teller.	*Die Teller sind entzwei.*

- Das Partizip Perfekt dient zusammen mit den Hilfsverben avoir und être zur Bildung der zusammengesetzten Zeiten, darüber hinaus mit dem Hilfsverb être zur Bildung des Passivs (▶ 15):
  Nous **avons reçu** votre lettre. *Wir **haben** euren Brief **bekommen**.*
  La nouvelle piscine **a été ouverte** cet été. *Das neue Schwimmbad **ist** diesen Sommer **eröffnet worden**.*

⚡ Angleichung der Partizipendung

- Wird die zusammengesetzte Zeit mit être gebildet, muss das Partizip Perfekt in Genus und Numerus an das Subjekt angeglichen werden:
  Madeleine est venu**e** nous voir. *Madeleine ist uns besuchen gekommen.*
  Les copines se sont rencontré**es** pour aller au concert ensemble. *Die Freundinnen haben sich getroffen, um zusammen ins Konzert zu gehen.*

- Verben, die die zusammengesetzten Zeiten mit avoir bilden, gleichen nur dann an, wenn dem Partizip Perfekt ein direktes Objekt in Form eines verbundenen Personalpronomens oder des Relativpronomens *vorausgeht*:
  Tu as acheté **les journaux** ? – Ah non, je **les** ai oubli**és**. *Hast du die Zeitungen gekauft? – Oh nein, ich habe sie vergessen.*

Aber: Tu as acheté **les journaux** ? – Ah non, j'ai oublié de **les** acheter. *Hast du die Zeitungen gekauft? – Oh nein, ich habe vergessen die Zeitungen zu kaufen.*
Les livres que tu m'as donn**és** étaient très intéressants. *Die Bücher, die du mir gegeben hast, waren sehr interessant.*

Angeglichen wird das Partizip Perfekt auch, wenn mit den Fragepronomen quel, lequel *welche(r)* oder combien *wie viele* nach dem direkten Objekt gefragt wird:
Combien de **photos** est-ce que tu as pris**es** ? ***Wie viele Fotos** hast du gemacht?*
Quelle robe est-ce que tu as achet**ée** ? ***Welches Kleid** hast du gekauft?*

Bei unpersönlichen Verben und wenn sich das vorausgehende direkte Objekt auf einen nachfolgenden Infinitiv – und nicht auf das Partizip – bezieht, wird jedoch nicht angeglichen:
Tu ne peux pas imaginer B2 **la chaleur** qu'**il a fait** ! *Du kannst dir nicht vorstellen, wie heiß **es war**!*
La robe que **j'ai voulu acheter** n'était plus là. ***Das Kleid**, das ich **kaufen wollte**, war nicht mehr da.*

- Das Partizip Perfekt der reflexiven Verben wird angeglichen, wenn das Reflexivpronomen direktes Objekt ist. Ist das Reflexivpronomen indirektes Objekt, bleibt das Partizip unverändert:
  direktes Objekt: Elles **se** sont décid**ées** à aller au cinéma. *Sie haben sich entschlossen, ins Kino zu gehen.*
  indirektes Objekt: Ma sœur **s**'est acheté de jolies chaussures. *Meine Schwester hat sich hübsche Schuhe gekauft.*
  Das Reflexivpronomen ist immer indirektes Objekt, wenn auf das Verb ein direktes Objekt folgt.

Stehen die Fragewörter quel *welche(r)* oder combien *wie viele* oder ein direktes Objekt (in Form eines Personal- oder eines Relativpronomens) vor dem reflexiven Verb, richtet sich das Partizip Perfekt nach dem direkten Objekt:
La maison qu'on **nous** a offert**e** était trop grande. ***Das Haus, das** man uns angeboten hat, war zu groß.*
Quelle montre s'est-il achet**ée** ? ***Welche Uhr** hat er sich gekauft?*

14.2 Das Partizip Präsens

Das Partizip Präsens ist eine Verbform, die ein Objekt und/oder eine adverbiale Bestimmung bei sich haben kann. Es ist unveränderlich und zeitneutral und kann mit allen Zeiten verbunden werden.

Formen

Das Partizip Präsens wird aus dem Stamm der 1. Person Plural Präsens und der Endung -ant gebildet.

Die Vergangenheitsform wird mit dem Partizip Präsens der Hilfsverben avoir und être und dem Partizip Perfekt des Vollverbs gebildet:

1. Pers. Pl. Präs.	→	Partizip Präsens	Vergangenheitsform
nous arriv-ons	→	**arriv-ant**	**étant arrivé(e/s/es)**
wir kommen an		*ankommend*	*angekommen seiend*
nous finiss-ons	→	**finiss-ant**	**ayant fini** *beendet habend*
wir beenden		*beendend*	
nous vend-ons	→	**vend-ant**	**ayant vendu** *verkauft habend*
wir verkaufen		*verkaufend*	

Nur avoir *haben*, être *sein* und savoir *wissen* bilden das Partizip Präsens unregelmäßig:

avoir → ayant   être → étant   savoir → sachant

⚡ Das Partizip Präsens ist nicht zu verwechseln mit von Verben abgeleiteten Adjektiven, d. h. Verbaladjektiven, die formal mit dem Partizip Präsens identisch sind, jedoch wie alle Adjektive attributiv oder prädikativ verwendet werden und in Genus und Numerus an das jeweilige Bezugswort anzupassen sind:

Partizip Präsens	attributiv ← Verbaladjektiv	→ prädikativ
C'est une question **interéssant** surtout les personnes âgées. *Das ist eine Frage, die vor allem die älteren Menschen interessiert.*	C'est une question intéressant**e**. *Das ist eine interessante Frage.*	Cette question est intéressant**e**. *Diese Frage ist interessant.*

Gebrauch

Das Partizip Präsens wird verwendet zur Verkürzung von

- Relativsätzen mit qui:
  C'est une idée B2 **convainquant** (= qui convainc) tout le monde.
  *Das ist eine Idee, **die** alle **überzeugt**.*
- Nebensätzen, die einen Grund, einen Gegensatz oder eine Konzession angeben:
  Ayant manqué (= parce qu'il a manqué) le train, il ne pouvait pas assister à la réunion. ***Da** er den Zug **verpasst hat**, konnte er nicht an der Besprechung teilnehmen.*
  Il n'arrête pas au feu rouge **sachant** bien (= bien qu'il sache) que c'est défendu. *Er hält nicht vor der roten Ampel, **obwohl er weiß**, dass es verboten ist.*
- Temporalsätzen, die die Gleichzeitigkeit von zwei Handlungen ausdrücken:
  Ouvrant (= quand elle a ouvert) la porte, elle a vu qu'il pleuvait.
  ***Als sie die Tür öffnete**, stellte sie fest, dass es regnete.*

⚡ Anders als im Deutschen kann das Partizip Präsens im Französischen nicht ohne Ergänzung stehen:
Elle regardait les enfants **jouant dans le jardin**. *Sie sah den Kindern zu, **die im Garten spielten**.*
aber: Elle regardait les enfants **qui jouaient**. *Sie sah den Kindern zu, **die spielten** (den spielenden Kindern).*

14.3 Das Gerund

B1

Form

Das Gerund ist unveränderlich und kann mit allen Zeiten gebraucht werden. Es wird mit der Präposition en und dem Partizip Präsens gebildet:

regarder → en regardant écrire → en écrivant

⚡ En steht außerhalb der Verneinungsklammer. Unbetonte Objektpronomen stehen unmittelbar vor einem Gerund:

En ne travaillant **plus** le soir, Pierre pourra voir sa famille plus souvent. *Wenn er **nicht mehr** abends arbeitet, wird Pierre seine Familie öfter sehen können.*
Elle lui demande pardon en **lui** souriant. *Sie bittet ihn um Verzeihung und lächelt **ihn** dabei an.*

Gebrauch
Das Gerund dient zur Verkürzung von Nebensätzen. Dabei muss das Subjekt des Haupt- und des Nebensatzes identisch sein.

Das Gerund ersetzt Nebensätze, die
- die Gleichzeitigkeit zweier Geschehnisse ausdrücken:
  Il écoute la radio **en mangeant**. (= Pendant qu'**il** mange, **il** écoute la radio.) ***Beim Essen** hört er Radio.*
- eine Bedingung ausdrücken:
  En te **dépêchant** (= Si tu te dépêches) tu peux encore attraper le train. ***Wenn du dich beeilst**, kannst du den Zug noch erreichen.*
- einen Gegensatz ausdrücken. Hier wird das Gerund häufig durch tout *ganz, alles* verstärkt:
  Tout en sachant (= bien qu'elle sache) que nous l'attendons, elle prend son temps. ***Obwohl sie genau weiß**, dass wir auf sie warten, lässt sie sich Zeit.*
- die Art und Weise ausdrücken:
  En travaillant dur il a fait B2 carrière. ***Indem (dadurch, dass) er** hart **gearbeitet hat**, hat er Karriere gemacht.*
  Elle lui montre les photos **en riant**. ***Lachend** zeigt sie ihm die Fotos.*

Im Unterschied zum Partizip Präsens kann das Gerund keine Relativ- und Kausalsätze ersetzen, da es sich stets auf das Subjekt bezieht, während sich das Partizip Präsens auf das ihm am nächsten stehende Wort bezieht:
J'ai vu Jules **en sortant** du bureau. ***Ich** habe Jules gesehen, **als ich** das Büro **verließ**.*
aber: J'ai vu **Jules sortant** du bureau. *Ich habe **Jules** gesehen, **als er** das Büro **verließ**.*

Übungen

1 Das Partizip Perfekt und vorausgehende direkte Objekte B1
Setzen Sie die Verben in Klammern ins Passé composé. Achten Sie dabei auf notwendige Angleichungen.

a. Quels sont les films que tu (voir) .... le plus souvent ?

b. Combien de photos est-ce que tu (prendre) .... ?

c. L'histoire que je voulais te raconter, je l' (oublier) ....

d. Tu as vu les belles tomates que nous (acheter) .... ?

2 Die Angleichung des Partizip Perfekt bei reflexiven Verben B1
Richtig oder falsch? Markieren Sie die folgenden Sätze als richtig (✓) oder falsch (✗) und korrigieren Sie sie gegebenenfalls.

a. ☐ Nous nous sommes lavés les mains.

b. ☐ Brigitte s'est cassé une jambe.

c. ☐ Les garçons se sont jeté à l'eau.

d. ☐ Regarde, ce sont les chaussures que je me suis acheté.

e. ☐ Paul et Alice se sont promenés au bord de la mer.

3 Das Partizip Präsens zur Verkürzung von Nebensätzen B1
Übersetzen Sie die Sätze ins Französische. Ersetzen Sie dabei die Nebensätze durch das Partizip Präsens.

a. Der Zug, der nach München fährt (partir pour) kommt in zehn Minuten an.

....

b. Weil sie krank ist, kann sie nicht ins Konzert gehen.

....

c. Wir suchen ein junges Mädchen, das gut Französisch spricht.

....

Lösungen

1. Das Partizip Perfekt und vorausgehende direkte Objekte

a. Quels sont les films que tu as vus le plus souvent ?

b. Combien de photos est-ce que tu as prises ?

c. L'histoire que je voulais te raconter, je l'ai oubliée.

d. Tu as vu les belles tomates que nous avons achetées ?

G Bei vorausgehendem direktem Objekt muss das Partizip Perfekt auch bei den Verben, die die zusammengesetzten Zeiten mit avoir bilden, angeglichen werden. Bezieht sich das Objekt jedoch auf einen nachfolgenden Infinitiv, wird das Partizip Perfekt nicht angeglichen.

2. Die Angleichung des Partizip Perfekt bei reflexiven Verben

a. falsch → Nous nous sommes lavé les mains.

b. richtig

c. falsch → Les garçons se sont jetés à l'eau.

d. falsch → Regarde, ce sont les chaussures que je me suis achetées.

e. richtig

G Ist das Reflexivpronomen direktes Objekt, muss das Partizip Perfekt angeglichen werden. Ist das Reflexivpronomen indirektes Objekt, bleibt das Partizip unverändert. Das Reflexivpronomen ist immer indirektes Objekt, wenn auf das Verb ein direktes Objekt folgt. Steht vor dem reflexiven Verb ein direktes Objekt, richtet sich das Partizip Perfekt nach dem direkten Objekt.

3. Das Partizip Präsens zur Verkürzung von Nebensätzen

a. Le train partant pour Munich va arriver dans dix minutes.

b. Étant malade, elle ne peut pas aller au concert ce soir.

c. Nous cherchons une jeune fille parlant bien le français.

4 Partizip Präsens und Verbaladjektiv B1

Adjektiv oder Verb? Verbinden Sie die Satzteile zu sinnvollen Sätzen.

a. Les histoires qu'il raconte sont	vraiment convainquants (*überzeugend*).
b. C'est une solution étonnant	était très captivant (*spannend*).
c. On a vu plusieurs jeunes hommes	sortant de votre maison.
d. Ses arguments ne sont pas	toujours bien amusantes.
e. Le dernier film avec Audrey Tautou	tout le monde.

5 Das Gerund B1

Ersetzen Sie – wo möglich – die Sätze durch das Gerund.

a. Bien qu'ils soient arrivés trop tard, ils ne se sont pas excusés.

....

b. Quand il prend son bain, ils chante toujours à haute voix.

....

c. Si nos amis ne viennent pas, nous resterons à la maison ce soir.

....

d. J'ai oublié mon parapluie quand je suis parti.

....

e. Si Marie mange trop de chocolat, elle va encore avoir mal au ventre.

....

f. Quand j'ai ouvert la porte de la maison, j'ai senti une odeur de frites.

....

G Das Partizip Präsens dient zur Verkürzung von Temporal-, Kausal- und Konzessivsätzen sowie von Relativsätzen mit qui. Im Unterschied zum Deutschen kann es nie ohne Ergänzung stehen.

4. Partizip Präsens und Verbaladjektiv

a. Les histoires qu'il raconte sont toujours bien amusantes.
b. C'est une solution étonnant tout le monde.
c. On a vu plusieurs jeunes hommes sortant de votre maison.
d. Ses arguments ne sont pas vraiment convainquants.
e. Le dernier film avec Audrey Tautou était très captivant.

G Das Partizip Präsens ist unveränderlich. Man sollte es nicht mit dem formal identischen Verbaladjektiv verwechseln, das vom Verb abgeleitet ist und wie ein Adjektiv sowohl attributiv als auch prädikativ verwendet werden kann und angeglichen wird.

5. Das Gerund

a. Nicht möglich.
b. En prenant son bain, il chante toujours à haute voix.
c. Nicht möglich.
d. J'ai oublié mon parapluie en partant.
e. Nicht möglich.
f. En ouvrant la porte de la maison, j'ai senti une odeur de frites.

G Das Gerund dient zur Verkürzung von Nebensätzen, die eine Bedingung, einen Gegensatz oder eine Art und Weise ausdrücken. Dabei müssen jedoch das Subjekt des Hauptsatzes und das Subjekt des Nebensatzes identisch sein.

15 Das Passiv

B1

Glaubst du, dass jemand auf dem Mond wohnt? – Na klar, da brennt doch jeden Abend Licht.

ℹ Das Passiv wird im Französischen in erster Linie in der Schriftsprache verwendet. Es tritt im Unterschied zum Deutschen seltener auf und wird des öfteren auch durch Umschreibungen ersetzt.

Im Gegensatz zu Aktivkonstruktionen wird in Passivsätzen in der Regel der Urheber der Handlung nicht genannt.
Die im Deutschen gängige Unterscheidung zwischen Vorgangs- und Zustandspassiv spielt im Französischen keine Rolle.

Formen
Das Passiv wird mit dem Hilfsverb être und dem Partizip Perfekt des Vollverbs gebildet. Das Partizip Perfekt wird dabei in Genus und Numerus an das Substantiv oder Pronomen, auf das es sich bezieht, angeglichen:

Präsens	L'histoire **est racontée.** *Die Geschichte **wird erzählt.***
Imparfait	L'histoire **était racontée.** *Die Geschichte **wurde erzählt.***
Passé composé	L'histoire **a été racontée.** *Die Geschichte **ist erzählt worden.***

Plusquamperfekt	L'histoire **avait été racontée.** *Die Geschichte* ***war erzählt worden.***
Passé simple	L'histoire **fut racontée.** *Die Geschichte* ***wurde erzählt.***
Futur I	L'histoire **sera racontée.** *Die Geschichte* ***wird erzählt werden.***
Futur II	L'histoire **aura été racontée.** *Die Geschichte* ***wird erzählt worden sein.***
Konditional I	L'histoire **serait racontée.** *Die Geschichte* ***würde erzählt werden.***
Konditional II	L'histoire **aurait été racontée.** *Die Geschichte* ***würde erzählt worden sein.***
Subjonctif Présent	**...** que l'histoire **soit racontée.** *... dass die Geschichte erzählt wird.*
Subjonctif Passé	**...** que l'histoire **ait été racontée.** *... dass die Geschichte erzählt wurde.*

Gebrauch

- Wie im Deutschen kann das Passiv nur von Verben gebildet werden, die ein direktes Objekt nach sich ziehen. Reflexive und intransitive Verben können kein Passiv bilden:
  Aktiv: Il **a envoyé un courriel.**
  Er ***hat eine E-Mail geschickt.***
  Passiv: **Le courriel a été envoyé** par lui.
  Die E-Mail wurde *von ihm* ***geschickt.***

- Bei der Umformung eines Aktivsatzes in einen Passivsatz wird das direkte Objekt des Aktivsatzes zum Subjekt des Passivsatzes. Das Subjekt des Aktivsatzes wird im Passivsatz zum Urheber. Es kann als Ergänzung an das Verb angeschlossen werden (wird jedoch häufig weggelassen):

Aktiv: Roland a fait la tarte aux pommes.
Roland hat den Apfelkuchen gebacken.

Subjekt	Prädikat	direktes Objekt
Roland	a fait	la tarte aux pommes.
La tarte aux pommes	a été faite	par Roland.
Subjekt	Prädikat	Ergänzung

Passiv: La tarte aux pommes a été faite par Roland.
Der Apfelkuchen wurde von Roland gebacken.

Urheber der Handlung

Der „Urheber" einer Handlung kann mit den Präpositionen par *von, durch* oder de *von* ergänzt werden. Häufiger ist die Verwendung von par. Anders als im Deutschen steht der Urheber im Französischen nicht zwischen Hilfsverb und Partizip, sondern stets nach dem Partizip:

- Die Präpositon par *von, durch* wird vor allem dann benutzt, wenn es sich um einen Vorgang handelt und das Verb in seiner ursprünglichen Bedeutung verwendet wird:
  Ce matin les employés de la banque ont été menacés **par** des gangsters. *Heute morgen sind die Bankangestellten **von** Gangstern bedroht worden.*
  Cet article a été publié **par** Le Monde. *Dieser Artikel wurde **von** Le Monde publiziert.*
  Ce musée a été construit **par** un architecte suisse. *Dieses Museum wurde **von** einem Schweizer Architekten gebaut.*

- Die Präposition de steht dagegen, wenn ein Zustand oder ein Gefühl zum Ausdruck kommt oder das Verb in übertragener Bedeutung gebraucht wird:
  Beaucoup de gens plus âgés sont B2 menacés **du** B2 chômage. *Viele Ältere sind **von** Arbeitslosigkeit bedroht.*
  Les stars sont adorées **de** leurs admirateurs. *Die Stars werden **von** ihren Bewunderern angehimmelt.*
  La route est bordée **d'**arbres. *Die Straße wird **von** Bäumen gesäumt.*

- Wie im Deutschen wird der Urheber im Französischen nur dann genannt, wenn er den Schwerpunkt der Aussage bildet. Ist er jedoch unbekannt, unwichtig oder aber selbstverständlich, entfällt die Angabe:
  Le B2 paratonnerre fut inventé **par** Benjamin Franklin. *Der Blitzableiter wurde* ***von*** *Benjamin Franklin erfunden.*
  Le nouveau président de la République française était élu en été de l'année dernière. *Der neue französische Staatspräsident wurde letztes Jahr im Sommer gewählt.*
  L'année prochaine un nouveau stade **sera construit**. *Im nächsten Jahr* ***wird*** *ein neues Stadion* ***gebaut werden.***

Im Unterschied zum Deutschen kennt das Französische keine formale Unterscheidung zwischen dem Vorgangspassiv, das im Deutschen mit dem Verb *werden* ausgedrückt wird, und dem Zustandspassiv, das im Deutschen mit dem Verb *sein* gebildet wird:

- Vorgangspassiv:
  Les magasins **sont ouverts** à 10 h. *Die Geschäfte* ***werden*** *um 10 Uhr* ***geöffnet.***
  Ce livre **est** beaucoup **lu**. *Dieses Buch* ***wird*** *viel* ***gelesen.***
  Les billets pour le match de football **sont** déjà **vendus**. *Die Karten für das Fußballspiel* ***sind*** *bereits* ***ausverkauft.***

- Zustandspassiv:
  Les magasins **sont ouverts** de 10 à 20 h. *Die Geschäfte* ***sind*** *von 10 bis 20 Uhr* ***geöffnet.***
  Le parc **sera fermé** tous les jours de 22 à 7 heures. *Der Park* ***ist*** *täglich von 22 bis 7 Uhr* ***geschlossen.***
  Si cela arrivait, tout **serait perdu**. *Wenn das geschehen würde,* ***wäre*** *alles* ***verloren.***

Ob es sich um ein Vorgangs- oder ein Zustandspassiv handelt, muss im Französischen aus dem Kontext und der Bedeutung des Verbs erschlossen werden.

Beim Zustandspassiv fehlt häufig eine nähere Bestimmung
→ Les magasins sont ouverts. *Die Geschäfte sind geöffnet.*

Alternative Konstruktionen
Anstelle von Passivkonstruktionen, die sich überwiegend in der Schriftsprache finden, greift man im gesprochenen Französisch gerne auf folgende Alternativkonstruktionen zurück:

- unpersönliches on + Verb im Aktiv
  Diese Form des Passiversatzes ist sehr häufig. Bei der on-Konstruktion bleibt der Urheber stets ungenannt:
  En Suisse, on parle B2 romanche, français, allemand et italien. *In der Schweiz wird Rätoromanisch, Französisch, Deutsch und Italienisch gesprochen.*
  Cette année **on a trouvé** plus de 100 kilos de cocaïne pure dans des sacs de café. *In diesem Jahr **wurden** über 100 Kilo reines Kokain in Kaffeesäcken **gefunden**.*
  Pour son cinquantième anniversaire **on avait organisé** une grande fête. *Zu seinem fünfzigsten Geburtstag **war** ein großes Fest **veranstaltet worden**.*
  Monsieur Dumont, **on** vous **demande** au téléphone. *Herr Dumont, Sie **werden** am Telefon **verlangt**.*
  En Angleterre, **on roule** à gauche. *In England **wird** links **gefahren**.*

- reflexive Verben + Verb im Aktiv
  Die – auch im Deutschen gebräuchliche – Reflexivkonstruktion wird meist dann verwendet, wenn das Subjekt des Passivsatzes eine Sache bezeichnet. Auch bei dieser Form der Passivumschreibung wird der Urheber nicht genannt:
  Les nouveaux ordinateurs portables **se vendent** bien. *Die neuen Laptops **verkaufen sich** gut.*
  Les prix **s'entendent** B2 T.V.A. comprise. *Die Preise **verstehen sich** inklusive MWSt.*
  Le mot « vaisselle » **s'écrit** avec deux s et deux l. *Das Wort „vaisselle" **wird** mit zwei s und zwei l **geschrieben**.*
  Ce mot **s'emploie** seulement dans la langue familière. *Dieses Wort **wird** nur in der Umgangssprache **verwendet**.*
  Ce vin **se boit** plutôt bien frais. *Diesen Wein **trinkt man** eher gut gekühlt.*

- se faire + Infinitiv, se voir + Infinitiv
  Diese Umschreibung des Passivs verwendet man, wenn das Subjekt ein Lebewesen ist. Der Urheber kann bei beiden Konstruktionen genannt werden. Während man se faire + Infinitiv auch in der gesprochenen Sprache hört, wird se voir + Infinitiv vorwiegend in der Schriftsprache gebraucht:
  Pascal **s'est fait offrir** une nouvelle bicyclette par son père. *Pascal **hat sich** ein neues Fahrrad von seinem Vater **schenken lassen**.*
  Aujourd'hui Monique **s'est fait faire** une nouvelle coupe toute moderne chez le coiffeur. *Monique **hat sich** heute beim Friseur einen ganz modernen neuen Haarschnitt **machen lassen**.*
  La moité des employés **s'est fait renvoyer**. *Die Hälfte der Angestellten **wurde entlassen**.*
  Véronique **s'est fait voler** son porte-monnaie. *Véronique **ist** das Portemonnaie **gestohlen worden**.*
  Si tu continues comme ça tu **vas te faire** B2 **attraper**. *Wenn du so weitermachst, **wirst** du **dir** einen Rüffel **einfangen**.*
  En 2008, l'écrivain français Jean-Marie Gustave Le Clézio **s'est vu** B2 **décerner** le prix Nobel. *2008 **wurde** der französische Schriftsteller Jean-Marie Gustave Le Clézio mit dem Nobelpreis **ausgezeichnet**.*
  Ce ministre **se voit confier** les missions les plus délicates. *Diesem Minister **werden** die heikelsten Missionen **anvertraut**.*
  Il **s'est vu retirer** son permis de conduire. *Ihm **wurde** der Führerschein **entzogen**.*

Übungen

1 Die Bildung des Passivs B1

Wie wird's gemacht? Setzen Sie die Sätze ins Passiv.

a. Gustave Eiffel a construit la Tour Eiffel.

....

b. En été, Chabrol tournera un nouveau film.

....

c. Un jeune pianiste inconnu accompagnait la chanteuse.

....

d. On dit qu'un journaliste de l'Observateur a écrit cet article.

....

e. Dans une semaine, nous aurons fini le travail.

....

2 Vorgangspassiv und Zustandspassiv B1

Werden oder sein? Übersetzen Sie die Sätze ins Deutsche.

a. La maison était décorée de fleurs.

....

b. Le lundi, les musées sont fermés.

....

c. Ce livre est beaucoup lu ces temps-ci.

....

d. Le président a été élu en janvier.

....

e. Les pommes bon marché *(preiswert)* sont déjà vendues.

....

Lösungen

1. Die Bildung des Passivs

a. La Tour Eiffel a été construite par Gustave Eiffel.
b. En été, un nouveau film sera tourné par Chabrol.
c. La chanteuse était accompagnée par un jeune pianiste inconnu.
d. On dit que cet article a été écrit par un journaliste de l'Observateur.
e. Dans une semaine, le travail aura été fini.

G Das Passiv wird mit dem Hilfsverb **être** und dem Partizip Perfekt gebildet. Das Partizip Perfekt muss in Genus und Numerus an das Substantiv oder Pronomen, auf das es sich bezieht, angeglichen werden. Bei der Umformung eines Aktivsatzes in einen Passivsatz wird das direkte Objekt des Aktivsatzes zum Subjekt des Passivsatzes. Das Subjekt des Aktivsatzes kann als Urheber an das Verb angeschlossen werden.

2. Vorgangspassiv und Zustandspassiv

a. Das Haus war mit Blumen dekoriert.
b. Montags sind die Museen geschlossen.
c. Dieses Buch wird zurzeit viel gelesen.
d. Der Präsident ist im Januar gewählt worden.
e. Die preiswerten Äpfel sind schon verkauft.

G Das Französische kennt keine formale Unterscheidung zwischen Vorgangs- und Zustandspassiv. Um welche Form des Passivs es sich handelt, muss aus dem Kontext erschlossen werden. Beim Zustandspassiv fehlt häufig eine nähere Bestimmung.

3 Ergänzung mit par und de

B1

Par oder de ? Ergänzen Sie die Sätze.

a. La guerre est détestée .... tout le monde.

b. Les jeunes étaient interrogés *(verhört)* .... la police.

c. Les enfants sont aimés .... leurs parents.

d. Notre patron est bien respecté .... ses employés.

e. La délégation française était accompagnée .... un groupe de journalistes.

f. La montagne était couverte .... neige.

g. Ce ministre est craint *(gefürchtet)* .... tous ses collègues.

4 Alternative Konstruktionen

B1

Übersetzen Sie die Sätze ins Französische. Verwenden Sie dabei jedoch nicht das Passiv, sondern Ersatzkonstruktionen.

a. Das Problem wird nicht leicht zu lösen sein.

....

b. Werden Sie schon bedient?

....

c. Dieser Aperitif wird sehr kalt getrunken.

....

d. Ihm ist der Koffer gestohlen worden.

....

e. Dieses Haus ist 1999 gebaut (construire) worden.

....

f. Er hat sich von seiner Frau neue Hemden kaufen lassen.

....

3. Ergänzung mit par und de

a. La guerre est détestée de tout le monde.
b. Les jeunes étaient interrogés par la police.
c. Les enfants sont aimés de leurs parents.
d. Notre patron est bien respecté de ses employés.
e. La délégation française était accompagnée par un groupe de journalistes.
f. La montagne était couverte de neige.
g. Ce ministre est craint de tous ses collègues.

G Nennt man im Passivsatz den Urheber, wird diese Ergänzung meist mit par *von, durch* angeschlossen. Das gilt vor allem dann, wenn es sich um einen Vorgang handelt und wenn das Verb in seiner ursprünglichen Bedeutung verwendet wird. De *von* steht dagegen, wenn es sich um einen Zustand oder ein Gefühl handelt oder wenn das Verb in übertragener Bedeutung verwendet wird.

4. Alternative Konstruktionen

a. Le problème ne se résoudra pas facilement.
b. On vous sert déjà ?
c. Cet apéritif se boit très froid.
d. Il s'est fait voler sa valise.
e. On a construit cette maison en 1999.
f. Il s'est fait acheter de nouvelles chemises par sa femme.

G Anstelle des Passivs bevorzugt das Französische alternative Aktivkonstruktionen mit on und reflexiven Verben sowie se faire/ se voir + Infinitiv. Bei on und der Reflexivkonstruktion wird der Urheber nicht genannt. Reflexive Verben nimmt man, wenn das Subjekt eine Sache, se faire + Infinitiv, wenn es ein Lebewesen ist.

16 Die Ergänzungen des Verbs

Ich habe beschlossen, eine Diät zu machen. – Isst du deinen Käse dann nicht mehr? – Doch, aber ich esse nur noch die Löcher.

Wie im Deutschen können auch die französischen Verben verschiedene Ergänzungen haben. Manche Verben schließen das Objekt direkt, andere indirekt an; bei einigen ist nur eine, bei anderen sind zwei Ergänzungen möglich. Darüber hinaus unterscheidet man zwischen Verben mit notwendigem und solchen mit fakultativem Objekt.
Als direktes Objekt bezeichnet man im Französischen das Akkusativobjekt, als indirektes Objekt das Dativobjekt. Die Bezeichnungen Akkusativ und Dativ kennt das Französische nicht, gemeint ist aber dasselbe.

Die „Weglassprobe" hilft Ihnen zu erkennen, ob ein Verb zwingend ein Objekt bzw. eine Ergänzung nach sich ziehen muss: Kann man die Ergänzung weglassen und hat noch immer einen sinnvollen Satz, ist die Ergänzung fakultativ. Ist dies nicht der Fall, ist sie obligatorisch:
Pierre **(t')** attend **(à la gare)**. *Pierre wartet (**am Bahnhof auf dich**).*
Lässt man die in Klammern angegebenen Ergänzungen weg, ergibt sich der Satz Pierre attend. *Pierre wartet.* Dieser hat immer noch einen Sinn. Die Ergänzungen sind also fakultativ.
Pierre s'adresse **au conducteur**. *Pierre wendet sich **an den Schaffner**.*
Würde die Ergänzung au conducteur *an den Schaffner* entfallen, wäre der verbleibende Satz Pierre s'adresse. *Pierre wendet sich.* Er ist nicht mehr sinnvoll. Die Ergänzung ist daher notwendig.

16.1 Verben mit einer Ergänzung

Ergänzung mit Objekt

direktes Objekt:
Elle apprend **le français**. *Sie lernt* ***Französisch.***

indirektes Objekt mit à:
Ils pensent **au week-end prochain**. *Sie denken* ***ans kommende Wochenende.***

indirektes Objekt mit de:
Il rêve **d'une nouvelle voiture**. *Er träumt* ***von einem neuen Auto.***

indirektes Objekt mit anderen Präpositionen:
Nous parlons **avec nos voisins**. *Wir sprechen* ***mit unseren Nachbarn.***
Nous nous sommes B2 lancés **dans le travail**. *Wir haben uns* ***in die Arbeit*** *gestürzt.*
Ses amis croient **en lui**. *Seine Freunde glauben* ***an ihn****/vertrauen ihm.*
Le film commence **par l'arrivée du** B2 **héros** à Paris. *Der Film beginnt* ***mit der Ankunft des Helden*** *in Paris.*
Ils s'engagent **pour la** B2 **protection des animaux**. *Sie engagieren sich* ***für den Tierschutz.***
Nous avons compté **sur vous**. *Wir haben uns* ***auf euch*** *verlassen.*

Ergänzung mit Infinitiv

Infinitivergänzung ohne Präposition:
J'adore **faire** du ski. *Ich fahre sehr gerne Ski.*

Infinitivergänzung mit à:
Il commence **à pleuvoir**. *Es fängt an* ***zu regnen.***

Infinitivergänzung mit de:
Nous avons essayé **de** B2 **résoudre** le problème. *Wir haben versucht, das Problem* ***zu lösen.***

Welche Ergänzung ein Verb nach sich zieht, ist im Französischen und Deutschen nicht immer identisch.

L! Es ist deshalb ratsam, die Ergänzungen eines Verbs beim Vokabellernen stets mitzulernen.

Ergänzungen werden folgendermaßen angegeben:

conseiller qc. à qn.	*jdm. zu etw. raten*
conseiller à qn. de faire qc	*jdm. raten, etw. zu tun*
direktes Objekt:	quelque chose (qc.) *etwas (etw.)*
indirektes Objekt (hier mit à):	à ... quelqu'un (qn.) *jemandem (jdm.)*
Infinitivergänzung (hier mit de):	de faire qc. *etw. zu tun*

Die meisten Verben, die im Deutschen ein direktes Objekt nach sich ziehen, werden auch im Französischen mit einem direkten Objekt gebraucht.

Es gibt jedoch im Französischen auch Verben, die ein direktes Objekt nach sich ziehen, während im Deutschen der Dativ, also ein indirektes Objekt, darauf folgt: B1

direktes Objekt im Französischen	Dativobjekt im Deutschen
aider qn.	*jdm. helfen*
assister qn.	*jdm. beistehen*
B2 contredire qn.	*jdm. widersprechen*
croire qn.	*jdm. glauben*
féliciter qn.	*jdm. gratulieren*
B2 flatter qn.	*jdm. schmeicheln*
B2 fuir qn./qc.	*vor jdm./etw. fliehen*
remercier qn.	*jdm. danken*
suivre qn.	*jdm. folgen; jdn. verfolgen*

Je **vous** remercie d'être venu. *Ich danke **Ihnen**, dass Sie gekommen sind.*
Nous **te** félicitons de ton succès. *Wir gratulieren **dir** zu deinem Erfolg.*

Umgekehrt gibt es im Französischen Verben, die mit einem indirekten Objekt konstruiert werden, während im Deutschen mit dem Akkusativ, also einem indirekten Objekt, angeschlossen wird:

indirektes Objekt im Französischen	Akkusativobjekt im Deutschen
avoir besoin de qc.	*etw. brauchen*
demander à qn.	*jdn. fragen*
jouer à qc.	*etw. spielen*
B2 mentir à qn.	*jdn. anlügen, belügen*
rappeler qc. à qn.	*jdn. an etw. erinnern*
rendre visite à qn.	*jdn. besuchen*
téléphoner à qn.	*jdn. anrufen*

Gelegentlich ändert sich die Bedeutung eines Verbs, je nachdem, mit welcher Ergänzung es steht. Dies ist der Fall bei den folgenden Verben:

assister qn.	*jdm. beistehen*
assister à qc	*bei etw. dabei sein*
demander qc.	*etw. erfordern, verlangen*
demander qn.	*nach jdm. fragen, jdn. verlangen*
demander à qn.	*jdn. fragen*
demander qc. à qn.	*jdn. um etw. bitten*
manquer à qn.	*jdm. fehlen*
manquer qc.	*etw. verpassen, versäumen*
manquer à qc.	*gegen etw. verstoßen*
manquer de qc.	*von etw. nicht genug haben*
parler à qn.	*mit jdm. sprechen*
parler de qn./qc.	*von jdm./etw. sprechen*
parler à qn. de qc./qn.	*jdm. von etw./jdm. erzählen*
passer qc.	*etw. überschreiten, überqueren*
passer à qc.	*zu etw. übergehen*
passer pour	*gelten als*
passer qc. à qn.	*jdm. etw. reichen*

16.2 Verben mit zwei Ergänzungen

Wie im Deutschen können bestimmte Verben gleichzeitig mehrere Ergänzungen nach sich ziehen. Handelt es sich dabei um ein Sach- und ein Personenobjekt, ist meist das Sachobjekt das direkte Objekt: Das Deutsche und das Französische entsprechen einander dabei weitgehend, aber nicht immer.

direktes Objekt + indirektes Objekt ohne Präposition

Il faut toujours **lui** (ind. Obj.) rappeler **ses promesses** (dir. Obj.).
*Man muss **ihn** (Akk.obj.) immer **an seine Versprechen** (Akk.obj.) erinnern.*

Ses amis **lui** (ind. Obj.) ont offert **un livre** (dir. Obj.) pour son anniversaire. *Seine/Ihre Freunde haben **ihm/ihr*** (Dat.obj.) ***ein Buch*** (Akk.obj.) *zum Geburtstag geschenkt.*

direktes Objekt + indirektes Objekt mit à:

Il a confié B2 **son secret** (dir. Obj.) **à ses amis** (indir. Obj.).
*Er hat **seinen Freunden*** (Dat.obj.) ***sein Geheimnis*** (Akk.obj.) *anvertraut.*

Nous avons demandé **le chemin** (dir. Obj.) **à un passant** (ind. Obj.). *Wir haben **einen Passanten*** (Akk.obj.) ***nach dem Weg*** (Dat. obj.) *gefragt.*

direktes Objekt + indirektes Objekt mit de:

Je **vous** (ind. Obj.) remercie **de votre aide** (dir. Obj.).
*Ich danke **Ihnen*** (Dat.obj.) ***für Ihre Hilfe*** (Akk.obj.).

Je **me** (dir. Obj.) suis aperçu **de mon erreur** (ind. Obj. mit de). *Ich habe **meinen Irrtum*** (Akk.obj.) *bemerkt.*

direktes Objekt + Infinitivergänzung ohne Präposition:

Nous espérons y **rencontrer** (Inf.erg.) **notre ami** (dir. Obj.).
*Wir hoffen, **unseren Freund*** (Akk.obj.) *dort **zu treffen*** (Inf.erg.).

Les deux garçons prétendent **avoir vu** (Inf.erg.) **le cambrioleur** (dir. Obj.). *Die beiden Jungen behaupten, sie hätten **den Einbrecher*** (Akk.obj.) *gesehen.*

direktes Objekt + Infinitivergänzung mit à:

Luc n'a pas pensé **à acheter** (Inf.erg.) **du lait** (dir. Obj.).
Luc hat nicht daran gedacht, ***Milch*** (Akk.obj.) ***zu kaufen*** (Inf.erg.).

Nous cherchons **à trouver** (Inf.erg. mit à) **une solution** (dir. Obj.).
Wir versuchen, ***eine Lösung*** (Akk.obj.) ***zu finden*** (Inf.erg.).

direktes Objekt + Infinitivergänzung mit de:

Ils **m'** (dir. Obj.) ont persuadé **d'aller** (Inf.erg.) au cinéma.
Sie haben ***mich*** (Akk.obj.) *überredet ins Kino* ***zu gehen*** (Inf.erg.).

J'ai oublié **d'acheter** (Inf.erg.) **du pain** (dir. Obj.). *Ich habe vergessen,* ***Brot*** (Akk.obj.) ***zu kaufen*** (Inf.erg.).

zwei indirekte Objekte:

Ils ont parlé **à leur père** (ind. Obj. 1) **de leurs problèmes** (ind. Obj. 2).
Sie haben ***mit ihrem Vater*** (Dat.obj.) ***über ihre Probleme*** (Akk.obj.) *gesprochen.*

Julie se plaint **de son mari** (ind. Obj. 1) **à son amie** (ind. Obj. 2).
Julie beklagt sich ***bei ihrer Freundin*** (Dat.obj.) ***über ihren Mann*** (Akk.obj.).

indirektes Objekt + Infinitivergänzung mit à:

Il apprend **à son petit frère** (ind. Obj.) **à nager** (Inf.erg.).
Er bringt ***seinem kleinen Bruder*** (Dat.obj.) ***das Schwimmen*** (Inf.erg.) *bei.*

indirektes Objekt + Infinitivergänzung mit de:

Ils **nous** (ind. Obj.) ont B2 proposé **de les accompagner** (Inf.erg.).
Sie haben ***uns*** (Dat.obj.) *vorgeschlagen, sie* ***zu begleiten*** (Inf.erg.).

Elle **nous** (ind. Obj.) a promis **de venir** (Inf.erg. mit de). *Sie hat* ***uns*** (Dat.obj.) *versprochen* ***zu kommen*** (Inf.erg.).

Übungen

1 Verben mit einer Ergänzung A2

Direktes Objekt, indirektes Objekt oder Infinitivergänzung? Übersetzen Sie die Sätze ins Französische.

a. Ich glaube, dass du ihn angelogen hast.

....

b. Wir lesen gerne Kriminalromane.

....

c. Seine Tochter wird ihm nicht glauben.

....

d. Wenn ihr einkaufen geht, denkt daran, Brot zu kaufen.

....

e. Es ist so heiß heute, ich ziehe es vor, schwimmen zu gehen.

....

2 Verben mit abweichendem Objekt im Französischen und Deutschen A2

Richtig oder falsch? Markieren Sie die folgenden Sätze als richtig (✓) oder falsch (✗) und korrigieren Sie sie gegebenenfalls.

a. ☐ Juliette aide à son fils de réparer sa bicyclette.

b. ☐ Nous avons demandé cet homme le chemin.

c. ☐ Quand j'aurai fini de faire la vaisselle, je vais téléphoner à Françoise.

d. ☐ Tu lui as remercié de son aide ?

e. ☐ Passe-moi le sel, s'il te plaît.

f. ☐ Vous l'avez rappelé de son anniversaire ?

g. ☐ Nous attendons des nouvelles de nos amis français.

Lösungen

1. Verben mit einer Ergänzung

a. Je crois que tu lui as menti.
b. Nous aimons lire des romans policiers.
c. Sa fille ne le croira pas.
d. Si vous faites/Quand vous ferez les courses, pensez à acheter du pain.
e. Il fait si chaud aujourd'hui, je préfère aller nager.

G Wie im Deutschen können auch die französischen Verben verschiedene Ergänzungen haben. Manche Verben schließen das Objekt direkt, andere indirekt an. Die meisten Verben, die im Deutschen ein direktes Objekt nach sich ziehen, werden auch im Französischen mit direktem Objekt gebraucht.

2. Verben mit abweichendem Objekt im Französischen und Deutschen

a. falsch → Juliette aide son fils à réparer sa bicyclette.
b. falsch → Nous avons demandé le chemin à cet homme.
c. richtig
d. falsch → Tu l'as remercié de son aide ?
e. richtig
f. falsch → Vous lui avez rappelé son anniversaire ?
g. richtig

G Es gibt eine kleinere Gruppe von Verben, die im Französischen mit direktem Objekt angeschlossen werden, im Deutschen aber mit indirektem (und umgekehrt), die es zu lernen gilt. Einige wenige Verben können sowohl mit direktem als auch mit indirektem Objekt anschließen, ändern dabei aber die Bedeutung.

3 Verben mit zwei Ergänzungen

A2

Was gehört wozu? Fügen Sie die Satzteile richtig zusammen.

a. Ils ont demandé aux voisins	Lucien pour le cadeau.
b. Les amis ont souhaité	ses promesses *(Versprechen)*.
c. Le guide nous a recommandé	de venir me chercher.
d. Il faut toujours lui rappeler	un bon anniversaire à Pierre.
e. N'oubliez pas de remercier	de garder la maison.
f. Michel et Nadine lui	de visiter cette église.
g. J'ai demandé à Claude	ont expliqué le problème.

4 Verben mit direktem und indirektem Objekt

A2

Wen oder wem? Setzen Sie dort wo erforderlich die passende Präposition ein.

a. Elle apprend l'espagnol .... son amie.

b. On a accusé *(beschuldigt)* le jeune homme .... ce crime.

c. J'ai invité les Noiret .... dîner.

d. Excusez .... mon retard, j'ai eu une panne.

e. Mon frère aime jouer .... football.

f. Il a téléphoné .... Jacques pour son anniversaire.

g. Qu'est-ce qu'il a répondu .... ta question ?

h. J'attends .... cette lettre depuis des semaines.

i. Nous cherchons .... trouver une solution.

3. Verben mit zwei Ergänzungen

a. Ils ont demandé aux voisins de garder la maison.
b. Les amis ont souhaité un bon anniversaire à Pierre.
c. Le guide nous a recommandé de visiter cette église.
d. Il faut toujours lui rappeler ses promesses.
e. N'oubliez pas de remercier Lucien pour le cadeau.
f. Michel et Nadine lui ont expliqué le problème.
g. J'ai demandé à Claude de venir me chercher.

G Wie die deutschen Verben können auch die französischen Verben mehrere Ergänzungen haben. Handelt es sich um ein Sach- und ein Personenobjekt, ist das Sachobjekt meist das direkte Objekt.

4. Verben mit direktem und indirektem Objekt

a. Elle apprend l'espagnol à son amie.
b. On a accusé le jeune homme de ce crime.
c. J'ai invité les Noiret à dîner.
d. Excusez mon retard, j'ai eu une panne.
e. Mon frère aime jouer au football.
f. Il a téléphoné à Jacques pour son anniversaire.
g. Qu'est-ce qu'il a répondu à ta question ?
h. J'attends cette lettre depuis des semaines.
i. Nous cherchons de/à trouver une solution.

17 Die Konjunktion

Weil du Geburtstag hast, bekommst du einen Kuchen mit neun Kerzen. – Oma, mir wäre es lieber, wenn du mir neun Kuchen mit einer Kerze backen würdest.

Konjunktionen sind unveränderlich. Der Funktion nach unterscheidet man nebenordnende und unterordnende Konjunktionen.

17.1 Die nebenordnende Konjunktion

Nebenordnende Konjunktionen verbinden gleichartige Wörter, Satzteile oder Sätze miteinander:

- Verbindung von Adjektiven:
  Elle est belle **et** intelligente. *Sie ist schön **und** intelligent.*
- Verbindung von Substantiven:
  Il achète du vin **et** des olives. *Er kauft Wein **und** Oliven.*
- Verbindung von Hauptsätzen:
  Pierre répare la bicyclette **et** Natalie fait la vaisselle. *Pierre repariert das Fahrrad, **und** Natalie spült das Geschirr.*

Bei den nebenordnenden Konjunktionen unterscheidet man

- Konjunktionen, die neben et *und* der Aneinanderreihung dienen:

aussi + Adverb/Adjektiv ... que *ebenso wie*
Mon frère sait **aussi** bien jouer du (B2) piano **que** de la (B2) guitare.
*Mein Bruder spielt **ebenso** gut Klavier **wie** Gitarre.*
et ... et *sowohl als auch*
Et les hommes **et** les animaux (B1) souffrent de la (B2) chaleur.
***Sowohl** die Menschen **als auch** die Tiere leiden unter der Hitze.*

non seulement … mais encore *nicht nur … sondern auch*
Yannick joue **non seulement** au tennis, **mais encore** au foot et au golf. *Yannick spielt **nicht nur** Tennis, **sondern auch** Fußball und Golf.*

comme *wie (auch)*
Le polonais, **comme** le tchèque, compte parmi les langues slaves. *Das Polnische gehört, **wie auch** das Tschechische, zu den slawischen Sprachen.*

B2

- Konjunktionen, die einen Gegensatz oder eine Alternative ausdrücken:

d'une part … d'autre part *einerseits … andererseits*
D'une part une voiture est très pratique, **d'autre part** elle coûte très cher. ***Einerseits** ist ein Auto sehr praktisch, **andererseits** kostet es sehr viel Geld.*

mais *aber, sondern*
Le voyage dans les Alpes était B2 merveilleux, **mais** trop court. *Die Reise in die Alpen war herrlich, **aber** zu kurz.*

malgré cela, cependant, pourtant, quand même *dennoch, trotzdem, jedoch*
Nous n'avons pas beaucoup d'argent et **pourtant** nous sommes contents. *Wir haben nicht viel Geld, **trotzdem** sind wir zufrieden.*

ne … ni … ni *weder … noch*
Nous **n'**avons vu **ni** Philippe **ni** Charlotte. *Wir haben **weder** Philippe **noch** Charlotte gesehen.*

ou *oder* Tu veux du vin **ou** de la bière ? *Möchtest du Wein **oder** Bier?*

ou … ou/soit … soit *entweder … oder*
Nous passerons les vacances **soit** en montagne **soit** à la mer. ***Entweder** verbringen wir die Ferien im Gebirge **oder** am Meer.*

par contre, en revanche *hingegen*
La mère de Jeanne est très gentille, **par contre** son père est peu B2 aimable. *Jeannes Mutter ist sehr nett, ihr Vater **hingegen** ist nicht sehr freundlich.*

sinon, autrement *sonst*

Dépêche-toi, **sinon** tu vas manquer le bus. *Beeil dich, **sonst** verpasst du den Bus.*

tantôt … tantôt *mal … mal*

Tantôt mon chien est B2 obéissant, **tantôt** il n'écoute pas. *Mein Hund ist **mal** folgsam, **mal** gehorcht er nicht.*

toutefois, néanmoins *jedoch, gleichwohl, nichtsdestoweniger, dennoch*

Les pommes ne sont pas très douces, **toutefois** je peux vous les recommander. *Die Äpfel sind nicht sehr süß, **dennoch** kann ich sie Ihnen empfehlen.*

- Konjunktionen, die einen Grund oder eine Folge angeben: B1

ainsi *so, daher*

Nous sommes démenagés en ville. **Ainsi** il ne faut plus prendre la voiture pour faire les courses. *Wir sind in die Stadt gezogen. **So** brauchen wir für unsere Einkäufe kein Auto mehr.*

car *denn*

Cette plage ne me plaît pas, **car** elle est trop sale. *Dieser Strand gefällt mir nicht, **denn** er ist zu schmutzig.*

c'est pourquoi, voilà pourquoi *deshalb, deswegen*

Ils n'ont pas reçu B1 l'invitation. **Voilà pourquoi** ils ne sont pas venus. *Sie haben die Einladung nicht erhalten. **Deshalb** sind sie nicht gekommen.*

B2 par conséquent, donc, B2 aussi *folglich, daher, also*

J'ai B1 raté le train, **donc** j'arriverai un peu plus tard. *Ich habe den Zug verpasst, **daher** werde ich etwas später kommen.*

⚡ Nach aussi *folglich, daher* muss eine Inversion erfolgen, d. h. das Subjektpronomen tritt hinter das Verb und wird mit Bindestrich an dieses angeschlossen: B2

La maison est trop grande pour moi seul. Aussi **ai-je** décidé de la vendre. *Das Haus ist für mich allein zu groß. Daher habe ich beschlossen, es zu verkaufen.*

17.2 Die unterordnende Konjunktion

Unterordnende Konjunktionen verbinden Nebensätze mit den übergeordneten Hauptsätzen.

Nach einer Reihe von unterordnenden Konjunktionen steht der Subjonctif (▶ 12.3).

Bei den unterordnenden Konjunktionen unterscheidet man
- temporale Konjunktionen:

B2 avant que + Subj. *bevor*
Il faut fermer les fenêtres **avant que** nous partions. *Wir müssen die Fenster zumachen,* ***bevor*** *wir aufbrechen.*

après que *nachdem*
Après qu'elle ait eu/avait fini son travail, elle a regardé la télé. ***Nachdem*** *sie ihre Arbeit beendet hatte, hat sie ferngesehen.*

comme/au moment où *in dem Augenblick, als*
Le téléphone a sonné **au moment où** nous étions sur le point de partir. *Das Telefon klingelte* ***gerade als*** *wir gehen wollten.*

B1 depuis que *seit, seitdem*
Il a beaucoup changé **depuis qu**'il ne vit plus ici. *Er hat sich sehr verändert,* ***seit*** *er nicht mehr hier lebt.*

dès que/aussitôt que *sobald als*
Dès que nous serons arrivés, nous te téléphonerons. ***Sobald*** *wir angekommen sind, rufen wir dich an.*

B2 jusqu'à ce que + Subj. *bis*
Nous attendons **jusqu'à ce qu**'il finisse à pleuvoir. *Wir warten,* ***bis*** *es zu regnen aufhört.*

pendant que/tandis que *während*
Pendant que le B2 bébé dort, elle sort le chien. ***Während*** *das Baby schläft, führt sie den Hund aus.*

quand/lorsque *als, (jedes Mal) wenn*
Quand il fait beau le week-end, nous travaillons dans le jardin. ***(Immer) wenn*** *es am Wochenende schön ist, arbeiten wir im Garten.*

- kausale Konjunktionen:

comme *da*	**Comme** les billets sont tous vendus, nous ne pouvons pas voir le match de football. ***Da*** *es keine Karten mehr gibt, können wir das Fußballspiel nicht sehen.*
parce que/c'est (parce) que *weil*	
	Je ne peux pas venir **parce que** j'attends ma famille. *Ich kann nicht kommen,* ***weil*** *ich meine Familie erwarte.*
puisque *da ja*	**Puisque** je n'ai pas ton numéro de téléphone, je n'ai pas pu t'informer. ***Da*** *ich* ***ja*** *deine Telefonnummer nicht habe, konnte ich dich nicht informieren.*

Comme *da* steht immer am Satzanfang.

In der gesprochenen Sprache wird die Konjunktion c'est (parce) que – oft in verkürzter Form – häufig angewendet:
Ce matin elle est arrivée en retard. **C'est** (**parce**) **qu**'elle a B1 raté le bus. *Sie ist heute morgen zu spät gekommen,* ***weil*** *sie den Bus verpasst hat.*

- finale Konjunktionen: B1

afin que + Subj./pour que + subj. *damit*	
	Dépêche-toi, **afin qu'ils ne t'attendent pas.** *Beeil dich,* ***damit*** *sie nicht auf dich warten müssen.*
de façon que + Subj./de manière que + Subj./de sorte que + Subj.	
	so dass
	Explique-le-moi **de façon que** je puisse le comprendre. *Erkläre es mir* ***so, dass*** *ich es verstehen kann.*

De manière que und de sorte que stehen mit dem Indikativ, wenn die tatsächliche Folge gemeint ist:
Il me l'a expliqué **de sorte que** je l'ai facilement compris. *Er hat es mir* ***so*** *erklärt,* ***dass*** *ich es mühelos verstanden habe.*

B1 • konzessive und adversative Konjunktionen:

bien que + Subj./malgré que + Subj./quoique + Subj. *obwohl*
Bien qu'elle soit malade, elle ne reste pas à la maison.
Obwohl *sie krank ist, bleibt sie nicht zu Hause.*

tandis que *während, wohingegen*
Jean est un bon nageur, **tandis que** moi, je ne le suis pas du tout. *Jean ist ein guter Schwimmer, ich* ***hingegen*** *gar nicht.*

B1 • konditionale Konjunktionen:

à condition que + Subj./pourvu que + Subj. *vorausgesetzt, dass/ unter der Bedingung, dass*
Tu peux sortir ce soir, **à condition que** tu rentres à temps. *Du kannst heute Abend ausgehen,* ***unter der Bedingung, dass*** *du rechtzeitig nach Hause kommst.*

à moins que + Subj. *außer wenn, sofern nicht*
Je viens te voir demain, **à moins que** j'aie trop à faire. *Ich komme dich morgen besuchen,* ***sofern*** *ich* ***nicht*** *zu viel zu tun habe.*

au cas où + Kond./en cas que + Subj. *falls*
En cas qu'ils viennent encore, dites-leur que je n'ai pas pu attendre. ***Falls*** *sie noch kommen, sagen Sie ihnen, dass ich nicht warten konnte.*

si *wenn* ▶ 11.3

Übungen

1 Nebenordnende Konjunktionen – Gegensatz und Alternative A2

Und, oder, aber … Ergänzen Sie die Sätze mit einer Konjunktion.

mais / sinon / ni … ni / par contre / pourtant / d'une part … d'autre part

a. C'est étonnant, il ne veut .... la mousse au chocolat .... la glace au citron pour dessert.

b. Cette bicyclette me plaît beaucoup, ... elle est trop chère.

c. Je me suis levé en retard, ... j'étais au travail à l'heure.

d. Ce livre est un peu ennuyeux, celui-là .... est très intéressant.

e. Dépêche-toi, ... tu vas rater le train.

f. .... j'aimerais passer le week-end à la campagne, ... il y a un festival intéressant en ville.

2 Nebenordnende Konjunktionen – gemischt A2

Was gehört wozu? Verbinden Sie die Sätze bzw. die Satzteile.

a. Frédéric s'est fait voler sa voiture,	Non seulement elle est une beauté, mais encore elle a fait carrière.
b. Les billets étaient tous vendus.	mais nous nous sommes quand même bien amusés.
c. Je sais que tu ne la trouves pas très sympathique.	Celle-là en revanche est trop longue.
d. Les Marais sont très fiers de leur fille.	aussi doit-il aller travailler à pied.
e. Cette jupe-ci est un peu courte.	Néanmoins tu pourrais la saluer.
f. Il a plu tout le week-end,	C'est pourquoi je n'ai pas pu écouter ce concert.

Lösungen

1. Nebenordnende Konjunktionen – Gegensatz und Alternative

a. C'est étonnant, il ne veut ni la mousse au chocolat ni la glace au citron pour dessert.
b. Cette bicyclette me plaît beaucoup, mais elle est trop chère.
c. Je me suis levé en retard, pourtant j'étais au travail à l'heure.
d. Ce livre est un peu ennuyeux, celui-là par contre est très intéressant.
e. Dépêche-toi, sinon tu vas rater le train.
f. D'une part j'aimerais passer le week-end à la campagne, d'autre part il y a un festival intéressant en ville.

G Nebenordnende Konjunktionen verbinden gleichartige Wörter, Satzteile oder Sätze miteinander. Man unterscheidet nebenordnende Konjunktionen, die gleichwertig aneinanderreihen (wie et *und*, aussi *ebenso*), die einen Gegensatz bzw. eine Alternative (wie mais *aber*, par contre *hingegen*, cependant *jedoch* u. a.) zu Ausdruck bringen sowie Konjunktionen, die einen Grund oder eine Folge (wie car *denn* donc *daher*, c'est pourqoui *deshalb* u. a.) ausdrücken.

2. Nebenordnende Konjunktionen – gemischt

a. Frédéric s'est fait voler sa voiture, aussi doit-il aller travailler à pied.
b. Les billets étaient tous vendus. C'est pourquoi je n'ai pas pu écouter ce concert.
c. Je sais que tu ne la trouves pas très sympathique. Néanmoins tu pourrais la saluer.
d. Les Marais sont très fiers de leur fille. Non seulement elle est une beauté, mais encore elle a fait carrière.
e. Cette jupe-ci est un peu courte. Celle-là en revanche est trop longue.
f. Il a plu tout le week-end, mais nous nous sommes quand même bien amusés.

G Nach aussi *folglich, daher* muss eine Inversion erfolgen, d. h. das Subjektpronomen tritt hinter das Verb und wird mit Bindestrich an dieses angeschlossen.

❸ Die temporale Konjunktion
Sobald, bis, gerade … Übersetzen Sie die Sätze.

B2

a. Ich hoffe, dass es aufhört zu regen, bis ich gehen muss.

....

b. Gerade als ich dich anrufen wollte, hat es an der Tür geläutet.

....

c. Gib mir das Buch zurück, sobald du es gelesen hast.

....

d. Bevor wir in Urlaub fahren, müssen wir noch das Auto reparieren lassen.

....

❹ Die kausale und finale Konjunktion
Verbinden Sie die Sätze mit einer passenden Konjunktion.

B2

de sorte que / comme / parce que / puisque / c'est parce que

a. Il faut que tu parles plus fort. On ne te comprend pas.

Il faut que tu parles plus fort, de sorte qu'on te comprenne.

b. Je ne peux pas venir ce soir. Mes amis viennent me voir.

....

c. Il faisait beau temps ce week-end. Nous avons fait une excursion.

....

d. Tu n'aimes pas les poires. Je les ai toutes mangées.

....

e. Donne-moi de l'argent, s'il te plaît. J'achète du lait.

....

3. Die temporale Konjunktion

a. J'espère qu'il finira de pleuvoir avant que je doive partir.
b. Au moment où je voulais te téléphoner, on a sonné.
c. Rends-moi le livre aussitôt que tu l'auras lu./Tu me rendras le livre aussitôt que tu l'auras lu.
d. Avant que nous partions en vacances, il faut encore faire réparer la voiture.

G Während auf die meisten temporalen Konjunktionen wie **pendant que** *während*, **quand** *als*, **comme** *in dem Augenblick als* u. a. der Indikativ folgt, steht nach **avant que** *bevor* und **jusqu'à ce que** *bis* der Subjonctif.

4. Die kausale und finale Konjunktion

a. Il faut que tu parles plus fort, **de sorte qu'**on te comprenne.
b. Je ne peux pas venir ce soir **parce que** mes amis viennent me voir.
c. **Comme** il faisait beau temps ce week-end, nous avons fait une excursion.
d. **Puisque** tu n'aimes pas les poires, je les ai toutes mangées.
e. Donne-moi de l'argent **pour que** j'achète du lait.

G Während die meisten unterordnenden Konjunktionen sowohl am Satzanfang als auch im Satz stehen können, muss **comme** *da* immer am Satzanfang stehen.

18 Die Präposition

A1

Gehen wir zu Fuß oder nehmen wir einen Hund?

Präpositionen geben an, in welcher Beziehung Personen, Sachen oder Sachverhalte zueinander stehen.
Der Gebrauch der Präpositionen ist im Deutschen und Französischen nicht in jedem Fall identisch.

Man unterscheidet formal zwischen Präpositionen, die aus einem Wort bestehen – wie etwa **après** *nach*, **avec** *mit*, **devant** *vor* – und präpositionalen Ausdrücken, die sich aus mehreren Wörtern zusammensetzen wie **en face de** *gegenüber*, **grâce à** *dank*, **jusqu'à** *bis* usw.
Der Funktion nach teilt man Präpositionen in die nachfolgenden Gruppen ein.

18.1 Die temporale Präposition

A1

Die temporalen Präpositionen bezeichnen
- einen genauen oder ungefähren Zeitpunkt:

à 10 heures	*um zehn Uhr*
vers 10 heures	*gegen zehn Uhr*
à midi	*um zwölf Uhr mittags*
vers midi	*gegen Mittag*
à Pâques	*an Ostern*
à 20 ans	*mit/im Alter von 20 Jahren*
au B1 début de la semaine	*Anfang der Woche*

à la fin de la semaine	*Ende der Woche*
au mois de septembre	*im September*
au 20e siècle	*im 20. Jahrhundert*
avant les vacances	*vor den Ferien*
après l'école	*nach der Schule*
dans 15 minutes	*in 15 Minuten*
en automne	*im Herbst*
en 1998	*(im Jahr) 1998*
entre 4 et 5 heures	*zwischen 4 und 5 Uhr*
il y a cinq ans	*vor fünf Jahren*

- eine Zeitdauer oder einen Zeitraum:

dans l'après-midi	*am Nachmittag, im Laufe des Nachmittags*
dans une semaine	*in einer Woche*
pendant une heure	*eine Stunde lang*
pendant l'hiver	*im Winter, während des Winters*
pour six ans	*sechs Jahre lang, für sechs Jahre*
en six mois	*in/innerhalb von sechs Monaten*
au cours de l'année	*im Laufe des Jahres*

- einen Anfangs- und/oder einen Endpunkt:

A2 à partir de demain	*ab morgen, von morgen an*
A2 à partir du 1er janvier	*ab dem 1. Januar*
de 2005 à 2008	*von 2005 bis 2008*
du matin au soir	*von morgens bis abends*
depuis deux heures	*seit zwei Stunden*
depuis le 15 juillet	*seit dem 15. Juli*
depuis 1999	*seit 1999*
B2 dès l'arrivée de qn.	*gleich bei der Ankunft von*
dès mon arrivée	*gleich bei meiner Ankunft*
B2 dès l'âge de 25 ans	*seit dem 25. Lebensjahr/vom 25. Lebensjahr an*
jusqu'à dimanche	*bis Sonntag*
jusqu'au 31 décembre	*bis zum 31. Dezember*

18.2 Die lokale Präposition

Die lokalen Präpositionen bezeichnen

- die Lage bzw. einen Ort:

à Paris	*in Paris*
à côté de notre maison	*neben unserem Haus*
à droite de A2 l'église	*rechts von der Kirche*
à gauche de l'école	*links von der Schule*
au-delà du A2 pont	*jenseits der Brücke*
au-dessous de	*unterhalb von, unter*
au-dessus de	*oberhalb von, über*
au milieu de la place	*mitten auf dem Platz*
B2 auprès du malade	*bei dem Kranken*
au sud (au nord, à l'est, à l'ouest) de Bordeaux	*südlich (nördlich, östlich, westlich) von Bordeaux*
aber: dans le nord de la France	*im Norden von Frankreich*
B1 autour de la place	*um den Platz herum*
chez les grands-parents	*bei den Großeltern*
de Munich	*aus München*
dans la chambre	*im Zimmer*
derrière la maison	*hinter dem Haus*
devant l'école	*vor der Schule*
en Allemagne	*in Deutschland*
en ville	*in der Stadt*
B1 en dehors de la ville	*außerhalb der Stadt*
en face du théâtre	*gegenüber dem Theater*
entre Nantes et Lyon	*zwischen Nantes und Lyon*
le long du Rhin	*den Rhein entlang*
loin de Marseille	*weit (entfernt) von Marseille*
parmi nous	*unter uns*
près de la gare	*in der Nähe des Bahnhofs*
sous la table	*unter dem Tisch*
sur la chaise	*auf dem Stuhl*

Auprès de und chez *bei* stehen nur bei Personen. Parmi *zwischen*, *unter* bezieht sich stets auf mehr als zwei Sachen oder Personen und steht deshalb nur vor Substantiven im Plural.

- eine Richtung oder einen Zielpunkt:

à la maison	*nach Hause*
au cinéma	*ins Kino*
à la gare	*zum Flughafen*
à Cologne	*nach Köln*
au Canada	*nach Kanada*
à travers le parc	*durch den Park (hindurch)*
chez les amis	*zu den Freunden*
dans la chambre	*ins Zimmer*
en Allemagne	*nach Deutschland*
par la fenêtre	*durch das Fenster*
par la ville	*durch die Stadt*
vers Munich	*nach, in Richtung München*
aber: partir pour Munich, pour l'Italie	*nach München, Italien fahren*
vers la sortie	*zum Eingang hin*
vers le sud	*in Richtung Süden*

A1 18.3 Die modale Präposition

Die modalen Präpositionen bezeichnen

- ein Mittel, Werkzeug oder Material oder eine Art und Weise:

à l'eau	*mit Wasser*
à A2 l'huile	*mit Öl*
à haute voix	*laut/mit lauter Stimme*
à voix basse	*leise/mit leiser Stimme*
à la B1 machine	*mit der Maschine*
à la main	*mit der/von Hand*
à B2 pas lents	*langsam*
à pied	*zu Fuß*
au savon	*mit Seife*
avec des B2 ciseaux	*mit der Schere*
en train	*mit der Bahn*
en A2 bois usw.	*aus Holz*
par avion	*mit dem Flugzeug*
par la poste	*mit der Post*

- eine Bestimmung, einen Grund oder eine Ursache:

à cause de, pour	*wegen*
de froid	*vor Kälte*
de B2 joie	*vor Freude*
en raison des B2 circonstances	*aufgrund/in Anbetracht der Umstände*
faute d'argent, de temps	*aus Geldmangel/mangels Geld, aus Zeitmangel/mangels Zeit*
B1 grâce à son aide	*dank seiner Hilfe*
B1 malgré la pluie	*trotz des Regens*
par amour, par B1 expérience	*aus Liebe, aus Erfahrung*
par tous les moyens	*mit allen Mitteln*
pour enfants	*für Kinder*
selon les règles	*den Vorschriften entsprechend/gemäß*
selon toute B2 apparence	*allem Anschein nach*
selon, suivant la B1 météo	*dem Wetterbericht nach/zufolge*

À cause de bezeichnet einen neutralen Grund, pour steht bei Werturteilen und subjektiven Begründungen:
À cause de B2 la grève, le bus est arrivé en retard. *Wegen des Streiks ist der Bus mit Verspätung gekommen.*
Nous l'aimons **pour** sa gentillesse. *Wir mögen ihn **wegen** seiner Freundlichkeit.*

Abweichend vom Deutschen werden im Französischen u. a. folgende Präpositionen gebraucht:

à l'aide de *mithilfe von* → Sachen	Le voleur a ouvert la fenêtre **à l'aide d'**un B2 tournevis. *Der Rauber hat das Fenster **mit** einem Schraubenzieher geöffnet.*
avec l'aide de *mithilfe (von)* → Personen	**Avec l'aide de** ma sœur j'ai réussi à résoudre le problème. *Mithilfe meiner Schwester ist es mir gelungen, die Aufgabe zu lösen.*

à ce moment-là	*in diesem Augenblick*
aber: en ce moment	*im Augenblick, im Moment*
dans la rue	*auf der Straße*
aber: sur la route	*auf der Landstraße*
la fenêtre donne dans la rue	*das Fenster zeigt auf die Straße*
aber: … donne sur la A2 cour, sur le jardin	*… zeigt auf den Hof, auf den Garten*
dans A2 l'escalier	*auf der Treppe*
dans un A2 accident	*bei einem Unfall*
boire dans une tasse/une verre	*aus einer Tasse/einem Glas trinken*
manger dans une assiette	*von einem Teller essen*
copier qc. dans un livre	*etw. aus einem Buch kopieren*
B1 découper un article dans le journal	*einen Artikel aus der Zeitung ausschneiden*
prendre un livre sur le B2 rayon	*ein Buch aus dem Regal nehmen*
aller de l'autre côté	*auf die andere Seite gehen*
être de l'autre côté	*auf der anderen Seite sein*
chercher qn. des yeux	*jdn. mit den Augen suchen*
montrer qn./qc. du B1 doigt	*auf jdn./etw. mit dem Finger zeigen*
pour cette raison	*aus diesem Grund, deshalb*
avoir qc. sur soi	*etw. bei sich haben*
sur la Seine, le Rhin	*an der Seine, am Rhein*

Übungen

1 Die temporale und lokale Präposition A1

Vor, nach, unter, auf? Setzen Sie die passende Präposition ein.

à (2 x) / après / chez / dans (2 x) / depuis
devant / en / pendant / pour / sous / sur / vers

a. Il arrivera .... Paris .... minuit.

b. Nous les rencontrons .... 11 heures .... la bibliothèque.

c. .... le cinéma, nous sommes encore allés .... un restaurant.

d. .... une demi-heure, je l'ai attendu .... la place du marché.

e. Le train .... Rome part .... dix minutes.

f. .... deux heures, le chien dort .... la table.

g. J'ai été .... eux pour la dernière fois .... 2006.

2 Die modale Präposition A1

Dank, wegen oder trotz? Übersetzen Sie die Sätze.

a. Ich habe den Brief mit der Hand geschrieben.

....

b. Wir sind mit dem Auto zu ihnen gefahren.

....

c. Sie hat vor Freude (joie) geweint.

....

d. Sie ist trotz des schlechten Wetters mit dem Fahrrad zu ihm gefahren.

....

e. Wir haben es aus dem Radio erfahren (apprendre).

....

Lösungen

1. Die temporale und lokale Präposition

a. Il arrivera à Paris vers minuit.
b. Nous les rencontrons **à** 11 heures **devant** la bibliothèque.
c. **Après** le cinéma, nous sommes encore allés **dans** un restaurant.
d. **Pendant** une demi-heure, je l'ai attendu **sur** la place du marché.
e. Le train **pour** Rome part **dans** dix minutes.
f. **Depuis** deux heures, le chien dort **sous** la table.
g. J'ai été **chez** eux pour la dernière fois **en** 2006.

G Die temporalen Präpositionen geben einen genauen oder ungefähren Zeitpunkt, eine Zeitdauer oder einen Zeitraum an. Die lokalen Präpositionen bezeichnen einen Ort oder eine Richtung.

2. Die modale Präposition

a. J'ai écrit la lettre à la main.
b. Nous sommes allés chez eux en voiture.
c. Elle a pleuré de joie.
d. Malgré le mauvais temps, elle est allée chez lui à bicyclette.
e. Nous l'avons appris par la radio.

G Die modalen Präpositionen bezeichnen ein Mittel oder Werkzeug, ein Material, eine Bestimmung, einen Grund oder eine Ursache.

3 Die temporale, lokale und modale Präposition

A1

Richtig oder falsch? Wählen Sie eine passende Präposition.

a. À / En ce moment il lit le journal.

b. Quand elle nous a vus, elle est allée sur / de l'autre côté de la rue.

c. Ce matin, j'ai rencontré la voisine sur / dans l'escalier.

d. Sur / Dans la route près de Lyon, il y a eu un accident.

e. La fenêtre de ma chambre donne dans / sur le jardin.

f. La ville de Vienne est située sur / à le Danube (*die Donau*).

4 Verschiedene Präpositionen

A1

Ein Urlaubsgruß. Ergänzen Sie passende Präpositionen im Brief.

Chère Monique,

Il y a maintenant une semaine que nous sommes partis .... la France. .... de la chaleur (*Hitze*), le voyage .... le sud était assez fatigant. Mais finalement nous avons trouvé un joli petit hôtel ici .... Arles. .... notre chambre on a une belle vue .... le Rhône et .... l'hôtel il y a une belle église. .... mois de juillet il fait particulièrement beau .... Provence. .... notre arrivée il n'a plu qu'une seule fois. .... la fin de la semaine nous ferons une excursion .... montagne. Cet après-midi nous allons .... la mer et ce soir nous dînons .... un petit restaurant .... du Rhône. .... notre retour je te montrerai les magnifiques photos que j'ai prises .... mon nouvel appareil photo.

Je t'embrasse, à bientôt Charlotte

3. Die temporale, lokale und modale Präposition

a. **En** ce moment il lit le journal.
b. Quand elle nous a vus, elle est allée **de** l'autre côté de la rue.
c. Ce matin, j'ai rencontré la voisine **dans** l'escalier.
d. **Sur** la route près de Lyon, il y a eu un accident.
e. La fenêtre de ma chambre donne **sur** le jardin.
f. La ville de Vienne est située **sur** le Danube.

G Der Gebrauch der Präpositionen ist im Deutschen und Französischen nicht in jedem Fall identisch.

4. Verschiedene Präpositionen

Chère Monique,
Il y a maintenant une semaine que nous sommes partis **pour** la France. **À cause** de la chaleur le voyage **vers/dans** le sud était assez fatigant. Mais finalement nous avons trouvé un joli petit hôtel ici **à** Arles. **De** notre chambre on a une belle vue **sur** le Rhône et **à côté de/près de** l'hôtel il y a une belle église. **Au** mois de juillet il fait particulièrement beau **en** Provence.
Depuis notre arrivée il n'a plu qu'une seule fois. **À** la fin de la semaine nous ferons une excursion **en/à la** montagne. Cet après-midi nous allons **à** la mer et ce soir nous dînons **dans** un petit restaurant **au bord du/près du** Rhône. **Dès/À** notre retour je te montrerai les magnifiques photos que j'ai prises **avec** mon nouvel appareil photo.
Je t'embrasse, à bientôt Charlotte

19 Das Zahlwort

A1

Wie alt bist du denn?
– Ich bin 41 x 3 – 7 : 4 + 11 : 4 – 3 Jahre.

19.1 Die Grundzahl

A1

ⓘ Die französischen Grundzahlen sind im Unterschied zum Deutschen maskulin, lediglich für die Eins gibt es auch eine feminine Form.
Ce chiffre-là, est-ce que c'est **un trois** ou **un huit** ? *Die Zahl da, ist das **eine Drei** oder **eine Acht**?*
Dans la classe il y a **vingt et un garçons** et **vingt et une filles.**
*In der Klasse gibt es **21 Jungen** und **21 Mädchen**.*

Den Grundzahlen können auch Possessiv- und Demonstrativadjektive vorausgehen:
ces trois garçons ***diese** drei Jungen*
mes deux frères ***meine** beiden Brüder*
mes deux **autres** amis *meine beiden **anderen** Freunde*

Die Reihenfolge bei der Nennung von Einern und Zehnern ist im Französischen genau umgekehrt wie im Deutschen. Man beginnt mit der Zahl, die für den Zehnerblock steht und schließt die jeweiligen Einer daran an:

französisch:	28 → (Zehner) **vingt**	→ (Einer) **huit**
deutsch:	28 → (Einer) ***acht***	→ (Zehner) ***zwanzig***

Formen

Die Grundzahlen von 1 bis 30

0	zéro				
1	un, une	11	onze	21	vingt et un/une
2	deux	12	douze	22	vingt-deux
3	trois	13	treize	23	vingt-trois
4	quatre	14	quatorze	24	vingt-quatre
5	cinq	15	quinze	25	vingt-cinq
6	six	16	seize	26	vingt-six
7	sept	17	dix-sept	27	vingt-sept
8	huit	18	dix-huit	28	vingt-huit
9	neuf	19	dix-neuf	29	vingt-neuf
10	dix	20	vingt	30	trente

- Zéro verhält sich wie ein Substantiv. Es hängt im Plural ein -s an: quatre zéros *vier Nullen*
  ⚡ Hat zéro die Funktion eines Begleiters, steht das folgende Substantiv anders als im Deutschen nicht im Plural:
  Vous avez zéro point. *Sie haben 0 Punkte.*
- Ab 17 werden die Zahlen durch Addition von Zehnern und Einern gebildet. Die Eins wird ohne Bindestrich mit et *und* angeschlossen, bei den übrigen Zahlen werden die Einer mit Bindestrich an die Zehner gehängt.
- Ab 20 (bis 60), wird der erste Einer immer mit et *und* an die Zehnerzahl angehängt: vingt **et** un *21*, trente **et** un *31*, …

⚡ Besonderheiten bei der Aussprache:
- Vor Zahlen, die mit Vokal oder stummem h beginnen, wird der Artikel nicht apostrophiert; sie werden nicht gebunden gesprochen: le huit *die Acht*, le onze *die Elf*, les huit personnes *die acht Personen*, ses onze petits-enfants *ihre/seine elf Enkel*
- Die Endkonsonanten von sept und neuf werden immer ausgesprochen; die Endkonsonanten von cinq, six, huit und dix nur dann, wenn diese Zahlen allein stehen. Vor Vokal und stummem h wird neuf gebunden und stimmhaft (wie das deutsche *w*) ausgesprochen: neuf‿ans *neun Jahre*.

- Un, deux, trois, cinq, six, huit und dix werden vor Vokal und stummem h ebenfalls gebunden, vor Konsonant wird ihr Endkonsonant nicht gesprochen.
- Vor Konsonant wird quatre in der Umgangssprache [kat] gesprochen. Das p in sept bleibt unausgesprochen [set].

Die Grundzahlen ab 40

40 quarante	60 soixante
50 cinquante	70 soixante-dix
71 soixante et onze	81 quatre-vingt-un/une
72 soixante-douze	82 quatre-vingt-deux
73 soixante-treize	83 quatre-vingt-trois
74 soixante-quatorze	84 quatre-vingt-quatre
75 soixante-quinze	85 quatre-vingt-cinq
76 soixante-seize	86 quatre-vingt-six
77 soixante-dix-sept	87 quatre-vingt-sept
78 soixante-dix-huit	88 quatre-vingt-huit
79 soixante-dix-neuf	89 quatre-vingt-neuf
80 quatre-vingts	90 quatre-vingt-dix
	91 quatre-vingt-onze
	97 quatre-vingt-dix-sept
100 cent	2000 deux mille
101 cent un/une	2050 deux mille cinquante
102 cent deux	80 000 quatre-vingt mille
200 deux cents	1 000 000 un million
1000 mille	2 000 000 deux millions
1001 mille un/une	1 000 000 000 un milliard
1600 mille six cents	

- Folgt eine weitere Zahl, entfällt bei quatre-vingts und cents das s:
  quatre-vingt**s** œufs *20 Eier* aber: quatre-vingt-cinq œufs *25 Eier*
- six cent**s** visiteurs aber: six cent douze visiteurs
  600 Besucher *612 Besucher*
- Bei quatre-vingt wird der Einer mit Bindestrich angeschlossen, bei cent und mille wird kein Bindestrich verwendet.

- **Mille** ist unveränderlich.
- **Million** ist ein Substantiv und erhält im Plural ein **s**, auch wenn eine andere Zahl folgt. Das folgende Substantiv wird mit **de** angeschlossen, wenn keine weitere Zahl folgt:
  trois millions d'habitants *drei Millionen Einwohner*
  aber: **trois millions cinq cent mille habitants** *3 500 000 Einwohner*

Gebrauch
Die Grundzahlen werden verwendet zur

- Altersangabe:
  Quel âge as-tu ? – J'ai vingt-cinq ans. *Wie alt bist du? – Ich bin 25.*
- Angabe der Uhrzeit:
  Quelle heure est-il ? – Il est cinq heures moins le quart.
  Wie spät ist es? – Es ist Viertel vor fünf.
  ⚡ Die Minuten werden bis zur halben Stunde an die Stunden angehängt, danach werden sie mit **moins** *weniger* von der nächsten Stunde abgezogen:
  Il est trois heures vingt. *Es ist zwanzig nach drei.*
  Il est trois heures moins dix. *Es ist zehn vor drei.*
  Il est trois heures et quart. *Es ist Viertel nach drei.*
  Il est trois heures et demie. *Es ist halb vier.*
  Il est trois heures moins le quart. *Es ist Viertel vor drei.*
  Bei der Angabe der Uhrzeit macht man in der französischen Umgangssprache keinen Unterschied zwischen acht Uhr morgens und zwanzig Uhr abends, drei Uhr nachts und 15 Uhr nachmittags usw. Man verwendet nur die Zahlen von 1 bis 12 und setzt **du matin** *morgens*, **du soir** *abends* oder **de l'après-midi** *nachmittags* hinzu.
  Zwölf Uhr mittags und zwölf Uhr nachts heißen:
  Il est midi. *Es ist zwölf Uhr mittags.* – **Il est minuit.** *Es ist zwölf Uhr nachts/Mitternacht.*
- Angabe des Datums:
  Quelle date sommes-nous aujourd'hui ? – Aujourd'hui, on est le 11 mai. *Welches Datum haben wir heute? – Heute ist der 11. Mai.*

  ⚡ Im Unterschied zum Deutschen verwendet man bei der Angabe der Monatstage die Grundzahl, mit Ausnahme des ersten Tags eines Monats, der mit der Ordnungszahl genannt wird:

Aujourd'hui on est le **deux** (le trois, le neuf usw.) septembre.
*Heute ist der **zweite** (dritte, neunte usw.) September.*
aber: Aujourd'hui on est le **1er** (premier) septembre. *Heute ist der **1.** September.*

- Angabe der Jahreszahl:
  Il est né en 1986 (mille neuf cent quatre-vingt-six/dix-neuf cent quatre-vingt-six). *Er ist 1986 geboren.*
  Die *Dreißiger-, Fünfziger-, Achtzigerjahre* usw. heißen les années trente, cinquante, quatre-vingts usw.
- Nennung von Herrschernamen:
  Beim ersten Träger eines Namens verwendet man die Ordnungszahl, bei den übrigen hingegen die Grundzahlen:
  Napoléon **Ier** (premier) *Napoleon **I.*** Henri **IV** (quatre) *Heinrich IV.*
  Im Unterschied zum Deutschen wird im Französischen beim Sprechen kein Artikel vor die Zahl gesetzt.

19.2 Die Ordnungszahl

Formen

Die Ordnungszahlen werden gebildet, indem man die Endung -ième an die Grundzahl hängt. Bei Zahlen, die auf e enden, entfällt das e (quatre → le, la quatrième).

Ausnahme: un, une → le premier, la première *der/die Erste*

1er	le premier	17^{e}	le, la dix-septième
1re	la première	20^{e}	le, la vingtième
2^{e}	le, la deuxième	21^{e}	le, la vingt et unième
2nd	le second	22^{e}	le, la vingt-deuxième
2nde	la seconde	30^{e}	le, la trentième
3^{e}	le, la troisième	40^{e}	le, la quarantième
4^{e}	le, la quatrième	70^{e}	le, la soixante-dixième
5^{e}	le, la cinquième	71^{e}	le, la soixante et onzième
6^{e}	le, la sixième	80^{e}	le, la quatre-vingtième
7^{e}	le, la septième	90^{e}	le, la quatre-vingt-dixième
8^{e}	le, la huitième	100^{e}	le, la centième
9^{e}	le, la neuvième	101^{e}	le, la cent unième
10^{e}	le, la dixième	200^{e}	le, la deux centième
11^{e}	le, la onzième	1000^{e}	le, la millième

- **Deuxième** und **second** können, abgesehen von einigen festen Fügungen wie **la Seconde** B2 **Guerre mondiale** *der Zweite Weltkrieg*, **de seconde main** *aus zweiter Hand* oder **en secondes** B2 **noces** *in zweiter Ehe*, synonym verwendet werden. **Second** kann jedoch ebenso wie **premier** nicht mit anderen Zahlen verbunden werden. Es muss deshalb z. B. heißen: **le trente et unième** *der einundreißigste*, **la cinquante-deuxième** *die zweiundfünfzigste* usw.

Eine dritte Person wird mit **une tierce personne** oder **un tiers** *ein Dritter*, die Dritte Welt wird mit **le Tiers Monde** übersetzt.

Gebrauch
Der Gebrauch der Ordnungszahlen entspricht weitgehend dem Deutschen. Ordnungszahlen werden verwendet zur

- Angabe des Jahrhunderts:
  L'ordinateur est une B2 **invention du XXe siècle.**
  *Der Computer ist eine Erfindung des **20. Jahrhunderts**.*
- Angabe von Zeilen, Seiten, Kapiteln und Bänden oder Szenen und Akten:
  Vous le trouverez à la vingt et unième page, à la fin du deuxième B2 **chapitre à la neuvième** B2 **ligne.** *Sie finden es auf **Seite** 21, am Ende des zweiten **Kapitels**, in **Zeile** 9.*
  ℹ Sie können hier jedoch wie im Deutschen die Grundzahlen verwenden: **Vous le trouverez à la page vingt et un à la fin du chapitre deux à la ligne neuf.**

Anders als im Deutschen verwendet man in bestimmten Wendungen die Grundzahlen anstelle der Ordnungszahlen:

un Français sur trois *jeder **dritte** Franzose*
Nous nous voyons tous les deux jours/un jour sur deux.
*Wir sehen uns **jeden zweiten** Tag.*

Übungen

❶ Die Grundzahl – Schreibweise

A1

Eins, zwei, drei … Schreiben Sie die folgenden Ziffern aus.

a. 387 ....

b. 9497 ....

c. 13 078 ....

d. 569 293 ....

e. 6 805 489 ....

f. 79 397 ....

g. 1 477 975 ....

h. 3698 ....

i. 35 793 500 ....

j. 15 347 ....

❷ Die Grundzahl im Satz

A1

Richtig oder falsch? Markieren Sie die folgenden Zahlen als richtig (✓) oder falsch (✗) und korrigieren Sie sie gegebenenfalls.

a. ☐ Le mois d'août a trente-uns jours.

b. ☐ Vous trouverez la phrase à page quatre-vingt.

c. ☐ Paris a deux millions cent mille habitants.

d. ☐ Le Rhin a une longueur de mille trois cents vingt kilomètres.

e. ☐ Une année a trois cent soixante-cinq jours.

f. ☐ La Tour Eiffel a une hauteur de deux cent soixante-seize mètres.

g. ☐ Napoléon Ier est mort en mille huit cent-vingt.

h. ☐ Mon père a soixante-trois ans.

Lösungen

1. Die Grundzahl – Schreibweise

a. 387 → trois cent quatre-vingt-sept
b. 9497 → neuf mille quatre cent quatre-vingt-dix-sept
c. 13 078 → treize mille soixante-dix-huit
d. 569 293 → cinq cent soixante-neuf mille deux cent quatre-vingt-treize
e. 6 805 489 → six millions huit cent cinq mille quatre cent quatre-vingt-neuf
f. 79 397 → soixante-dix-neuf mille trois cent quatre-vingt-dix-sept
g. 1 477 975 → un million quatre cent soixante-dix-sept mille neuf cent soixante-quinze
h. 3698 → trois mille six cent quatre-vingt-dix-huit
i. 35 793 500 → trente-cinq millions sept cent quatre-vingt-treize mille cinq cents
j. 15 347 → quinze mille trois cent quarante-sept

G Bei quatre-vingt wird der Einer mit Bindestrich angeschlossen, bei cent und mille ohne Bindestrich. Mille ist unveränderlich. Million ist ein Substantiv und erhält deshalb im Plural stets ein s, auch wenn eine weitere Zahl folgt.

2. Die Grundzahl im Satz

a. falsch → Le mois d'août a trente et un jours.
b. falsch → Vous trouverez la phrase à page quatre-vingts.
c. richtig
d. falsch → Le Rhin a une longueur de mille trois cent vingt kilomètres.
e. richtig
f. richtig
g. falsch → Napoléon Ier est mort en mille huit cent vingt.
h. richtig

G Bei quatre-vingts und cent entfällt das Plural-s, wenn eine weitere Zahl folgt.

❸ Datum und Uhrzeit

A1

Wie spät ist es? Übersetzen Sie die Sätze ins Französische und schreiben Sie dabei alle Zahlen aus.

a. Welches Datum haben wir heute? – Heute ist der 1. Juli 2008.

....

b. Wie spät ist es? – Es ist Viertel vor neun.

....

c. Wie alt ist Ihr Großvater? – Mein Großvater ist 83 Jahre alt.

....

d. Wir treffen (se rencontrer) uns heute Abend um halb acht am Bahnhof.

....

e. Der Zug aus Paris kommt um 10.53 Uhr an.

....

❹ Die Ordnungszahlen

A1

Erster Versuch ... Schreiben Sie die in Klammern gegebenen Ziffern in den Sätzen aus.

a. Mes amis habitent à Paris, au (5e) .... arrondissement.

b. Balzac a vécu au (19e) .... siècle.

c. Mon frère s'est acheté une voiture de (2nde) .... main.

d. L'appartement de mon copain Jean se trouve au (11e) .... étage.

e. C'est la (9e) .... édition de ce dictionnaire.

f. La (1re) .... voiture que je me suis achetée était une Peugeot 205.

3. Datum und Uhrzeit

a. Quelle date sommes-nous aujourd'hui ? – Aujourd'hui, on est le premier juillet deux mille huit.
b. Quelle heure est-il ? – Il est neuf heures moins le quart.
c. Quel âge a votre grand-père ? – Mon grand-père a quatre-vingt-trois ans.
d. On se rencontre ce soir à sept heures et demie devant la gare.
e. Le train de Paris arrive à onze heures moins sept.

G Im Unterschied zum Deutschen verwendet man die Ordnungszahl bei Datumsangaben nur beim ersten Tag eines Monats, für die weiteren Tage nimmt man die Grundzahlen. Auch bei Herrschernamen wird nur beim ersten Träger des Namens die Ordnungszahl verwendet, bei den übrigen die Grundzahlen.

4. Die Ordnungszahlen

a. Mes amis habitent à Paris, au cinquième arrondissement.
b. Balzac a vécu au dix-neuvième siècle.
c. Mon frère s'est acheté une voiture de seconde main.
d. L'appartement de mon copain Jean se trouve au onzième étage.
e. C'est la neuvième édition de ce dictionnaire.
f. La première voiture que je me suis achetée était une Peugeot 205.

G Vor Zahlen, die mit Vokal oder stummem h beginnen, wird der Artikel nicht apostrophiert. Die Ordnungszahlen werden gebildet, indem man die Endung **-ième** an die Grundzahl anhängt. Bei Zahlen, die auf **e** enden, entfällt das **e**.

20 Die Wortstellung im Satz

Was ist näher, England oder der Mond? – Der Mond natürlich. – Wie kommst du darauf? – Na, den Mond sieht man von hier, England nicht.

ⓘ Während man im Deutschen bei der Wortstellung relativ viel Freiheit hat, folgt das Französische strikteren Regeln.

20.1 Der Aussagesatz

Die Wortstellung im einfachen Aussagesatz ist:

Subjekt	+	**Prädikat**	+	**Ergänzung**
Les enfants		jouent		dans le jardin.
Die Kinder		*spielen*		*im Garten.*

Die Ergänzung kann ein direktes oder indirektes Objekt (▶ 16), eine adverbiale Bestimmung oder ein Infinitiv (▶ 13) sein:
direktes Objekt: Elle écrit **un** B2 **courriel.** *Sie schreibt* ***eine E-Mail.***
indirektes Objekt: Il téléphone **à son amie.** *Er telefoniert* ***mit seiner Freundin.***
adverbiale Bestimmung: Anne va **chez le coiffeur**. *Anne geht* ***zum Friseur.***
Infinitivergänzung: Léo apprend **à nager**. *Léo lernt* ***schwimmen***.
Enthält ein Satz zwei Objekte, steht das direkte vor dem indirekten Objekt. Bei zwei indirekten Objekten steht das mit à angeschlossene Objekt in der Regel vor dem mit de angeschlossenen Objekt.
Nous avons montré **les photos à nos amis.** *Wir haben* ***unseren Freunden die Fotos*** *gezeigt.*

Il a parlé **à** ses parents **de** ses B2 projets. *Er hat mit seinen Eltern über seine Pläne gesprochen.*

Die Inversion

Mit Inversion bezeichnet man den Stellungswechsel von Subjekt und Prädikat. Von der Reihenfolge Subjekt – Prädikat wird abgewichen

- nach der direkten Rede:
  « Il fait froid », **dit-elle.** *„Es ist kalt“, **sagt sie**.*
- nach peut-être *vielleicht*, aussi *so*, *deshalb*, à peine *kaum* und sans doute *ohne Zweifel*, *gewiss* muss obligatorisch eine Umstellung erfolgen, wenn sie am Satzanfang stehen. Nach ainsi *so*, au moins/du moins *wenigstens*, encore *noch*, probablement *wahrscheinlich* ist sie fakultativ:
  Peut-être a-t-il oublié notre rendez-vous. ***Vielleicht hat er*** *unsere Verabredung vergessen.*
  ⚡ Stehen peut-être und sans doute nach dem Verb, bleibt die normale Wortstellung erhalten:
  Il a **peut-être** oublié notre rendez-vous. *Er hat unsere Verabredung vielleicht vergessen.*

A1

Die Stellung der adverbialen Bestimmung

Handelt es sich bei einer adverbialen Bestimmung um eine notwendige Ergänzung des Verbs (▶ 16), so steht sie unmittelbar nach dem Verb:

François va au bureau. *François geht ins Büro.*

Handelt es sich um eine fakultative Ergänzung, dann bezieht sich diese auf den ganzen Satz und kann am Satzanfang oder Satzende stehen. Enthält der Satz mehrere fakultative Ergänzungen, können beide am Satzanfang oder Satzende stehen. Oder man stellt eine Ergänzung an den Satzanfang und die andere ans Satzende:

Aujourd'hui j'ai rencontré un vieil ami./J'ai rencontré un vieil ami **aujourd'hui**. ***Heute*** *habe ich einen alten Freund getroffen.*

Aujourd'hui à la gare, j'ai rencontré un vieil ami./J'ai rencontré un vieil ami **aujourd'hui à la gare./Aujourd'hui** j'ai rencontré un vieil ami **à la gare**. ***Heute*** *habe ich einen alten Freund* ***am Bahnhof*** *getroffen.*

Die Hervorhebung von Satzteilen

Im Unterschied zum Deutschen ist es im Französischen nicht möglich, bestimmte Satzteile durch Betonung oder einzig durch Umstellung der Satzglieder hervorzuheben. Man bedient sich stattdessen verschiedener Umschreibungen:

- Mit c'est/ce sont ... qui wird das Subjekt hervorgehoben. Das Verb des Relativsatzes bezieht sich dabei auf das hervorgehobene Subjekt. Pronomen als Subjekt nehmen die Form des unverbundenen Personalpronomens (▶ 6.1.2) an:
  C'est **toi** qui as fait cela ? ***Du** hast das gemacht?*
  Ce sont **les voisins** qui ont dit cela. ***Die Nachbarn** haben das gesagt.*
- Mit c'est/ce sont ... que wird ein direktes oder indirektes Objekt, eine adverbiale Bestimmung oder ein Gerund hervorgehoben:
  C'est à **Léo** que nous avons donné les billets. *Wir haben **Léo** die Eintrittskarten gegeben.*
  C'est **au magasin** qu'elle a perdu son porte-monnaie. ***Im Kaufhaus** hat sie ihren Geldbeutel verloren.*
  C'est **en faisant du ski** qu'il s'est cassé la jambe. ***Beim Skifahren** hat er sich das Bein gebrochen.*
  ⚡ Bei zusammengesetzten Zeiten gleicht das Partizip Perfekt an ein eventuell vorausgehendes direktes Objekt an (▶ 14.1):
  C'est **une montre** qu'il a gagné**e**. ***Eine Uhr** hat er gewonnen.*
- Ist das Subjekt eine Person, kann es durch die Wiederaufnahme mit einem unverbundenen Personalpronomen (▶ 6.1.2) betont werden:
  Marcel, lui, adore jouer au football. ***Marcel** spielt leidenschaftlich gerne Fußball.*
- Ist das Subjekt eine Sache oder ein Nebensatz, wird es mit ce qui ... c'est (que) hervorgehoben:
  Ce qui me plaît chez lui, c'est **sa** B2 **patience**. *Was mir an ihm gefällt, (das) ist **seine Geduld**.*
  Ce qui B2 m'étonne, c'est qu'**il aime la musique pop**. *Was mich wundert, ist, **dass er Popmusik mag**.*
- Ergänzungen werden mit ce que ... c'est (que) betont:
  Ce que j'aime le mieux en été, c'est **manger des glaces**. *Was ich im Sommer am liebsten mag, (das) ist **Eis essen**.*

- Durch Segmentierung können alle Satzteile betont werden, die man durch ein Personal- oder Adverbialpronomen oder durch cela ersetzen kann. Der zu betonende Satzteil wird dabei voran- oder nachgestellt und durch ein Pronomen wieder aufgenommen.
  Betontes Subjekt: **Léa et Jules, ils** ne sont pas venus. **Ils** ne sont pas venus, **Léa et Jules.** *Sie sind nicht gekommen, **Léa et Jules.***
  Betontes direktes Objekt: **Les photos**, je **les** ai déjà vues. Je **les** ai déjà vues, **les** photos. ***Die Fotos** habe ich schon gesehen.*
  Betontes indirektes Objekt: **Cet** B2 **évènement**, je ne m'**en** souviens pas. ***An dieses Ereignis** erinnere ich mich nicht.*
  Betonte Ortsangabe: **En France**, nous **y** avons beaucoup d'amis. *In Frankreich, **da** haben wir viele Freunde.*
  Wird das direkte Objekt bei der Segmentierung vorangestellt, ist bei zusammengesetzten Zeiten auf die Angleichung des Partizips zu achten (▶ **14.1**).
  Ist das Subjekt des Satzes ein Pronomen, wird es bei der Wiederaufnahme durch ein unverbundenes Personalpronomen (▶ **6.1**) vertreten.
  Die Segmentierung findet vorwiegend in der gesprochenen Sprache Verwendung.

20.2 Der Fragesatz und Fragewörter

Das Französische kennt verschiedene Möglichkeiten, eine Frage zu formulieren. Man unterscheidet direkte und indirekte (▶ **21.4**) Fragen, Entscheidungs- oder Gesamtfragen und Ergänzungs- oder Teilfragen. Die Gesamtfrage hat kein Fragewort und wird normalerweise mit Ja oder Nein beantwortet. Bei der Teilfrage wird mit einem Fragewort nach einem bestimmten Satzteil gefragt; sie kann nicht mit Ja oder Nein beantwortet werden.

- **Die Intonationsfrage und die Frage mit nachgestelltem Fragewort** gehören zur Umgangssprache. Bei der Intonationsfrage bleibt die Wortstellung des Aussagesatzes erhalten, die Frage wird lediglich durch die Intonation angezeigt. Die Intonationsfrage wird nur bei der Gesamtfrage, die Frage mit nachgestelltem Fragewort nur bei der Teilfrage verwendet:

Gesamtfrage: Tu **as vu** mes lunettes ? ***Hast du*** *meine Brille gesehen?*
Teilfrage: Le train arrive **quand** ? *Der Zug kommt* ***wann*** *an?*
Die Intonationsfrage und die Frage mit nachgestelltem Fragewort können auch segmentiert werden (▶ **20.1**):
Lucien, il a écrit ? / **Il** a écrit, **Lucien** ? *Lucien hat geschrieben?*
Tu **les** as mises où, **les clés** ? / **Les clés**, tu **les** as mises où ?
Die Schlüssel, wo hast du sie hingelegt?

- **Die Frage mit** est-ce que wird bei der Gesamt- und der Teilfrage (in der gesprochenen und geschriebenen Sprache) verwendet. Die Wortstellung des Aussagesatzes bleibt auch hier erhalten. Bei der Gesamtfrage wird est-ce que dem Satz vorangestellt; bei der Teilfrage wird zusätzlich das Fragepronomen vor est-ce que gesetzt:
  Gesamtfrage: **Est-ce que** tu as vu mes lunettes ? ***Hast du*** *meine Brille gesehen?*
  Teilfrage: **Quand est-ce qu'ils** commencent ? ***Wann*** *fangen Sie an?*
  (Weitere Informationen zu den Fragepronomen ▶ **6.8**)
- **Die Inversionsfrage** wird vorwiegend in der geschriebenen Sprache sowohl bei Gesamt- wie bei Teilfragen verwendet. Dabei tritt das Subjekt hinter das Verb und wird an dieses mit Bindestrich angeschlossen. Bei der Teilfrage steht das Fragepronomen vor dem Verb. Endet das Verb auf einen Vokal, wird zwischen Verb und Pronomen ein t eingefügt:
  Gesamtfrage: **A-t-il** déjà téléphoné ? ***Hat er*** *schon angerufen?*
  Teilfrage: **Où as-tu** mis les clés ? ***Wo hast du*** *die Schlüssel hingelegt?*
  Ausnahme: Je *ich* wird in der Regel nur in der Wendung Puis-je ? *Darf ich?* nachgestellt.
  Ist das Subjekt ein Substantiv, wird anstelle der Inversionsfrage in der Regel die Frage mit est-ce que oder die absolute Frage verwendet.
- **Bei der absoluten Frage**, die vorwiegend in der Schriftsprache gebräuchlich ist, bleibt die Wortstellung des Aussagesatzes ebenfalls erhalten. Das Subjekt wird durch ein verbundenes Personalpronomen (▶ **6.1**) wieder aufgenommen, das mit Bindestrich an

das Verb angeschlossen wird. Bei der Teilfrage steht das Fragepronomen vor dem Subjekt.
Gesamtfrage: **Les Pasquay** sont-**ils** déjà partis ? ***Sind die Pasquays** schon weggefahren?*
Teilfrage: **Pourquoi Paul** n'est-**il** pas venu ? ***Warum** ist **Paul** nicht gekommen?*

Das Französische kennt eine Reihe von Fragewörtern:

qui *wer*	**Qui** a parlé ? ***Wer** hat gesprochen?*
que *was*	**Que** fais-tu ? ***Was** machst du?*
quel, quelle, quels, quelles *welche(r, s)*	**Quelle** équipe a gagné ? ***Welche** Mannschaft hat gewonnen?*
B1 **lequel, laquelle, lesquels, lesquelles** *welche(r, s)*	**Lequel** des deux préfères-tu ? ***Welches** von beiden gefällt dir besser?*
comment *wie*	**Comment** vas-tu ? ***Wie** geht es dir?*
combien *wie viel*	Ça fait **combien** ? ***Wie viel** kostet das?*
où *wo, wohin*	**Où** est-ce que tu habites ? ***Wo** wohnst du?*
pourquoi *warum, weshalb*	**Pourquoi** n'ont-ils pas participé ? ***Warum** haben sie nicht teilgenommen?*
quand *wann*	**Quand** le train arrive-t-il ? ***Wann** kommt der Zug an?*

Mit Ausnahme von que können die Fragewörter auch mit Präpositionen verbunden werden:
D'où viens-tu ? *Woher kommst du?*
Depuis quand le connais-tu ? ***Seit** wann kennst du ihn?*

Zu den Fragepronomen qui, que, quoi, quel und lequel ▶ **6.8**

Übungen

1 Die Stellung der Ergänzungen im Aussagesatz A1
Was muss wohin? Markieren Sie die Sätze als richtig (✓) oder falsch (✗) und korrigieren Sie sie gegebenenfalls.

a. ☐ Elle raconte une histoire aux enfants.

b. ☐ Nous avons parlé de notre voyage à nos amis.

c. ☐ J'ai hier rencontré une vieille amie.

d. ☐ Ce soir ils vont au théâtre.

e. ☐ Mathieu a acheté pour son amie des fleurs.

f. ☐ Nous le ferons demain.

2 Hervorhebung und Segmentierung A2
Formulieren Sie die Sätze so um, dass die blau hervorgehobenen Satzteile betont werden.

a. Frédéric a appelé.

....

b. Elle a retrouvé les documents en rangeant sa chambre.

....

c. Valérie s'intéresse beaucoup à l'informatique.

....

d. Le patron n'aime pas qu'on ne soit pas à l'heure.

....

e. Georges n'est pas venu.

....

f. Il s'est fait voler sa valise à la gare.

....

Lösungen

1. Die Stellung der Ergänzungen im Aussagesatz

a. richtig
b. falsch → Nous avons parlé à nos amis de notre voyage.
c. falsch → Hier j'ai rencontré une vieille amie./J'ai rencontré une vieille ami hier.
d. richtig
e. falsch → Mathieu a acheté des fleurs pour son amie.
f. richtig

G Ist eine adverbiale Bestimmung eine notwendige Ergänzung des Verbs, steht sie unmittelbar nach dem Verb. Handelt es sich um eine fakultative Ergänzung, bezieht sie sich auf den ganzen Satz und kann am Satzanfang oder Satzende stehen. Enthält der Satz mehrere fakultative Ergänzungen, können beide am Satzanfang oder Satzende stehen, oder man stellt eine Ergänzung an den Satzanfang und die andere ans Satzende. Enthält ein Satz zwei Objekte, steht das direkte vor dem indirekten Objekt. Bei zwei indirekten Objekten steht das mit à angeschlossene Objekt in der Regel vor dem mit de angeschlossenen.

2. Hervorhebung und Segmentierung

a. C'est Frédéric qui a appelé./ Frédéric, lui, a appelé.
b. C'est en rangeant sa chambre qu'elle a retrouvé ses documents.
c. Valérie, elle, s'intéresse beaucoup à l'informatique./C'est Valérie qui s'intéresse beaucoup à l'informatique.
d. Ce que le patron n'aime pas, c'est qu'on ne soit pas à l'heure.
e. Georges, il n'est pas venu./Georges, lui, n'est pas venu./C'est Georges qui n'est pas venu.
f. C'est à la gare qu'il s'est fait voler sa valise.

3 Die Gesamtfrage

A1

Stellen Sie Fragen zu den folgenden Antworten. Benutzen Sie alle Fragetypen bis auf die Intonationsfrage.

a. ....

Oui, Martine est déjà rentrée de chez le dentiste.

b. ....

Non, ils ne sont pas encore en route pour l'Angleterre.

c. ....

Oui, elle a reçu mon message *(Nachricht)*.

d. ....

Non, je ne parle pas le russe (*Russisch*).

e. ....

Oui, l'excursion à Rome était très intéressante.

f. ....

Non, nous n'avons pas vu ton porte-monnaie.

4 Die Fragewörter

A1

Wo, wie, warum … Ergänzen Sie in den folgenden Fragen die richtigen Fragewörter.

a. Tu as acheté .... fromage ?

b. .... est-ce que tu donnes ces fleurs ?

c. Votre passeport, vous l'avez perdu .... ?

d. .... ne nous ont-ils pas informés ?

e. Ton ami, il s'appelle .... ?

f. .... as-tu mis le journal ?

g. .... de ces deux photos est-ce que tu préfères ?

Ⓖ Das Subjekt wird mit c'est … qui bzw. ce qui … c'est hervorgehoben, die Ergänzungen mit c'est … que bzw. ce que … c'est. Mithilfe der Segmentierung können alle Satzteile betont werden, die man durch ein Personal- oder Adverbialpronomen oder durch cela ersetzen kann. Dazu wird der Satzteil, der hervorgehoben werden soll, voran- oder nachgestellt und durch ein Pronomen wieder aufgenommen.

3. Die Gesamtfrage

a. Martine, est-elle déjà rentrée de chez le dentiste ?/Est-ce que Martine est déjà rentrée de chez le dentiste ?
b. Sont-ils déjà en route pour l'Angleterre ?/Est-ce qu'ils sont déjà en route pour l'Angleterre ?
c. A-t-elle reçu mon message ?/Mon message, l'a-t-elle reçu ?/Est-ce qu'elle a reçu mon message ?
d. Parlez-vous le russe ?/Parles-tu le russe ?/Est-ce que vous parlez le russe ?/Est-ce que tu parles le russe ?
e. L'excursion à Rome, était-elle intéressante ?/Est-ce que l'excursion à Rome était intéressante ?
f. Avez-vous vu mon porte-monnaie ?/Mon porte-monnaie, l'avez-vous vu ?/Est-ce que vous avez vu mon porte-monnaie ?

Ⓖ Ist das Subjekt ein Substantiv, wird anstelle der Inversionsfrage in der Regel die Frage mit est-ce que oder die absolute Frage verwendet. Bei der Frage mit est-ce que wird die Wortstellung des Aussagesatzes beibehalten.

4. Die Fragewörter

a. Tu as acheté combien de/quel fromage ?
b. À qui est-ce que tu donnes ces fleurs ?
c. Votre passeport, vous l'avez perdu quand/où ?
d. Pourquoi ne nous ont-ils pas informés ?
e. Ton ami, il s'appelle comment ?
f. Où as-tu mis le journal ?
g. Laquelle de ces deux photos est-ce que tu préfères ?

Ⓖ Bis auf que *was* können alle Fragewörter mit Präpositionen verbunden werden.

21 Die indirekte Rede

B1

Und die anderen haben gesagt, der Schüleraustausch würde mir sehr gefallen ...

Die indirekte Rede setzt sich zusammen aus einem Hauptsatz, der die Rede einleitet, und einem Nebensatz, der mit **que** *dass* beginnt und den Inhalt der direkten Rede wiedergibt.

Der redeeinleitende Hauptsatz besteht aus einem Substantiv oder Pronomen und einem Verb des Sagens oder Fragens wie z. B.:

B2 **affirmer**	*versichern*	**faire savoir**	*wissen lassen*
B2 **déclarer**	*erklären*	**informer**	*informieren*
demander	*fragen*	B2 **ordonner**	*anordnen*
dire	*sagen*	**raconter**	*erzählen*
écrire	*schreiben*	**répondre**	*antworten*
expliquer	*erklären*	**vouloir savoir**	*wissen wollen*

Im Unterschied zum Deutschen verwendet das Französische in der indirekten Rede nicht den Konjunktiv, sondern Indikativ und Konditional. Der Subjonctif steht nur nach den Verben, die den Subjonctif verlangen (▶ 12).

Anders als im Deutschen kann außerdem im Französischen die den Haupt- und Nebensatz verbindende Konjunktion **que** *dass* nicht entfallen. Sie wird auch nicht durch ein Komma vom Hauptsatz getrennt.

21.1 Die Änderung der Personen- und Zeitangaben

Die Personal- und Possessivpronomen erfahren wie auch im Deutschen bei der Umsetzung der direkten in die indirekte Rede einen Perspektivwechsel:

*„**Ich** habe **meine** Fahrkarte verloren.“*
« **J'**ai perdu **mon** ticket. »

Elle dit qu'**elle** a perdu **son** ticket.
*Sie sagt, dass **sie ihre** Fahrkarte verloren hat.*

Steht das redeeinleitende Verb des Hauptsatzes in einer Zeit der Vergangenheit und bezieht sich die indirekte Rede *nicht* auf den Sprechzeitpunkt, verändern sich darüber hinaus auch die Zeitangaben:

Direkte Rede	Indirekte Rede
aujourd'hui *heute*	le jour même *am selben Tag* ce jour-là *an jenem Tag*
ce matin/soir *heute Morgen/Abend*	le matin/le soir même *am selben Morgen/Abend* ce matin-là/ce soir-là *an jenem Morgen/Abend*
demain *morgen*	le lendemain *am folgenden Tag*
demain après-midi *morgen Nachmittag*	le lendemain dans l'après-midi *am Nachmittag des folgenden Tags*
hier *gestern*	la veille *am Tag zuvor*
hier matin/soir *gestern Morgen/Abend*	la veille au matin/soir *am Morgen/Abend des Vortags*
avant-hier *vorgestern*	l'avant-veille *zwei Tage zuvor*
lundi *am Montag*	le lundi suivant/précédent *am folgenden Montag*

la semaine/le mois/l'année prochaine *nächste Woche/nächsten Monat/ nächstes Jahr*	la semaine/le mois/l'année suivante *in der darauffolgenden Woche/im darauffolgenden Monat/Jahr*
la semaine/le mois/l'année dernière *letzte Woche/letztes Jahr*	la semaine/le mois/l'année précédente *in der vorangegangenen Woche/ im vorangegangenen Monat/Jahr*
dans une heure *in einer Stunde*	une heure plus tard *eine Stunde später*
il y a une heure *vor einer Stunde*	une heure plus tôt *eine Stunde zuvor*
dans une semaine/un mois/un an *in einer Woche/einem Monat/Jahr*	une semaine/un mois/un an plus tard *eine Woche/einen Monat/ein Jahr später*
il y a une semaine/un mois/un an *vor einer Woche/einem Monat/Jahr*	une semaine/un mois/un an plus tôt *eine Woche/einen Monat/ein Jahr zuvor*
cette année *in diesem Jahr*	cette année-là *in jenem Jahr*
maintenant *jetzt*	alors *damals*

Il a dit : « **Dans un mois**, on partira en vacances. »
*Er sagte: „**In einem Monat** fahren wir in Urlaub."*
Il a dit qu'on partirait en vacances **un mois plus tard**.
*Er sagte, dass wir **einem Monat später** in Urlaub fahren würden.*

Elle a raconté : « **Hier matin**, j'ai rencontré Jean-Luc. »
*Sie erzählte: „**Gestern Vormittag** habe ich Jean-Luc getroffen."*
Elle a raconté qu'elle avait rencontré Jean-Luc **la veille au matin**.
*Sie erzählte, sie habe **am Morgen des Vortags** Jean-Luc getroffen.*

21.2 Die Zeitenfolge

B1

Steht das redeeinleitende Verb des Hauptsatzes in einer Zeit der Gegenwart (Präsens, Futur oder Konditional), hat die indirekte Rede das gleiche Tempus wie die direkte Rede:
Il dit : « Je **viens** tout de suite. » *Er sagt: „Ich **komme** sofort."*
Il dit qu'il **vient** tout de suite. *Er sagt, er komme sofort.*

Elle dira : « J'ai manqué le bus. » *Sie wird sagen: „Ich **habe** den Bus **verpasst.**“*
Elle dira qu'elle a manqué le bus. *Sie wird sagen, dass sie den Bus verpasst habe.*

Steht das einleitende Verb hingegen in einer Zeit der Vergangenheit (Imparfait, Passé composé, Passé simple, Plusquamperfekt), tritt in der indirekten Rede eine Zeitverschiebung ein:

Direkte Rede	→	Indirekte Rede
Präsens	→	Imparfait
Futur I	→	Konditional I
Futur II	→	Konditional II
Konditional I	→	Konditional I
Konditional II	→	Konditional II
Imparfait	→	Imparfait
Passé composé	→	Plusquamperfekt
Plusquamperfekt	→	Plusquamperfekt

Elle a dit : « J'ai oublié notre rendez-vous. »
*Sie sagte: „Ich **habe** unsere Verabredung **vergessen.**“*
Elle a dit qu'elle avait oublié notre rendez-vous.
Sie sagte, sie habe unsere Verabredung vergessen.

Mon frère disait : « Je vais t'aider. »
*Mein Bruder sagte: „Ich **werde** dir **helfen.**“*
Mon frère disait qu'il allait m'aider.
Mein Bruder sagte, dass er mir helfen werde.

A1

Der Imperativ in der indirekten Rede

Ein Imperativ kann in der indirekten Rede durch einen Infinitiv oder einen que-Satz mit Subjonctif wiedergegeben werden:
Il me cria après : « Rends-moi ma bicyclette immédiatement ! »
*Er schrie mich an: „**Gib** mir sofort mein Fahrrad **zurück!**“*
Il me cria après de lui rendre sa bicyclette immédiatement.
Il me cria après que je lui rende sa bicyclette immédiatement.
Er schrie mich an, ich solle ihm sofort sein Fahrrad zurückgeben.

21.3 Die indirekte Frage

B1

Die Regeln zu Personen- und Zeitangaben und zum Zeitenwechsel gelten auch für die indirekte Frage. Die Wortstellung ist die gleiche wie im Aussagesatz. Est-ce que und Inversion werden bei der indirekten Frage nicht verwendet.

- ⚡ Die indirekte Gesamtfrage wird mit der Konjunktion si *ob* eingeleitet. Anders als nach der bedingenden Konjunktion si *wenn* (▶ **11.3**) können danach auch das Futur und der Konditional stehen. Vor dem si steht kein Komma:

  Elle lui demande : « Tu peux m'aider ? » *Sie fragt ihn: „Kannst du mir helfen?"*
  Elle lui demande **s'**il peut l'aider. *Sie fragt ihn,* ***ob*** *er ihr helfen könne.*

  Il m'a demandé : « Est-ce que tu m'écriras ? » *Er fragte mich: „Wirst du mir schreiben?"*
  Il m'a demandé **si** je lui écrirais. *Er hat mich gefragt,* ***ob*** *ich ihm schreiben werde.*

- Die indirekte Teilfrage wird mit den gleichen Fragepronomen eingeleitet wie die direkte Frage. Auch hier steht vor dem Fragepronomen kein Komma:

  Elle nous a demandé : « **Pourquoi** vous n'êtes pas venus ? » *Sie fragte uns: „**Warum** seid ihr nicht gekommen?"*
  Elle nous a demandé **pourquoi** nous n'étions pas venus. *Sie hat uns gefragt,* ***warum*** *wir nicht gekommen seien.*

  Ils m'ont demandé : « **Quand** est-ce que tu es arrivé ? » *Sie fragten mich: „**Wann** bist du angekommen?"*
  Ils m'ont demandé **quand** j'étais arrivé. *Sie haben mich gefragt,* ***wann*** *ich angekommen sei.*

  Elle voulait savoir : « **De quoi** avez-vous parlé ? » *Sie wollte wissen: „**Worüber** habt ihr gesprochen?"*
  Elle voulait savoir **de quoi** nous avions parlé. *Sie wollte wissen,* ***worüber*** *wir gesprochen hätten.*

⚡ Bei den Fragepronomen (▶ 6.8) qui est-ce qui/que *wer/wen* (Personen) und qu'est-ce qui/que *was* (Sachen) sind beim Wechsel in die indirekte Rede folgende Besonderheiten zu beachten:

Aus dem qui est-ce qui *wer* der direkten Rede wird in der indirekten Rede qui:
Qui est-ce qui est venu ? ***Wer** ist gekommen?*
Il veut savoir **qui** est venu. *Er möchte wissen, **wer** gekommen ist.*

Qui est-ce que *wen* wird ebenfalls zu qui:
Qui est-ce que tu as invité ? ***Wen** hast du eingeladen?*
Elle demande **qui** tu as invité. *Sie fragt, **wen** du eingeladen hast.*

Qu'est-ce qui *was* wird zu ce qui:
Qu'est-ce qui se passe ? ***Was** ist los?*
Ils veulent savoir **ce qui** se passe. *Sie möchten wissen, **was** los ist.*

Qu'est-ce que *was* wird zu ce que:
Qu'est-ce que tu préfères ? ***Was** möchtest du lieber?*
Ils m'ont demandé **ce que** je préférais. *Sie haben mich gefragt, **was** ich lieber möchte.*

Übungen

1 Die indirekte Rede im Präsens B1
Er hat gesagt ... Setzen Sie die Sätze in die indirekte Rede.

a. « Nous allons au cinéma, ce soir. »

Julie et son frère déclarent ....

b. « J'ai déjà fait un plan. »

Antoine affirme ....

c. « Demain, je m'achèterai une nouvelle bicyclette. »

Françoise dit ....

d. « Je n'ai pas fermé l'œil (*kein Auge zutun*) de la nuit. »

Frédéric explique ....

2 Die Zeitenfolge in der indirekten Rede B1
Sie hat mir erzählt ... Setzen Sie die Verben der indirekten Rede in die richtige Zeitform. Achten Sie auch auf eventuelle Zeitangaben.

a. « Je vais venir te voir ce soir. » Jean m'a promis qu'il

....

b. « Hier, nous avons visité le zoo. » Nos petits-fils ont raconté qu'ils

.... le zoo ....

c. « Le pull vert ne me plaît pas. » Elle a dit que le pull vert ne lui

.... pas.

d. « Nous viendrons dès que nous aurons fini le travail. » Ils ont

répondu qu'ils .... dès qu'ils .... le

travail.

e. « Racontez-nous toute l'histoire ! » Ils nous ont demandé

.... toute l'histoire.

Lösungen

1. Die indirekte Rede im Präsens

a. Julie et son frère déclarent qu'ils vont au cinéma ce soir.
b. Antoine affirme qu'il a déjà fait un plan.
c. Françoise dit que demain elle s'achètera une nouvelle bicyclette.
d. Frédéric explique qu'il n'a pas fermé l'œil de la nuit.

G Wie im Deutschen tritt bei der Umsetzung von der direkten in die indirekte Rede bei Personal- und Possessivpronomen ein Perspektivwechsel ein. Steht das Verb des einleitenden Satzes in einer Zeit der Gegenwart, bleibt die indirekte Rede im gleichen Tempus wie die entsprechende direkte Rede. Zeitangaben werden ebenfalls unverändert übernommen.

2. Die Zeitenfolge in der indirekten Rede

a. Jean m'a promis qu'il allait venir me voir ce soir-là.
b. Nos petits-fils ont raconté qu'ils avaient visité le zoo la veille.
c. Elle a dit que le pull vert ne lui plaisait pas.
d. Ils ont répondu qu'ils viendraient dès qu'ils auraient fini le travail.
e. Ils nous ont demandé de leur raconter toute l'histoire.

G Steht das die indirekte Rede einleitende Verb des Hauptsatzes in einer Zeit der Vergangenheit, tritt bei Präsens, Futur und Passé composé eine Zeitverschiebung gegenüber der direkten Rede ein. Imparfait, Konditional und Plusquamperfekt bleiben hingegen unverändert. Darüber hinaus müssen die Zeitangaben verändert werden, wenn sich die indirekte Rede nicht auf den Sprechzeitpunkt bezieht.

❸ Die indirekte Gesamtfrage

B1

Sie fragen, ob … Übersetzen Sie die Sätze ins Französische. Eine Hilfe: Überlegen Sie zuerst, wie der Satz in der direkten Rede lauten würde und übertragen Sie diese anschließend in eine indirekte Frage.

a. Ich frage mich, ob morgen schönes Wetter sein wird.

……………………………………………………………………………………

b. Wir möchten wissen, ob ihr morgen Abend zu Hause seid.

……………………………………………………………………………………

c. Sie haben gefragt, ob ihr schon eine neue Wohnung gefunden habt.

……………………………………………………………………………………

d. Die Nachbarn wollten wissen, ob du ihren Hund ausführen (sortir le chien) könntest.

……………………………………………………………………………………

e. Er fragt, ob wir mit dem Zug oder mit dem Auto kommen werden.

……………………………………………………………………………………

❹ Die indirekte Teilfrage

B1

Formulieren Sie die Fragen in indirekte Fragesätze um.

a. « Quand êtes-vous arrivés ? »

Philippe nous demande ……………………………………………………

b. « Où est-ce que Madeleine est allée ? »

Il voulait savoir ……………………………………………………………

c. « Qu'est-ce qui t'intéresse le plus ? »

Ils m'ont demandé …………………………………………………………

d. « Comment tu trouves mon pantalon ? »

Elle me demande …………………………………………………………

3. Die indirekte Gesamtfrage

a. Je me demande s'il fera beau demain.
b. Nous aimerions savoir si vous serez chez vous demain soir.
c. Ils ont demandé si vous aviez déjà trouvé un nouveau logement.
d. Les voisins voulaient savoir si tu pouvais sortir leur chien.
e. Il demande si nous viendrons en train ou en voiture.

G Für die indirekte Frage gelten die gleichen Regeln wie für die indirekte Rede. **Est-ce que** und Inversion werden bei der indirekten Frage nicht verwendet. Die Wortstellung ist die gleiche wie im Aussagesatz. Die indirekte Gesamtfrage wird mit **si** *ob* eingeleitet.

4. Die indirekte Teilfrage

a. Philippe nous demande quand nous sommes arrivés.
b. Il voulait savoir où Madeleine était allée.
c. Ils m'ont demandé ce qui m'intéressait le plus.
d. Elle me demande comment je trouve son pantalon.

G Die indirekte Teilfrage wird mit dem gleichen Fragepronomen eingeleitet wie die entsprechende direkte Frage. **Qui est-ce qui** und **qui est-ce que** werden zu **qui** bzw. **que**, **qu'est-ce qui** und **qu'est-ce que** zu **ce qui** bzw. **ce que**.

22 Der Relativsatz

Das ist ja nicht auszuhalten! Jedes Mal, wenn ich den Mund aufmache, redet so ein Dummkopf!

Wie alle Nebensätze liefern Relativsätze zum Verständnis des Hauptsatzes notwendige oder erläuternde Informationen. Sie werden immer durch Relativpronomen eingeleitet.

22.1 Das Relativpronomen

Relativpronomen beziehen sich auf Personen, Sachen oder Sachverhalte, die Gegenstand des Hauptsatzes sind.
Abhängig von ihrer Funktion und ihrem Bezugswort gibt es unterschiedliche Formen:

Qui/que

- Das Relativpronomen qui hat die Funktion eines Subjekts. Es kann sich auf Personen und Sachen beziehen und ist unveränderlich: A1
  Le monsieur **qui** est venu nous voir hier, est un ancien collègue de ma sœur. *Der Herr, **der** uns gestern besucht hat, ist ein ehemaliger Kollege meiner Schwester.*
  C'est une musique **qui** me plaît beaucoup. *Das ist eine Musik, **die** mir sehr gefällt.*
  Hier, nous avons regardé un film **qui** était très intéressant. *Gestern haben wir einen Film angesehen, **der** sehr interessant war.*
- Bezieht sich qui auf Personen, kann es auch mit einer Präposition verwendet werden:

Les enfants **avec qui** notre fille a joué, sont celles de nos voisins. *Die Kinder, **mit denen** unsere Tochter gespielt hat, sind die unserer Nachbarn.*
Tu n'es pas le premier, **à qui** ça arrive. *Du bist nicht der Erste, **dem** das passiert.*

- Que hat die Funktion des direkten Objekts. Es bezieht sich ebenfalls auf Personen und Sachen und ist unveränderlich, kann aber im Gegensatz zu qui apostrophiert werden.
  Le B2 couple **que** vous m'avez présenté hier, est très sympathique. *Das Ehepaar, **das** Sie mir gestern vorgestellt haben, ist sehr sympathisch.*
  La robe **que** tu as portée hier soir était très belle. *Das Kleid, **das** du gestern Abend getragen hast, war sehr schön.*

+ Mithilfe der Frage nach dem Relativpronomen lässt sich leicht erkennen, ob qui oder que verwendet werden muss:
Wer/Was hat … / Wer/Was ist … / Wer/Was macht …? → = qui
Wen/Was hat … / Wen/Was ist … / Wen/Was macht …? → = que

Dont

- Das Relativpronomen dont steht ebenfalls für Personen und Sachen und ist unveränderlich. Dont vertritt stets eine mit de angeschlossene – mitunter auch nur gedachte – Ergänzung eines Substantivs, Verbs oder Adjektivs. Dont wird im Deutschen häufig, aber keineswegs immer, mit dem Genitiv *(dessen, deren)* wiedergegeben:
  C'est la femme **dont** j'ai oublié le nom. *Das ist die Frau, **deren** Namen ich vergessen habe.*
  Dont steht hier für die – gedachte – Ergänzung des Substantivs → le nom **de** la femme → dont.
  C'est un film **dont** je me souviens encore très bien. *Das ist ein Film, **an den** ich mich noch sehr gut erinnere.*
  Hier steht dont für die – gedachte – Ergänzung des Verbs → se souvenir **de** qc. Je me souviens **de** ce film. → dont.
  Vous avez un fils **dont** vous pouvez être fier. *Sie haben einen Sohn, **auf den** Sie stolz sein können.*
  In diesem Fall steht dont für die – wiederum gedachte – Ergänzung des Adjektivs → être fier **de** qc. Il est fier **de** son fils. → dont.

- ⚡ Dont kann jedoch keine mit de angeschlossenen Ortsangaben ersetzen. Diese Ortsangaben werden mit d'où *von wo(her), woher* eingeleitet:
  Le village **d'où** ils viennent, se trouve au nord de l'Allemagne.
  *Das Dorf, **aus dem** sie kommen, liegt im Norden Deutschlands.*
- Dont kann darüber hinaus in der Bedeutung darunter (d. h. die Teilmenge einer bestimmten Gruppe betreffend) gebraucht werden:
  Les Frelet ont cinq enfants, **dont** deux filles. *Die Frelets haben fünf Kinder, **darunter** zwei Mädchen.*

Lequel

- Das Relativpronomen lequel/lesquels/laquelle/lesquelles steht in der Regel für Sachen. Es richtet sich in Genus und Numerus nach dem Bezugswort und wird nach Präpositionen und präpositionalen Ausdrücken verwendet:
  Nous avons acheté une maison **dans le jardin de laquelle** il y a de beaux arbres. *Wir haben ein Haus gekauft, **in dessen Garten** schöne Bäume stehen.* (la maison → laquelle)
  Ce sont des B2 documents **sans lesquels** je ne peux pas terminer ce travail. *Das sind Unterlagen, **ohne die** ich diese Arbeit nicht abschließen kann.* (les documents → lesquels)
- Mit Ausnahme der femininen Singularform laquelle verschmelzen alle Formen mit den voranstehenden Präpositionen à und de:

	m. Sing	f. Sing.	m. Pl.	f. Pl.
	lequel	laquelle	lesquels	lesquelles
+ à	auquel	à laquelle	auxquels	auxquelles
+ de	duquel	de laquelle	desquels	desquelles

Le voyage **auquel** nous avons participé l'été dernier, était magnifique. *Die Reise, **an der** wir letzten Sommer teilgenommen haben, war herrlich.* (participer **à** un voyage → auquel)
Les photos à l'aide **desquelles** on a trouvé les B2 suspects ont été prises par un voisin. *Die Fotos, mit **deren** Hilfe die Verdächtigen gefunden wurden, wurden von einem Nachbarn gemacht.*

- Bei Personen steht lequel immer in Verbindung mit parmi und entre *zwischen, unter*. Außerdem verwendet man es in Fällen, in denen eine Verwechslung möglich ist:
  Les B2 victimes de l'accident **parmi lesquelles** se trouvaient deux enfants, étaient des touristes. *Die Unfallopfer,* ***unter denen*** *sich zwei Kinder befanden, waren Touristen.*
  La fille de Monsieur Sauvé **à laquelle** je t'ai présenté récemment, vit maintenant en Angleterre. *Die Tochter von Herrn Sauvé,* ***der*** *ich dich neulich vorgestellt habe, lebt inzwischen in England.*

Ce qui/ce que

- Ce qui *was* und ce que *was* stehen in Sätzen ohne Bezugswort. Dabei vertritt ce qui das Subjekt und ce que ein direktes Objekt:
  Ce qui m'a frappé le plus, c'était son B2 imprudence. ***Was*** *mich am meisten erstaunt hat, war sein Leichtsinn.*
  Elle ne sait pas **ce qu'**elle veut. *Sie weiß nicht,* ***was*** *sie will.*
- Verlangt das Verb des Hauptsatzes eine Ergänzung mit à oder de, tritt diese vor ce que:
  Je me souviens encore très bien **de ce que** nous avons vécu pendant les vacances. *Ich erinnere mich noch sehr gut* ***daran, was*** *wir in den Ferien erlebt haben.*
  Tu es responsable **de ce que** tu fais. *Du bist verantwortlich für* ***das, was*** *du tust.*

Où

- Où *wo* leitet Relativsätze ein, die die Funktion einer Orts- oder Zeitangabe haben:
  C'est la rue **où** mon copain Alain a habité. *Das ist die Straße,* ***in der*** *mein Freund Alain gelebt hat.*
  Je me souviens bien du jour **où** je l'ai rencontré. *Ich erinnere mich gut an den Tag,* ***an dem*** *ich ihm begegnet bin.*
- Où kann auch nach de *von*, par *durch* und jusque *bis* stehen; nach allen anderen Präpositionen steht lequel:
  Les B2 régions **par où** nous sommes passés, étaient très tristes. *Die Gegenden,* ***durch die*** *wir gekommen sind, waren sehr trist.*
  Le quartier **jusqu'où** nous sommes allés, était loin du centre-ville. *Das Viertel,* ***bis zu dem*** *wir gegangen sind, war weit vom Stadtzentrum entfernt.*

Quoi

Quoi bezieht sich ausschließlich auf Sachen und tritt immer in Verbindung mit Präpositionen auf, und zwar

- in Bezug auf ce oder ein Indefinitpronomen (wie rien *nichts*, quelque chose *etwas* usw.):
  Ce à quoi il s'intéresse surtout, c'est le football. ***Das was*** *ihn am meisten interessiert, ist der Fußball.*
  Je ne comprends pas **de quoi** il s'agit. *Ich verstehe nicht,* ***worum*** *es sich handelt.*
  Je sais **de quoi** elle est capable. *Ich weiß,* ***wozu*** *sie fähig ist.*
- in Bezug auf einen ganzen Satz:
  Dépêche-toi, **sans quoi** tu manqueras le train. *Beeil dich,* ***sonst*** *verpasst du den Zug.*
  N'oublie pas ton parapluie **faute de quoi** tu seras mouillé. *Vergiss deinen Regenschirm nicht,* ***sonst*** *wirst du nass.*
- ohne bestimmten Bezug vor Infinitiven und nach voilà:
  Est-ce que vous avez **de quoi** écrire ? *Haben Sie* ***etwas*** *zum Schreiben?*
  Ils ont **de quoi** vivre. *Sie haben* ***genug*** *zum Leben.*
  Voilà à quoi il s'intéresse surtout. ***Das ist es, wofür*** *er sich am meisten interessiert.*

22.2 Die Wortstellung

B1

- Der Relativsatz schließt stets direkt an den Satzteil an, auf den er sich bezieht, d. h. an ein Substantiv oder eine präpositionale Ergänzung eines Substantivs, Verbs oder Adjektivs.
- Die Wortstellung im Relativsatz ist die gleiche wie im Aussagesatz: **Subjekt + Prädikat + Ergänzung**
- Das Relativpronomen steht stets am Anfang des Relativsatzes. Gegebenenfalls ist ihm noch eine Präposition vorangestellt.
  Le train qui devait arriver à midi et demi a dix minutes de retard. *Der Zug, der um halb eins ankommen sollte, hat zehn Minuten Verspätung.*
  L'ami de qui je t'ai parlé vit à Lyon. *Der Freund, von dem ich dir erzählt habe, lebt in Lyon.*

- Bei qui sollten Sie daran denken, dass es die grammatischen Eigenschaften des Substantivs übernimmt, auf das es sich bezieht. Da es als Subjekt des Relativsatzes funktioniert, werden diese auf die Adjektive und Partizipien des Relativsatzes übertragen, d. h. sie müssen gegebenenfalls in Genus und Numerus angeglichen werden (▶ 14.1):
  À Cologne il y a beaucoup **de musées qui** sont très intéressant**s**. *In Köln gibt es viele Museen, die sehr interessant sind.*
  La jeune fille qui est arrivé**e** en retard avait oublié son ticket. *Die junge Frau die mit Verspätung angekommen ist, hatte ihre Karte vergessen.*
- Que, das ein direktes Objekt vertritt, steht stets vor dem Verb. Hier ist ebenfalls bei zusammengesetzten Zeiten auf die Angleichung des Partizips (▶ 14.1) zu achten:
  J'ai acheté **la jupe** que nous avons vu**e** récemment. *Ich habe den Rock gekauft, den wir neulich gesehen haben.*
- Folgt auf dont ein Substantiv, steht es, anders als nach dem deutschen *dessen/deren*, stets mit Begleiter:
- Ce sont les Deneuve dont **le fils** a eu un accident. *Das sind die Deneuves, deren* ***Sohn*** *einen Unfall gehabt hat.*

⚡ Relativsätze werden im Französischen nur dann durch Komma abgetrennt, wenn sie keine notwendigen, sondern lediglich zusätzliche Informationen enthalten, die zum Verständnis des Hauptsatzes nicht unbedingt erforderlich sind:
Est-ce que vous connaissez ce jeune homme qui parle avec l'hôtesse ? *Kennen Sie den jungen Mann, der mit der Gastgeberin spricht?* B2
Le livre que j'ai acheté la semaine dernière est très intéressant. *Das Buch, das ich letzte Woche gekauft habe, ist sehr interessant.*

Zum Subjonctif im Relativsatz: ▶ 12.3

Übungen

❶ Die Relativpronomen: qui, que, lequel

Der oder den? Verbinden Sie die Sätze mit den Relativpronomen qui, que oder lequel.

a. Ici habite le médecin. Il m'a aidé l'année dernière.

Ici habite le médecin qui m'a aidé l'année dernière.

b. J'ai enfin trouvé le livre. Je l'ai cherché partout.

....

c. Voilà le jeune homme. J'ai dansé avec lui toute la soirée.

....

d. C'est la sœur de Charles. Elle travaille dans la pharmacie à côté.

....

e. C'est Élaine. Je l'ai rencontrée chez les Richard.

....

B1

❷ Die Relativpronomen: dont

Fügen Sie die Satzteile richtig zusammen.

B1

a. Cet homme-là, c'est le vieil ami	dans un petit hôtel dont j'ai oublié le nom.
b. Nous avons passé la nuit	dont vingt femmes.
c. Cinquante médecins ont participé au congrès	dont la cathédrale est célèbre.
d. C'est un patron	dont je t'ai parlé hier.
e. Amiens est une ville	dont tous les employés se plaignent.

Lösungen

1. Die Relativpronomen: qui, que, lequel

a. Ici habite le médecin qui m'a aidé l'année dernière.
b. J'ai enfin trouvé le livre que j'ai cherché partout.
c. Voilà le jeune homme avec qui j'ai dansé toute la soirée.
d. C'est la sœur de Charles laquelle travaille dans la pharmacie à côté.
e. C'est Élaine que j'ai rencontrée chez les Richard.

G Qui hat die Funktion des Subjekts, que die des direkten Objekts. Beide können sich auf Sachen und Personen beziehen und sind unveränderlich. Lequel steht in der Regel für Sachen. Es richtet sich in Genus und Numerus nach dem Bezugswort und wird nach Präpositionen und präpositionalen Ausdrücken verwendet. Für Personen steht lequel immer in Fällen, in denen eine Verwechslung ausgeschlossen werden soll.

2. Die Relativpronomen: dont

a. Cet homme-là, c'est le vieil ami dont je t'ai parlé hier.
b. Nous avons passé la nuit dans un petit hôtel dont j'ai oublié le nom.
c. Cinquante médecins ont participé au congrès dont vingt femmes.
d. C'est un patron dont tous les employés se plaignent.
e. Amiens est une ville dont la cathédrale est célèbre.

G Dont steht für Personen und Sachen und ist unveränderlich. Es vertritt stets eine mit de angeschlossene – mitunter auch nur gedachte – Ergänzung eines Substantivs, Verbs oder Adjektivs. Dont wird im Deutschen häufig, aber keineswegs immer, mit dem Genitiv (*dessen*, *deren*) wiedergegeben. Darüber hinaus kann dont auch in der Bedeutung darunter (als Teil einer Menge) gebraucht werden.

❸ Die Relativpronomen: ce qui, ce que

B1

Das, was … Übersetzen Sie die Sätze ins Französische.

a. Was uns an Frankreich so gefällt, das ist die gute Küche.

....

b. Weißt du schon, was du später einmal machen willst?

....

c. Wir haben uns für das, was wir gemacht haben, entschuldigt.

....

d. Was mich traurig macht, ist, dass sie mich angelogen hat.

....

❹ Die Relativpronomen: quoi

B1

Markieren Sie die Sätze als richtig (✓) oder falsch (✗) und korrigieren Sie sie gegebenenfalls.

a. ☐ Il y a quelque chose avec qui je ne suis pas d'accord.

b. ☐ Est-ce qu'il n'y a rien à quoi elle s'intéresse ?

c. ☐ C'est la carte sans laquelle je n'aurais pas réussi à trouver le chemin.

d. ☐ Il n'y a vraiment pas duquel vous fâcher.

❺ Die Relativpronomen: où

B1

Ergänzen Sie die Sätze mit einem passenden Relativpronomen. Achtung, où passt nicht in allen Fällen.

a. Le lundi est le jour .... beaucoup de restaurants sont fermés.

b. Montre-nous la maison dans .... tu es né.

c. Il y a des jours .... tout va de travers *(schiefgehen)*.

d. La chaise sur .... tu es assis, est à moi.

e. Dis-moi jusque .... il faut préparer le texte.

3. Die Relativpronomen: ce qui, ce que

a. Ce qui nous plaît tant en France, c'est la bonne cuisine.
b. Est-ce que tu sais déjà ce que tu feras plus tard ?
c. Nous nous sommes excusés de ce que nous avons fait.
d. Ce qui me rend triste, c'est qu'elle m'a menti.

G Ce qui und ce que stehen in Sätzen ohne Bezugswort und entsprechen dem deutschen *was*. Dabei vertritt ce qui das Subjekt und ce que ein direktes Objekt.

4. Die Relativpronomen: quoi

a. falsch → Il y a quelque chose avec quoi je ne suis pas d'accord.
b. richtig
c. richtig
d. falsch → Il n'y a vraiment pas de quoi vous fâcher.

G Quoi bezieht sich ausschließlich auf Sachen und wird nur zusammen mit Präpositionen gebraucht. Es kann sich auf ce oder Indefinitpronomen wie rien *nichts*, quelque chose *etwas* beziehen sowie auf ganze Sätze oder aber ohne bestimmten Bezug vor Infinitiven und nach voilà stehen.

5. Das Relativpronomen où

a. Le lundi est le jour où beaucoup de restaurants sont fermés.
b. Montre-nous la maison dans laquelle tu es né.
c. Il y a des jours où tout va de travers.
d. La chaise sur laquelle tu es assis, est à moi.
e. Dis-moi jusqu'où il faut préparer le texte.

G Où leitet Relativsätze ein, die die Funktion einer Orts- oder Zeitangabe haben. Où kann auch nach den Präpositionen de *von*, par *durch* und jusque *bis* stehen; nach allen anderen Präpositionen steht lequel.

Abschlusstest

1 Der Artikel

A1

Ergänzen Sie die Sätze. Wo muss ein Artikel bzw. ein Teilungsartikel stehen?

a. Vous prenez .... bière ou .... vin ?

b. .... nicotine est nuisible pour la santé.

c. En .... hiver nous aimons faire .... ski.

d. .... argent ne fait pas le bonheur.

2 Das Substantiv

A1

Setzen Sie die Wörter in den Plural.

a. le jeu ....

b. l'orange ....

c. le pain ....

d. l'œil ....

e. le bateau ....

f. le festival ....

g. le lave-linge ....

h. le travail ....

i. le journal ....

j. le prix ....

3 Das Adjektiv

A1

Übersetzen Sie die Sätze ins Französische.

a. Die Croissants sind ganz frisch.

....

b. Sie wohnen in einem hübschen, kleinen Haus.

....

c. Die Bank ist schon geschlossen.

....

d. Das ist eine alte Uhr meines Großvaters.

....

A2

❹ Das Adverb

Markieren Sie die Sätze als richtig (✓) oder falsch (✗) und korrigieren Sie sie gegebenenfalls.

a. ☐ Il faut que tu rentres plus vitement.

b. ☐ Nos voisins nous saluent toujours poliement.

c. ☐ Il a bien fait cela.

d. ☐ Sa voiture est tout nouvelle.

A2

❺ Der Vergleich

Ergänzen Sie mit Komparativ- und Superlativformen der in Klammern angegebenen Adjektive und Adverbien. (= gleich wie, + mehr/besser, ++ am meisten/besten, – weniger/am wenigsten)

a. Cette robe-là me plaît (= bien) *aussi bien que* celle-là.

b. C'est la (++ bon) .... ratatouille .... j'aie jamais mangée.

c. Michel apprend beaucoup (+ facilement) .... ses frères et sœurs.

d. Ce roman policier de Fred Vargas est (– bon) .... le dernier.

A2

❻ Das Pronomen

Übersetzen Sie die Sätze ins Französische.

a. Hast du Jean das Geld schon zurückgegeben? – Ja, ich habe es ihm gestern zurückgegeben.

....

b. Wann seid ihr euch das erste Mal begegnet?

....

c. Verbringt ihr die Feiertage bei euren Freunden? – Ja, wir verbringen sie bei ihnen.

....

7 Das Verb

Markieren Sie die Sätze als richtig (✓) oder falsch (✗). A1

a. ☐ Commençons à travailler !

b. ☐ Nos amis ont arrivé hier soir.

c. ☐ Les enfants sont finalement endormis.

d. ☐ Il a sorti une tablette de chocolat de son sac.

8 Die Verneinung

Beantworten Sie die Fragen negativ. A1

a. Vous habitez loin d'ici ? – Non, ...

b. Tu veux encore un peu de soupe ?

Non, ...

c. Votre femme est déjà rentrée de l'hôpital ?

Non, ...

d. Est-ce que vous avez rencontré quelqu'un ?

Non, ...

9 Der Indikativ

Setzen Sie die Verben in die richtige Zeitform. A1

Chère Sophie,

Il y a déjà des semaines que je (vouloir) .... t'écrire, mais je (ne pas trouver) .... le temps. La semaine dernière nous (s'installer) .... dans notre nouvelle maison. Déjà le premier jour je (découvrir) .... un petit chat dans notre jardin. Nous (décider) .... de l'» adopter «. Comme tu peux t'imaginer, les enfants en (être très heureux) .... J'espère que vous (venir nous voir) .... aussitôt que les travaux (être fini) .... Grosses bises Amélie

A1

10 Der Imperativ

Setzen Sie die Sätze in den Imperativ. Ersetzen Sie dabei die blau hervorgehobenen Wörter durch Pronomen.

a. Vous ne devez pas parler de ce malheur.

....

b. Tu ne dois pas manger trop de chocolat.

....

c. Il faut que vous preniez ces médicaments régulièrement.

....

d. Il faut que tu achètes quelques timbres.

....

e. Vous ne devez plus réfléchir sur ce problème.

....

f. Tu dois me donner les clés.

....

A2

11 Der Konditional

Übersetzen Sie die Sätze ins Französische.

a. Wenn ich das gewusst hätte, wäre ich zu Hause geblieben.

....

B1

b. Wir würden gerne einen Kaffee mit euch trinken, wenn wir es nicht so eilig hätten (être pressé).

....

c. Der Präsident soll gestern erkrankt sein.

....

B1

d. Ich würde dir helfen, wenn ich könnte.

....

12 Der Subjonctif

B1

In welchen Sätzen steht der Subjonctif, in welchen der Indikativ? Setzen Sie die richtige Form ein.

a. Pour sa fête Juliette s'imagine une robe qui (être) .... longue et noire.

b. J'aimerais mieux que vous ne (venir) .... pas ce soir.

c. Il doute que son fils (dire) .... la vérité.

d. Il est impossible que nous la (retrouver) .... dans cette foule.

e. Je passerai chez vous cet après-midi, pourvu que je ne (devoir) .... pas laisser la voiture à ma fille.

13 Der Infinitiv

A1

Markieren Sie die Sätze als richtig (✓) oder falsch (✗).

a. ☐ Elle a convaincu son mari de s'acheter une nouvelle voiture.

b. ☐ Ils se sont décidés de passer Pâques chez des amis en Bretagne.

c. ☐ Ses amis l'ont empêché de faire une grande bêtise.

d. ☐ Il a demandé à venir le chercher à la gare.

14 Das Partizip und das Gerund

B1

Verkürzen Sie die Nebensätze dort wo möglich durch ein Partizip Präsens oder Gerund.

a. Quand je regarde vos photos, j'ai envie de partir en vacances.

....

b. Si tu lisais régulièrement les journaux français, tu pourrais améliorer ton français.

....

c. Bien qu'il fasse beau, Jean ne sort pas.

....

B1

⑮ Das Passiv

Setzen Sie die Passivsätze ins Aktiv und umgekehrt.

a. Un inconnu a attaqué une vieille femme.

....

b. À part de la France, le français est parlé en Suisse, en Belgique, en Afrique du Nord et au Canada.

....

c. Notre grand-père a planté cet arbre.

....

A2

⑯ Die Ergänzung des Verbs

Übersetzen Sie die Sätze ins Französische.

a. Alle Kollegen (le collègue) haben seinen Vorschlag akzeptiert.

....

b. Ich habe diesen Irrtum nicht bemerkt.

....

c. Wir danken euch für die Einladung.

....

B1

⑰ Die Konjunktion

Verbinden Sie die Sätze durch eine Konjunktion zu einem Satz.

a. Nous n'avons pas loué l'appartement. Il était trop cher.

....

b. Je dois travailler ce soir. Je ne peux pas vous accompagner au théâtre.

....

c. Nous étions en train de prendre notre dîner. Charles est arrivé.

....

18 Die Präposition

Ergänzen Sie die Sätze mit passenden Präpositionen.

a. L’anniversaire de ma mère est ………… juillet.

b. Nous viendrons te chercher ………… l’après-midi.

c. ………… notre maison il y a un grand jardin.

d. ………… leur aide, nous n’avons pas manqué l’avion.

e. Est-ce que tu as déjà pris les livres ………… la bibliothèque ?

A1

19 Das Zahlwort

Übersetzen Sie die Sätze. Schreiben Sie die Zahlen aus.

a. Wir haben am 26. September 1996 geheiratet.

……………………………………………………………………………………

b. Das Auto hat 17.395 Euro gekostet.

……………………………………………………………………………………

c. Berlin hat 3.404.037 Einwohner.

……………………………………………………………………………………

d. Wie spät ist es? – Es ist zwanzig vor neun.

……………………………………………………………………………………

A1

20 Die Wortstellung im Satz

Bringen Sie die Satzteile in die richtige Reihenfolge.

a. nous / un voyage / l’année dernière / à travers / avons / l’Angleterre / fait /.

……………………………………………………………………………………

b. a-t-il / Jean-Luc / avec / téléphoné / qui / ?

……………………………………………………………………………………

c. est-ce que / y / quand / vous / depuis / habitez / ?

……………………………………………………………………………………

A1

B1

21 Die indirekte Rede
Setzen Sie die folgenden Aussagen in die indirekte Rede.

a. « Nous n'avons pas le temps de sortir avec vous demain. »

Ils nous ont dit ....

b. « Dis bonjour à ta femme de ma part. »

Il me disait ....

c. « Vous irez à Paris la semaine prochaine ? »

Ma voisine leur a demandé ....

d. « Qu'est-ce qu'on fait maintenant ? »

Jules a demandé ....

e. « Je l'ai encore vu il y a une heure. »

Elle a répondu ....

B1

22 Der Relativsatz
Verbinden Sie die Sätze durch ein Relativpronomen zu einem Satz.

a. Alice nous a présenté son ami. Il vient de Paris.

Alice nous a présenté son ami qui vient de Paris.

b. J'ai deux sœurs. La plus jeune vit en Belgique.

....

c. Le train vient de Marseille. Il arrive sur le quai quatre.

....

d. C'était un très beau film. Je ne l'oublierai jamais.

....

e. C'est la femme de Monsieur Charlot. Je t'ai présenté à lui hier.

....

Lösungen

1. Der Artikel
a. Vous prenez de la bière ou du vin ?
b. La nicotine est nuisible pour la santé.
c. En hiver nous aimons faire du ski.
d. L'argent ne fait pas le bonheur.

2. Das Substantiv
a. les jeux
b. les oranges
c. les pains
d. les yeux
e. les bateaux
f les festivals
g. les lave-linge
h. les travaux
i. les journaux
j. les prix

3. Das Adjektiv
a. Les croissants sont tout frais.
b. Ils vivent dans une jolie petite maison.
c. La banque est déjà fermée.
d. C'est une vieille montre de mon grand-père.

4. Das Adverb
a. falsch → Il faut que tu rentres plus vite.
b. falsch → Les enfants de nos voisins nous saluent toujours poliment.
c. richtig
d. falsch → Sa voiture est toute nouvelle.

5. Der Vergleich
a. Cette robe-là me plaît aussi bien que celle-là.
b. C'est la meilleure ratatouille que j'aie jamais mangée.
c. Michel apprend beaucoup plus facilement que ses frères et sœurs.
d. Ce roman policier de Fred Vargas est moins bon que le dernier.

6. Das Pronomen
a. Est-ce que tu as déjà rendu l'argent à Jean ? – Oui, je le lui ai rendu hier.
b. Quand est-ce que vous vous êtes rencontrés pour la première fois ?
c. Vous passez les vacances chez vos amis ? – Oui, nous les passons chez eux.

7. Das Verb
a. richtig
b. falsch → Nos amis sont arrivés hier soir.
c. falsch → Les enfants se sont finalement endormis.
d. richtig

8. Die Verneinung
a. Vous habitez loin d'ici ? – Non, je n'habite pas loin d'ici.
b. Tu veux encore un peu de soupe ? – Non, je ne veux plus de soupe./ Non, je n'en veux plus.
c. Votre femme est déjà rentrée de l'hôpital ? – Non, elle n'est pas encore rentrée.
d. Est-ce que vous avez rencontré quelqu'un ? – Non, nous n'avons rencontré personne.

9. Der Indikativ

Chère Sophie,
Il y a déjà des semaines que je voulais t'écrire, mais je n'ai pas trouvé le temps. La semaine dernière nous nous sommes installés dans notre nouvelle maison. Déjà le premier jour, j'ai découvert un petit chat dans notre jardin. Nous avons décidé de l'» adopter «. Comme tu peux t'imaginer, les enfants en étaient très heureux. J'espère que vous viendrez nous voir aussitôt que les travaux seront finis.
Grosses bises Amélie

10. Der Imperativ

a. N'en parlez pas.
b. N'en mange pas trop.
c. Prenez-les régulièrement.
d. Achètes-en quelques-uns.
e. N'y réfléchissez plus.
f. Donne-les-moi.

11. Der Konditional

a. Si j'avais su cela, je serais resté(e) à la maison.
b. Nous aimerions prendre un café avec vous, si nous n'étions pas si pressés.
c. Le président serait tombé malade hier.
d. Je t'aiderais, si je pouvais.

12. Der Subjontif

a. Pour sa fête Juliette s'imagine une robe qui soit longue et noire.
b. J'aimerais mieux que vous ne veniez pas ce soir.
c. Il doute que son fils ait dit la vérité.
d. Il est impossible que nous la retrouvions dans cette foule.
e. Je passerai chez vous cet après-midi, pourvu que je ne doive pas laisser la voiture à ma fille.

13. Der Infinitiv

a. richtig
b. falsch → Ils se sont décidés à passer Pâques chez des amis en Bretagne.
c. richtig
d. falsch → Il a demandé de venir le chercher à la gare.

14. Das Partizip und das Gerund

a. En regardant vos photos, j'ai envie de partir en vacances.
b. En lisant régulièrement les journaux français, tu pourrais améliorer ton français.
c. –

15. Das Passiv

a. Une vieille femme a été attaquée par un inconnu.
b. À part de la France, on parle le français en Suisse, en Belgique, en Afrique du Nord et au Canada.
c. Cet arbre a été planté par notre grand-père.

16. Die Ergänzung des Verbs

a. Tous les collègues ont accepté sa proposition.
b. Je n'ai pas remarqué cette erreur.
c. Nous vous remercions de l'invitation.

17. Die Konjunktion

a. Nous n'avons pas loué l'appartement, car il était trop cher./... puisqu'il était .../... comme il était ...
b. Je dois travailler ce soir, donc je ne peux pas vous accompagner au théâtre./... c'est pour cela que ... / ... voilà pourquoi .../ Comme je dois travailler ... je ne peux pas ...
c. Charles est arrivé au moment où nous étions en train de prendre notre dîner./ ... comme nous étions ...

18. Die Präposition

a. L'anniversaire de ma mère est en juillet.
b. Nous viendrons te chercher dans/pendant/au cours de l'après-midi.
c. Derrière/Devant/A côté de/Près de/Autour de notre maison il y a un grand jardin.
d. Grâce à leur aide, nous n'avons pas manqué l'avion.
e. Est-ce que tu as déjà pris les livres à la bibliothèque ?

19. Das Zahlwort

a. Nous nous sommes mariés le vingt-six septembre mille neuf cent quatre-vingt-seize.
b. La voiture a coûté dix-sept mille trois cent quatre-vingt-quinze euros.
c. Berlin a trois millions quatre cent quatre mille trente-sept habitants.
d. Quelle heure est-il ? – Il est neuf heures moins vingt.

20. Die Wortstellung im Satz

a. L'année dernière nous avons fait un voyage à travers l'Angleterre.
b. Avec qui Jean-Luc a-t-il téléphoné ?
c. Depuis quand est-ce que vous y habitez ?

21. Die indirekte Rede

a. Ils nous ont dit qu'ils n'avaient pas le temps de sortir avec nous le lendemain.
b. Il me disait de dire bonjour à ma femme de sa part.
c. Ma voisine leur a demandé s'ils iraient à Paris la semaine suivante.
d. Jules a demandé ce qu'on faisait alors.
e. Elle a répondu qu'elle l'avait encore vu une heure plus tôt.

22. Der Relativsatz

a. Alice nous a présenté son ami qui vient de Paris.
b. J'ai deux sœurs dont la plus jeune vit en Belgique.
c. Le train qui arrive sur le quai quatre vient de Marseille.
d. C'était un très beau film que je n'oublierai jamais.
e. C'est la femme de Monsieur Charlot auquel je t'ai présenté hier.

Unregelmäßige Verben

Infinitiv	Indikativ Präsens	Futur I	Imparfait	Passé simple
aller* *gehen*	je vais, tu vas, il/elle va, nous allons, vous allez, ils/elles vont	j'irai, tu iras, il/elle ira, nous irons, vous irez, ils/elles iront	j'allais	j'allai
atteindre *erreichen*	j'atteins, tu atteins, il/elle atteint, nous atteignons, vous atteignez, ils/elles atteignent	j'atteindrai	j'atteignais	j'atteignis
boire *trinken*	je bois, tu bois, il/elle boit, nous buvons, vous buvez, ils/elles boivent	je boirai	je buvais	je bus
conduire *führen*	je conduis, tu conduis, il/elle conduit, nous conduisons, vous conduisez, ils/elles conduisent	je conduirai	je conduisais	je conduisis
connaître *kennen*	je connais, tu connais, il/elle connaît, nous connaissons, vous connaissez, ils/elles connaissent	je connaîtrai	je connaissais	je connus
courir *laufen*	je cours, tu cours, il/elle court, nous courons, vous courez, ils/elles courent	je courrai	je courais	je courus
craindre *fürchten*	je crains, tu crains, il/elle craint, nous craignons, vous craignez, ils/elles craignent	je craindrai	je craignais	je craignis

Conditionnel I	Subjonctif Présent	Imperativ	Partizip Präsens	Partizip Perfekt
j'irais	que j'aille	va, allons, allez	allant	allé(e)
j'atteindrais	que j'atteigne	atteins, atteignons, atteignez	atteignant	atteint(e)
je boirais	que je boive, que tu boives, qu'il/elle boive, que nous buvions, que vous buviez, qu'ils/elles boivent	bois, buvons, buvez	buvant	bu(e)
je conduirais	que je conduise	conduis, conduisons, conduisez	conduisant	conduit(e)
je connaîtrais	que je connaisse	connais, connaissons, connaissez	connaissant	connu(e)
je courrais	que je coure	cours, courons, courez	courant	couru(e)
je craindrais	que je craigne	crains, craignons, craignez	craignant	craint(e)

Infinitiv	Indikativ Präsens	Futur I	Imparfait	Passé simple
croire *glauben*	je crois, tu crois, il/elle croit, nous croyons, vous croyez, ils/elles croient	je croirai	je croyais	je crus
devoir *müssen*	je dois, tu dois, il/elle doit, nous devons, vous devez, ils/elles doivent	je devrai	je devais	je dus
dire *sagen*	je dis, tu dis, il/elle dit, nous disons, vous dites, ils disent	je dirai	je disais	je dis
dormir *schlafen*	je dors, tu dors, il/elle dort, nous dormons, vous dormez, ils/elles dorment	je dormirai	je dormais	je dormis
écrire *schreiben*	j'écris, tu écris, il/elle écrit, nous écrivons, vous écrivez, ils/elles écrivent	j'écrirai	j'écrivais	j'écrivis
faire *machen, tun*	je fais, tu fais, il/elle fait, nous faisons, vous faites, ils font	je ferai	je faisais	je fis
joindre *verbinden*	je joins, tu joins, il/elle joint, nous joignons, vous joignez, ils/elles joignent	je joindrai	je joignais	je joignis
lire *lesen*	je lis, tu lis, il/elle lit, nous lisons, vous lisez, ils/elles lisent	je lirai	je lisais	je lus
mettre *setzen, stellen, legen*	je mets, tu mets, il/elle met, nous mettons, vous mettez, ils/elles mettent	je mettrai	je mettais	je mis

Conditionnel I	Subjonctif Présent	Imperativ	Partizip Präsens	Partizip Perfekt
je croirais	que je croie, que tu croies, qu'il/elle croie, que nous croyions, que vous croyiez, qu'ils/elles croient	crois, croyons, croyez	croyant	cru(e)
je devrais	que je doive, que tu doives, qu'il/elle doive, que nous devions, que vous deviez, qu'ils/elles doivent	dois, devons, devez	devant	dû, due, du(e)s
je dirais	que je dise	dis, disons, dites	disant	dit(e)
je dormirais	que je dorme	dors, dormons, dormez	dormant	dormi
j'écrirais	que j'écrive	écris, écrivons, écrivez	écrivant	écrit(e)
je ferais	que je fasse	fais, faisons, faites	faisant	fait(e)
je joindrais	que je joigne	joins, joignons, joignez	joignant	joint(e)
je lirais	que je lise	lis, lisons, lisez	lisant	lu(e)
je mettrais	que je mette	mets, mettons, mettez	mettant	mis(e)

Infinitiv	Indikativ Präsens	Futur I	Imparfait	Passé simple
mourir* *sterben*	je meurs, tu meurs, il/elle meurt, nous mourons, vous mourez, ils/elles meurent	je mourrai	je mourais	je mourus
offrir *schenken, anbieten*	j'offre, tu offres, il/elle offre, nous offrons, vous offrez, ils/elles offrent	je offrirai	j'offrais	j'offris
partir* *weggehen, -fahren*	je pars, tu pars, il/elle part, nous partons, vous partez, ils/elles partent	je partirai	je partais	je partis
plaire *gefallen*	je plais, tu plais, il/elle plaît, nous plaisons, vous plaisez, ils/elles plaisent	je plairai	je plaisais	je plus
pouvoir *können*	je peux, tu peux, il/elle peut, nous pouvons, vous pouvez, ils/elles peuvent	je pourrai	je pouvais	je pus
prendre *nehmen*	je prends, tu prends, il/elle prend, nous prenons, vous prenez, ils/elles prennent	je prendrai	je prenais	je pris
recevoir *bekommen*	je reçois, tu reçois, il/elle reçoit, nous recevons, vous recevez, ils/elles reçoivent	je recevrai	je recevais	je reçus
rendre *zurückgeben*	je rends, tu rends, il/elle rend, nous rendons, vous rendez, ils/elles rendent	je rendrai	je rendais	je rendis

Conditionnel I	Subjonctif Présent	Imperativ	Partizip Präsens	Partizip Perfekt
je mourrais	que je meure, que tu meures, qu'il/elle meure, que nous mourions, que vous mouriez, qu'ils/elles meurent	meurs, mourons, mourez	mourant	mort(e)
j'offrirais	que j'offre	offre, offrons, offrez	offrant	offert(e)
je partirais	que je parte	pars, partons, partez	partant	parti(e)
je plairais	que je plaise	plais, plaisons, plaisez	plaisant	plu
je pourrais	que je puisse		pouvant	pu
je prendrais	que je prenne, que tu prennes, qu'il/elle prenne, que nous prenions, que vous preniez, qu'ils/elles prennent	prends, prenons, prenez	prenant	pris(e)
je recevrais	que je reçoive, que tu reçoives, qu'il/elle reçoive, que nous recevions, que vous receviez, qu'ils/elles reçoivent	reçois, recevons, recevez	recevant	reçu(e)
je rendrais	que je rende	rends, rendons, rendez	rendant	rendu(e)

Infinitiv	Indikativ Präsens	Futur I	Imparfait	Passé simple
rire *lachen*	je ris, tu ris, il/elle rit, nous rions, vous riez, ils/elles rient	je rirai	je riais	je ris
savoir *wissen*	je sais, tu sais, il/elle sait, nous savons, vous savez, ils/elles savent	je saurai	je savais	je sus
servir *dienen, bedienen*	je sers, tu sers, il/elle sert, nous servons, vous servez, ils/elles servent	je servirai	je servais	je servis
suivre *folgen*	je suis, tu suis, il/elle suit, nous suivons, vous suivez, ils/elles suivent	je suivrai	je suivais	je suivis
venir* *kommen*	je viens, tu viens, il/elle vient, nous venons, vous venez, ils/elles viennent	je viendrai	je venais	je vins
vivre *leben*	je vis, tu vis, il/elle vit, nous vivons, vous vivez, ils/elles vivent	je vivrai	je vivais	je vécus
voir *sehen*	je vois, tu vois, il/elle voit, nous voyons, vous voyez, ils/elles voient	je verrai	je voyais	je vis
vouloir *wollen*	je veux, tu veux, il/elle veut, nous voulons, vous voulez, ils/elles veulent	je voudrai	je voulais	je voulus

*Das Verb bildet die zusammengesetzten Zeiten mit être.

Conditionnel I	Subjonctif Présent	Imperativ	Partizip Präsens	Partizip Perfekt
je rirais	que je rie, que tu ries, qu'il/elle rie, que nous riions, que vous riiez, qu'ils/elles rient	ris, rions, riez	riant	ri
je saurais	que je sache	sache, sachons, sachez	sachant	su(e)
je servirais	que je serve	sers, servons, servez	servant	servi(e)
je suivrais	que je suive	suis, suivons, suivez	suivant	suivi(e)
je viendrais	que je vienne, que tu viennes, qu'il/elle vienne, que nous venions, que vous veniez, qu'ils/elles viennent	viens, venons, venez	venant	venu(e)
je vivrais	que je vive	vis, vivons, vivez	vivant	vécu(e)
je verrais	que je voie, que tu voies, qu'il/elle voie, que nous voyions, que vous voyiez, qu'ils/elles voient	vois, voyons, voyez	voyant	vu(e)
je voudrais	que je veuille, que tu veuilles, qu'il/elle veuille, que nous voulions, que vous vouliez, qu'ils/elles veuillent	veux/veuille, voulons, voulez/veuillez	voulant	voulu(e)

Musterkonjugationen

avoir *haben*

Hilfsverb

Indicatif

Présent		Passé composé		
j'ai		j'	ai	eu
tu	as	tu	as	eu
il	a	il	a	eu
nous	avons	nous	avons	eu
vous	avez	vous	avez	eu
ils	ont	ils	ont	eu

Imparfait		Plus-que-parfait		
j'	avais	j'	avais	eu
tu	avais	tu	avais	eu
il	avait	il	avait	eu
nous	avions	nous	avions	eu
vous	aviez	vous	aviez	eu
ils	avaient	ils	avaient	eu

Passé simple		Passé antérieur		
j'	eus	j'	eus	eu
tu	eus	tu	eus	eu
il	eut	il	eut	eu
nous	eûmes	nous	eûmes	eu
vous	eûtes	vous	eûtes	eu
ils	eurent	ils	eurent	eu

Futur simple		Futur antérieur		
j'	aurai	j'	aurai	eu
tu	auras	tu	auras	eu
il	aura	il	aura	eu
nous	aurons	nous	aurons	eu
vous	aurez	vous	aurez	eu
ils	auront	ils	auront	eu

Conditionnel

Présent		Passé		
j'	aurais	j'	aurais	eu
tu	aurais	tu	aurais	eu
il	aurait	il	aurait	eu
nous	aurions	nous	aurions	eu
vous	auriez	vous	auriez	eu
ils	auraient	ils	auraient	eu

Subjonctif

Présent	
que j'	aie
que tu	aies
qu'il	ait
que nous	ayons
que vous	ayez
qu'ils	aient

Imparfait	
que j'	eusse
que tu	eusses
qu'il	eût
que nous	eussions
que vous	eussiez
qu'ils	eussent

Passé		
que j'	aie	eu
que tu	aies	eu
qu'il	ait	eu
que nous	ayons	eu
que vous	ayez	eu
qu'ils	aient	eu

Plus-que-parfait		
que j'	eusse	eu
que tu	eusses	eu
qu'il	eût	eu
que nous	eussions	eu
que vous	eussiez	eu
qu'ils	eussent	eu

Participe

Présent
ayant

Passé
eu(e)

Gérondif

en ayant

Impératif

aie
ayons
ayez

Infinitif passé

avoir eu

être *sein*

Hilfsverb

Indicatif

Présent

je	suis
tu	es
il	est
nous	sommes
vous	êtes
ils	sont

Passé composé

j'	ai	été
tu	as	été
il	a	été
nous	avons	été
vous	avez	été
ils	ont	été

Imparfait

j'	étais
tu	étais
il	était
nous	étions
vous	étiez
ils	étaient

Plus-que-parfait

j'	avais	été
tu	avais	été
il	avait	été
nous	avions	été
vous	aviez	été
ils	avaient	été

Passé simple

je	fus
tu	fus
il	fut
nous	fûmes
vous	fûtes
ils	furent

Passé antérieur

j'	eus	été
tu	eus	été
il	eut	été
nous	eûmes	été
vous	eûtes	été
ils	eurent	été

Futur simple

je	serai
tu	seras
il	sera
nous	serons
vous	serez
ils	seront

Futur antérieur

j'	aurai	été
tu	auras	été
il	aura	été
nous	aurons	été
vous	aurez	été
ils	auront	été

Conditionnel

Présent

je	serais
tu	serais
il	serait
nous	serions
vous	seriez
ils	seraient

Passé

j'	aurais	été
tu	aurais	été
il	aurait	été
nous	aurions	été
vous	auriez	été
ils	auraient	été

Subjonctif

Présent

que je	sois
que tu	sois
qu'il	soit
que nous	soyons
que vous	soyez
qu'ils	soient

Imparfait

que je	fusse
que tu	fusses
qu'il	fût
que nous	fussions
que vous	fussiez
qu'ils	fussent

Passé

que j'	aie	été
que tu	aies	été
qu'il	ait	été
que nous	ayons	été
que vous	ayez	été
qu'ils	aient	été

Plus-que-parfait

que j'	eusse	été
que tu	eusses	été
qu'il	eût	été
que nous	eussions	été
que vous	eussiez	été
qu'ils	eussent	été

Participe

Présent

étant

Passé

été

Gérondif

en étant

Impératif

sois
soyons
soyez

Infinitif passé

avoir été

Sachregister

(Die Zahlen beziehen sich auf die Seiten)

F

O

P